LE THÉÂTRE ET L'ÉTAT AU QUÉBEC
de Adrien Gruslin
est le quatre-vingt-neuvième ouvrage
publié chez
VLB ÉDITEUR.

LE THÉÂTRE ET L'ÉTAT AU QUÉBEC

Remerciements

Tout particulièrement à Bernard Andrès et Céline Sénécal, mes deux lecteurs les plus assidus.

Aux divers agents des services gouvernementaux affectés au théâtre (fédéral, provincial et municipal), pour leur collaboration essentielle.

Au Conseil des Arts qui m'a consenti une bourse Explorations afin d'amorcer cette étude.

Adrien Gruslin
Le théâtre et l'Etat au Québec

essai

vlb éditeur

VLB ÉDITEUR
2016 est rue Sherbrooke
Montréal
H2K 1B9
Tél.: 524-2019

Maquette de la couverture:
Mario Leclerc

Distribution en librairies:
MESSAGERIES LITTÉRAIRES
DES ÉDITEURS RÉUNIS
10 320 rue Garnier
Montréal
H2C 3C2
Tél.: 384-2200

Distribution en tabagies
et autres postes de ventes:
PRESSES MÉTROPOLITAINES
175 de Mortagne
Boucherville
J4B 6G4
Tél.: 871-1611

Avant-propos

À mi-chemin entre le travail de recherche universitaire et l'essai journalistique, *Le Théâtre et L'État au Québec* constitue une tentative de description de l'intervention de l'État en matière de théâtre au Québec. À l'origine de cette démarche, une intention toute simple : mettre à la disposition du public, du milieu théâtral et de tous les gens intéressés à la chose culturelle, les statistiques des subventions accordées au théâtre par les Pouvoirs publics, ce qui n'avait jamais été tenté encore.

Il s'agissait donc de rapailler quantité de chiffres. Pas tous, il a bien fallu choisir. J'ai logiquement privilégié les principaux canaux gouvernementaux d'assistance aux arts : Conseil des Arts d'Ottawa, Ministère des Affaires culturelles du Québec, Conseil des Arts de la région métropolitaine de Montréal. D'autres organismes interviennent en la matière, à un degré moindre et parfois de façon importante. Le présent ouvrage en fait mention et établit des relations nécessaires entre eux et ceux scrutés plus attentivement. La collecte des sommes d'argent accordées au théâtre reste toutefois à faire dans leur cas. L'idéal eut été de tout voir mais la tâche me semblait déjà amplement suffisante. L'inventaire devra être poursuivi.

Les recherches effectuées pour mener à terme ce travail m'ont permis de croire que les subsides étatiques dévoilés ici suffisent largement à éclairer l'ensemble des actions-inactions des Pouvoirs publics depuis une vingtaine d'années : 1957 à Ottawa et Montréal, 1961 à Québec, soit depuis que l'État canadien et l'État québécois se sont dotés d'organismes affectés à la culture en général et au théâtre en particulier.

Les octrois inventoriés dans cet ouvrage, pour la première fois est-il besoin de le rappeler, ne sont pas analysés autant qu'ils le pourraient. Il s'agit d'un premier travail de déblayage dans un champ fort complexe. Néanmoins, leur mise à jour devrait être extrêmement utile, à l'heure où s'organisent des États généraux du théâtre professionnel au Québec.

La lecture (des chiffres aussi bien que des discours) n'est pas davantage irréprochable. Elle classe, décrit, questionne, critique tout en cherchant, au fil des années, à cerner l'essentiel des attitudes et interventions des Pouvoirs publics à l'endroit de l'art théâtral et de ses praticiens. Historiquement, les politiques de l'État sont loin d'avoir été /d'être satisfaisantes : insuffisance des octrois affectés à la culture, écart entre les discours et les chiffres, répartition inéquitable des subventions entre les pratiques, ingérence dans les contenus, directement et surtout indirectement, politique à tendance quantitative seulement et, souvent, comportement de rattrapage impuissant à susciter la création sous toutes ses formes, etc.

Tout est loin d'être négatif. Venir en aide aux arts d'interprétation marque déjà un début, bien que limiter la part réservée au domaine culturel à moins de la moitié de un pour cent équivaut à lui consentir la part du pauvre. Le Conseil fédéral des Arts, organisme autonome, est devenu un modèle d'efficacité et de rigueur depuis des années mais son action est parfois contrée par le Pouvoir politique. Souvent, hélas, les responsables des Services du théâtre (fédéral et provincial) ont des intentions fort louables que le législateur vient contrer en limitant leurs ressources plus que de raison. On aboutit immanquablement à un jugement sévère.

La question est loin d'être simple. *Le Théâtre et l'État au Québec* ne la vide pas. Il tâche du mieux qu'il peut de la débattre. Les interrogations posées sont nombreuses et loin d'être toutes résolues. J'espère, néanmoins, qu'elles feront avancer le débat. C'est leur intention.

Introduction

Le théâtre et l'État

«Le Théâtre n'est pas un produit de luxe, il doit être envisagé comme un service public.» [1]

«La Conférence demande à tous les gouvernements d'encourager le théâtre dans leur pays respectif, sans pour autant qu'une telle aide puisse s'accompagner d'ingérence ou d'entrave à la totale liberté des créateurs.» (Résolution adoptée lors de la Première Conférence mondiale pour le théâtre dans le tiers-monde à Manille, novembre 1971, sous l'égide de l'Unesco) [2].

«La liberté de l'artiste n'est pas seulement un concept juridique... pour être effective, elle exige des conditions matérielles qui permettent à l'artiste de travailler.» (Venise, 1970, Conférence mondiale de l'Unesco) [3].

Art de la représentation né avec l'homme dans les temps les plus anciens, le théâtre a toujours eu une valeur de reflet et/ou de ferment actif de la société dans laquelle il s'exerce. Miroir déformant, contestataire ou flatteur, questionneur ou amuseur, le théâtre l'était et le restera toujours. Dans le monde occidental, chaque époque semble avoir accouchée de son théâtre. Théâtre et société apparaissent indissociables.

Quel que soit le régime politique, philosophique ou économique d'un pays — pays occidentaux dits capitalistes, pays à régime dit communiste, pays du tiers-monde — le théâtre comme

---

1. Éditorial, *Théâtre-Québec* in La Barre du Jour, vol. 1, nos. 3, 4, 5, juillet-décembre 1965, page 6.
2. Résolution, Première Conférence Mondiale pour le Théâtre dans le Tiers-monde, Manille, novembre 1971, — rapporté par A Van Impe, *Le Théâtre et le pouvoir* in International THÉÂTRE Informations, hiver-printemps 1976 — Unesco, Paris, page 25.
3. Résolution, Venise, 1970, Conférence Mondiale de Théâtre, rapporté par Jean Darcante, *La Condition de l'artiste & les mass-média* in International THÉÂTRE Informations, hiver 1977, Unesco, Paris, page 3.

instrument culturel a toujours eu besoin du soutien financier des autorités nationales pour subsister et pour travailler.

De tout temps, le théâtre a dû composer avec le Pouvoir public. Le dramaturge de l'Antiquité grecque aspirait au statut d'auteur national qui, une fois pour toutes, réglerait ses problèmes de subsistance. Au siècle de Louis XIV, Molière pouvait monter ses spectacles selon qu'il entrait ou non dans les bonnes grâces de la cour. (Entendons humeurs, pressions de toutes sortes aussi bien que finances.)

Les régimes politiques se sont modifiés cependant que le théâtre continue de dépendre des pouvoirs publics. Deux attitudes se dégagent habituellement. Dans les pays riches, le théâtre est défini comme un moyen de culture et/ou de délassement. Dans les jeunes pays, il devient plus souvent un levier culturel, didactique et/ou politique. Même dichotomie chez les artisans de théâtre eux-mêmes. Selon qu'ils appartiennent à un théâtre établi (de répertoire et/ou de consommation légère) ou à un jeune théâtre (de création et/ou de recherche), ils privilégient la première option ou la seconde[4]. Quel que soit le choix cependant, les artistes font appel à l'assistance de l'État qui, lui, choisit de répondre ou non aux demandes qui lui sont faites.

Outre l'État, dans les pays riches et industrialisés, les compagnies privées n'hésiteront pas à contribuer à la chose artistique pour peu qu'elles y entrevoient un quelconque profit. Une étude menée par le professeur Frank T. Pasquill de l'Université York sur les *Modes d'assistance financière aux arts du spectacle au Canada*[5]

---

4. La dichotomie signalée ici est binaire et simplificatrice. Elle n'est qu'une entrée en matière qui sera développée ultérieurement.

5. Note explicative sur le Rapport Pasquill, *Modes d'assistance financière aux arts du spectacle au Canada* par Frank T. Pasquill, York University, Toronto, Conseil des Arts du Canada, 1972.
L'étude du professeur Pasquill, exécutée sous la direction du professeur D. Paul Schafer dans le cadre du Programme d'administration des arts de l'Université York, a été commandée par le Conseil Canadien des Arts. Menée à terme, elle n'a jamais été vraiment diffusée. Dans l'avant-propos du document signé conjointement par J. Norman Lamont, chef de la section Recherche & Analyse, et André Fortier, directeur du C. d. A., on lit que:

> «Les conclusions et recommandations qui s'en dégagent sont celles des auteurs et ne correspondent pas nécessairement aux opinions du Conseil. Celui-ci a tenu cependant à distribuer le rapport afin de jeter quelque lumière et d'encourager les échanges de vues sur le financement des arts du spectacle au Canada.»

De là à dire que, comme tant d'autres, le Rapport a été mis sur les tablettes!...
Au long de l'analyse amorcée ici, je ferai régulièrement référence à ce document portant sur la décennie soixante mais dont les conclusions et recommandations

démontre que pour l'année 1969-1970, les dons de sociétés ont été évalués à 70.2 millions, soit environ .79 pourcent de leurs bénéfices, impôts non déduits.

Toujours selon le rapport Pasquill, «les motifs qui animent les sociétés donatrices comprennent les obligations envers la communauté, les relations publiques, les avantages indirects et les déductions d'impôts[6]». Dans une projection analytique, le document prévoyait que de 1970 à 1975, le pourcentage de l'apport des subventions privées en regard de la totalité des assistances, varierait de 15 pour cent en 1970-71 à 12 pour cent en 1974-1975 pour l'ensemble du Canada.

Au Québec, on peut avancer l'hypothèse que cet apport privé demeure inférieur à celui de l'ensemble du Canada. Il suffit de constater l'absence du système anglais des «foundations» pour accréditer cette hypothèse. Et du côté francophone, outre à titre purement nominal (exemple: La Fondation du Théâtre du Nouveau Monde), ce système n'existe pas.

Dans ces circonstances, l'État devient le principal soutien de la culture. Son monopole en fait un censeur puissant que les pratiques démocratiques d'une société n'arrivent pas toujours à contrôler. Au théâtre, il conditionne énormément le médium dans ses possibilités d'existence et dans ses libertés de mouvement. Les premières sont tributaires de l'ensemble des structures socio-économiques du pays alors que les autres évoquent le spectre de la censure.

Une longue tradition de censure marque l'histoire de la plupart des sociétés. Le Québec n'y échappe pas[7]. Depuis l'affaire *Tartuffe* (que Frontenac proposait et que le clergé refusa par la voix de Monseigneur de Saint-Vallier en 1694), les affrontements ont été réguliers, mandements et interdits se sont succédés. Quelques exemples: en 1789, le curé de la paroisse Notre-Dame refuse l'absolution aux artistes du Théâtre de la Société de Montréal, créée par Joseph Quesnel, dramaturge auquel on doit *L'Anglomanie* (1802) considérée comme la première pièce d'ici; fin XIXe début XXe, la grande Sarah Bernhardt est condamnée à deux reprises par l'Église; plus près de nous, en 1959 et 1967, les

---

apparaissent pleinement pertinentes pour les années soixante-dix. À mon sens, il s'agit d'une recherche éclairée qui soulève plusieurs bonnes questions.

6. Frank T. Pasquill, idem, page 38.

7. À lire dans cette perspective: *L'Église et le théâtre au Québec*, Fides, 1979; un document anthologique précieux pour l'histoire du théâtre au Québec.

Ballets africains sont taxés d'indécence; même accusation dans le cas du groupe théâtral Les Saltimbanques en 1967. L'exposition Corridart est démantelée de nuit en 1976 sur les ordres du maire de Montréal, Jean Drapeau. Enfin, en mai-juin 1978, la pièce *Les Fées ont soif* de Denise Boucher déclenche une polémique extrême; le texte de l'œuvre a même été interdit temporairement par un jugement de cour. Motif: le texte est blasphématoire. Et ce ne sont là que quelques jalons. L'injonction fut levée en appel le 25 janvier 1979. Les remous continuèrent néanmoins par la suite, la pièce étant offerte en tournée provinciale à l'automne 1979. Les opposants iront jusqu'en Cour Suprême du Canada où ils seront déboutés en février 1980. Je reviendrai sur ce cas dans le chapitre IV sur la censure.

Les tentatives d'ingérence abusive des autorités — cléricales, policières ou judiciaires — seront toujours une menace face à laquelle les artisans de la culture doivent demeurer vigilants.

> « La liberté de l'artiste est un droit fondamental de l'homme, mais elle sert aussi l'intérêt commun, en tant qu'antidote d'une bureaucratisation stérile et en stimulant la critique constructive, l'initiative et l'innovation de la société[8]. » (Unesco, Venise, 1970)

L'État, quel qu'il soit, sera toujours enclin à favoriser les flatteurs, c'est-à-dire les organismes de culture qui ne constituent pas une menace à sa sécurité, en un mot qui ne le critiquent pas. Il n'y a pas si longtemps, Maurice Druon eut en France une phrase malheureuse et inhabile mais combien révélatrice de l'attitude du Pouvoir:

> « Un système politique n'a pas à réchauffer en son sein la contestation. Toute innovation culturelle, confiée aux adversaires du système ou récupérée par eux, devient tôt ou tard, un instrument de subversion[9]. »

La position est radicale et grossière. Aujourd'hui, les gouvernements ont tendance à récupérer, en les aidant et en se les appropriant, ceux qui les combattent. S'établit ainsi une formule de contestation contrôlée qui cautionne le libéralisme d'un système.

---

8. Venise, 1970, cf. 3 — *La Condition de l'artiste & les massmedia*, op. cit. page 3.
9. Maurice Druon, cité par Jean-Denis Bredin in *Éclats*, éd. J. C. Simoen, Paris, 1978, page 20.

Mais quel est donc le rôle du Pouvoir public? Il intervient pour assurer le fonctionnement des activités culturelles qui, sans cela et surtout dans les petites collectivités comme le Québec, ne pourraient se développer ni être accessibles. L'État n'est cependant pas qu'un simple bailleur de fonds, la plupart du temps insuffisants. Il tient également une fonction de promoteur, de diffuseur et de coordonnateur de la culture. Mais pourquoi? Et de quelle culture parlons-nous?

> «Le développement culturel n'est donc plus désormais pour les sociétés et pour les individus un luxe dont ils pourraient se passer, l'ornement de l'abondance: il est lié aux conditions même du développement général. Ses finalités ... découlent des besoins profonds des sociétés aux prises avec leur transformation [10].»

L'affirmation est sans équivoque, elle doit être reliée à cette résolution de la Première Conférence mondiale du théâtre pour le tiers-monde en 1971:

> «La Conférence, consciente du pouvoir d'éducation inhérent au théâtre, estime que ce potentiel doit être utilisé dans le but de renforcer la conscience politique et sociale de la population [11].»

La proposition explicite la première citation. Renforcer la conscience politique et sociale de la population, voilà l'axiome de l'ensemble des finalités de tout développement culturel. Nous sommes très loin du simple divertissement et de la boîte à savon à vendre... Cette loi fondamentale n'élimine pas pour autant la notion de plaisir au théâtre! Au contraire! Le plaisir, comme l'explique Bertolt Brecht, naît de la représentation des rapports de l'homme et de la société, rapports souvents difficiles. Alors le théâtre devient le ferment actif d'un éveil des consciences, individuel et collectif à la fois. La culture se définit donc:

> «Un principe de mouvement, une provocation aux actes: sinon un appel à la révolte, du moins le prin-

---

10. Augustin Girard, 1972, cité par Guy Frégault en 1974 et publié in *Pour l'évolution d'une politique culturelle*, document de travail, J. P. L'Allier, MAC, 1976.
11. Première Conférence, Manille, op. cit., p. 25.

cipe d'un éveil des consciences, le ferment d'une
contestation des normes et des choses établies — une
culture se mesure à ses fruits, elle vaut ce que valent
les actes auxquels elle porte [12]. »

La définition amène à endosser le «faire un théâtre nécessaire» de Peter Brook pour qui cela signifiait obligatoirement aller
en disharmonie avec la société. L'État, sans devenir un censeur-
cerbère de cette seule loi, doit tout mettre en œuvre pour stimuler
un tel théâtre, lui donner des moyens matériels certes et travailler
à ce que son dynamisme s'exerce dans le sens pré-cité. Il n'y a que
les esprits étroits pour croire qu'une telle attitude provoquerait tôt
ou tard une forme de hara-kiri.

Faire un théâtre nécessaire pour un peuple, pour tout peuple, cela signifie œuvrer à l'implantation d'un théâtre national,
faire du théâtre une quête d'identité. Écoutons Guy Frégault,
historien et écrivain, sous-ministre des Affaires culturelles du
Québec dès la création du ministère en 1961 et ce jusqu'en septembre 1975, sauf pour une interruption sous le court règne de
Jean-Noël Tremblay. Même lui, qui pourtant avait des vues bien
étroites sur la dramaturgie d'ici qu'il ramenait parfois à «une pollution de la langue», est conscient de cette nécessité:

> «La conception prédominante de la culture, à la-
> quelle nous nous rallions, se situe dans l'optique de
> la qualité de la vie. Aujourd'hui la qualité de la vie
> préoccupe les États. (...)
>
> L'accélération du changement, provoquée par les
> conquêtes brutales de la production et de la con-
> sommation de masse, a profondément modifié nos
> vies. (...)
>
> Or, au Québec comme ailleurs, le problème fonda-
> mental que posent à l'homme les transformations
> massives nées de l'accélération de l'Histoire est celui
> de *l'identité*: identité des personnes, mais également
> identité des peuples. (...)
>
> Une politique culturelle est donc, en dernière ana-
> lyse, une politique de la pesonne, en même temps
> qu'une politique du groupe humain dont le dévelop-

---

12.   Gilles Sandier, *Théâtre et Combat*, éd. Stock, Parais, 1970, (368 pages), p. 12.

pement conditionne le développement de la personne [13]. »

L'action de l'État passe par le développement d'une identité
nationale. Même si Guy Frégault n'emploie pas le qualificatif
national, son énoncé n'en est pas moins clair. Et ce, même si les
faits ont démontré son peu d'empressement à travailler concrètement dans cette direction. Ce peu d'empressement s'est également retrouvé chez les artisans du théâtre eux-mêmes au Québec.
On peut même se demander si toute la tradition théâtrale dominante n'a pas été à l'inverse de ce principe d'identité. Depuis les
Compagnons de Saint-Laurent dirigés par le père Émile Legault
(1937-1952), la priorité a toujours été accordée à un répertoire
éclectique et international. Et ce groupe a contribué à former les
dirigeants des théâtres les plus en vue à l'heure actuelle. Ce n'est
que depuis une quinzaine d'années qu'un certain renversement a
commencé de s'opérer dans les circuits de moindre importance.

Selon toute vraisemblance, il est possible d'affirmer qu'aucun de ces artisans de théâtre ne conteste le principe d'identité.
Il tient de l'évidence et n'a rien de neuf. Dans un numéro spécial
de La Barre du Jour consacré au théâtre, Jan Stafford tenait des
propos similaires à ceux de l'ex-sous-ministre. C'était en 1965,
l'année de la formation du Centre d'Essai des auteurs dramatiques, créé dans le but de travailler à la promotion d'une dramaturgie nationale. Le Centre fut mis sur pied par cinq dramaturges
qui prenaient conscience de leur identité d'auteurs québécois. Et
1965, c'est aussi l'année où Michel Tremblay signait le livret de ses
Belles sœurs qui allaient être portées à la scène trois ans plus tard,
avec un retentissement extrême. En somme, Guy Frégault (dix
ans plus tard) se contentait de reprendre, plus faiblement, les
propos de Jan Stafford :

> « Il est extrêmement nécessaire, et nous le répétons
> que le gouvernement envisage une politique cultu-
> relle, vivante et fonctionnelle. La politique de gran-
> deur ne doit pas se limiter à des échanges de troupes
> théâtrales avec la France ou avec les autres nations,
> échanges qui se faisaient avant 1960, d'ailleurs ! Il
> faut *que le théâtre d'ici soit une école de libération col-*
> *lective* en cela qu'il atteint chaque spectateur relié à
> la collectivité, au pays. Il doit devenir pour un temps

---

13. Guy Frégault, *Bilan provisoire*, septembre 1975, p. 58.

de conscience de soi-même, pour devenir une conscience du collectif afin de préparer cette possession de soi-même qui se traduit par une intégration au groupe, à la vie commune[14]. »

Politique de la personne et politique du groupe humain ne diffèrent guère d'une conscience de soi-même qui passe par une conscience du collectif. L'État n'a donc d'autre but face à la culture que celui de la « payser ». L'atteinte d'un semblable objectif passe d'abord par l'affirmation de la primauté à la culture d'ici, non seulement un énoncé de principe mais bien une affirmation effective appuyée par des gestes concrets.

Assumer pleinement et entièrement sa culture, si cela va de soi pour toute nation, pose cependant de sérieux problèmes dans le cas d'une colonie ou d'une province. C'est le cas du Québec. Depuis toujours, et spécialement depuis l'ère de Maurice Duplessis, le politique a revendiqué son autonomie. Progressivement, la réclamation a pris corps. Elle est passée de slogan électoral creux à un énoncé de principe qui n'était guère plus qu'un vœu pieux à l'expression d'une volonté ferme.

En 1976, un livre vert, généralement bien reçu, intitulé *Pour l'évolution d'une politique culturelle,* du ministre des Affaires culturelles d'alors, Monsieur Jean-Paul L'Allier, marquait un pas en ce sens. Il n'est pas superflu d'en lire un long passage :

> « L'action de l'État ou de l'administration publique québécoise en matière culturelle ne peut se limiter à aider les arts. Notre situation particulière, au Canada et en Amérique, exige ici des choix politiques en regard de la protection du développement de notre culture. La culture québécoise, vue de l'extérieur, est essentiellement l'expression collective de nos facultés créatrices, traduisant nos caractéristiques, nos qualités et nos défauts. Pour nous, de l'intérieur, elle est un des principaux moyens de participer à la création de notre environnement et de notre avenir. Une politique culturelle est d'abord l'expression d'une volonté politique non seulement de favoriser l'accès à la consommation de ce qu'il y a de mieux

---

14. Jan Stafford, *Théâtre et Société,* pages 12-13, in Théâtre québécois, La Barre du Jour, op. cit. C'est moi qui souligne.

dans les arts et l'expression culturelle mais de permettre la participation la plus intense possible à la création. L'histoire et la situation présente exigent d'une politique culturelle québécoise qu'elle soit nationaliste et favorise le Québécois sans par ailleurs limiter son accès aux sources culturelles extérieures. Cet équilibre, il faudra constamment le rechercher, tenter de le maintenir et l'accepter puisque nous risquons autrement soit de verser dans un nationalisme obtus, ou soit de devenir à peu de chose près, uniquement des consommateurs de la culture des autres [15]. »

Le présent passage semble bien près de ce qui, pour toute nation, pourrait être appelé une idéale symbiose: priorité à la culture nationale en premier lieu, place à l'apport étranger passé et présent ensuite.

Jean-Paul L'Allier marquait-il le début d'une véritable politique? N'était-ce pas encore un «vœu pieux et un opportunisme éclairé» comme l'a qualifié le dramaturge Jean-Claude Germain en septembre 1977, lorsqu'il reçut le prix Victor-Morin pour ses dix ans d'activités théâtrales résolument engagées dans la voie d'ici? Impossible de le dire avec exactitude. Le signataire du Livre vert n'a pas eu le temps d'aller plus avant, son parti étant défait aux élections quelques mois plus tard.

Énoncer un principe est chose aisée, passer aux actes pose toujours des difficultés. Théâtre en particulier et culture en général sont financièrement soutenus au Québec tant par le gouvernement fédéral que par les gouvernements provincial et municipal de Montréal. Ces pouvoirs politiques n'ont pas forcément les mêmes priorités. Historiquement, la perspective pan-canadienne fédérale et l'affirmation autonomiste québécoise sont constamment entrées en conflit. C'est ce que la présente étude tentera de dégager.

Si tant est qu'«Un pays ... c'est d'abord et avant tout un Rêve commun», selon la formule de Jean-Claude Germain, sera-t-il canadien ou québécois? De quelle nation va-t-on parler? De quelle culture? De quel théâtre? Si le fait culturel québécois francophone est devenu indubitable depuis un peu plus de dix ans, il en va sans doute autrement du canadien-anglais qui demeure tout hypothétique et à venir. La question est complexe et cette étude

---

15. Jean-Paul L'Allier, *Pour l'évolution d'une politique culturelle*, op. cit., page 206.

ne se propose pas de la résoudre. Elle ne l'abordera qu'au passage puisque mon propos demeure essentiellement le suivant: le Québec et l'intervention des Pouvoirs publics dans le théâtre qui s'y joue, qui s'y crée. L'étude des statistiques est dans cette perspective des plus révélatrices. Elle ne doit pas cependant nous faire oublier celle des écrits: énoncés de politiques, de principes, et actions. La confrontation des deux devrait être fertile en éclaircissements.

En novembre 1976, le Québec s'est doté d'un gouvernement «autonomiste». La priorité accordée à une culture nationale apparaît tout à coup comme y allant de soi, ce qui jamais ne s'était produit avant. Les relations entre le théâtre et l'État devraient s'en trouver profondément transformées. Pour le mieux. Du côté des artistes, du moins ceux qui se définissent comme québécois, on attend beaucoup:

> «Depuis le 15 novembre, le culturel attend ce qu'il n'a jamais obtenu du politique jusqu'à maintenant, c'est-à-dire une reconnaissance de la fonction essentielle qu'il remplit dans la société, un endossement public et officiel du rôle qu'il joue pour la collectivité [16].»

Au milieu de l'année 1978, un Livre blanc définissant «La Politique québécoise du développement culturel» s'est formulé comme résolument national:

> «Qu'est-ce que nous attentons du Québec de demain? Qu'il prenne l'entière responsabilité et donc les moyens, d'assurer à chaque Québécois «le pain et le livre», le minimum vital matériel et le minimum vital culturel. Il y va de la dignité des Québécois et de leur bien-être de refuser de vivre dans une société entretenue, ce qui était l'idéal du «fédéralisme rentable... [17]»

S'agit-il encore de belles paroles? Ou est-ce le début d'un projet culturel collectif et/ou d'un rêve commun? L'État a souvent tendance à considérer le champ culturel comme une coquetterie onéreuse (même quand elle rapporte plus qu'elle ne coûte) et gênante. Et une coquetterie revendicatrice, spécialement en ma-

---

16. Jean-Claude Germain, Discours de réception du Prix Victor-Morin, septembre 1977.
17. La Politique québécoise du développement culturel, vol. 1, page 39.

tière de théâtre, gêne doublement. Coincé entre la préoccupante rentabilité électorale, les actions concrètes du quotidien et ses rêves, le pouvoir politique risquera-t-il les remises en causes nécessaires? Rien de moins sûr! Peut-être se contentera-t-il plutôt de claironnantes affirmations de principes. Mais ne l'oublions pas:

> «Ce qui importe, c'est que chaque peuple ou groupe ethnique puisse implanter son théâtre national dans le sol de sa propre culture, de son tempérament et de ses traditions propres[18].»

---

18.   A. Van Impe, *Le Théâtre et le pouvoir*, op. cit., p. 25.

Chapitre I

Pratiques du théâtre au Québec : essai de catégorisation

Le présent chapitre ne prétend pas tracer un portrait exhaustif des différentes pratiques de théâtre au Québec. Ce travail n'a jamais été entrepris de manière systématique. À lui seul, il constituerait une étude de taille. Il existe toutefois des documents (études, articles de journaux et de revues) qui s'attachent à des éléments de la question tant historiquement que ponctuellement. Ils vont des *350 ans de théâtre au Canada français* de Jean Béraud aux *Cahiers de théâtre Jeu* en passant par les Archives des Lettres canadiennes dont le cinquième volume est consacré au théâtre. Sans oublier les quotidiens.

Il importe simplement ici de départager les catégories dans un double but : établir les grandes lignes de l'activité théâtrale actuelle à travers les artistes organisés en groupements qui la pratiquent, dégager du même coup les variantes les plus importantes afin de faciliter l'analyse des interventions des pouvoirs publics. Je tente un essai de catégorisation.

La tâche n'est pas aisée. Le Ministère des Affaires culturelles, qui s'y est attaqué ces dernières années, n'est pas parvenu à classer adéquatement compagnies, troupes et coopératives de théâtre. De même, les responsables des *Cahiers de théâtre Jeu* ont tenté, aux fins de répartition de tâches internes, de dresser un organigramme composé de sept sections. (Voir copie en annexe.) Si certains théâtres paraissent aisément isolables — tels les théâtres « institutionnels », théâtres d'été, théâtres pour enfance et la jeunesse — en raison de caractéristiques précises, il en va tout autrement des multiples pratiques du jeune théâtre et/ou de la recherche.

Sans un véritable classement, tout questionnement est limité à deux grandes voies théâtrales : d'une part l'institutionnelle, connue de tous, à caractère commercial, et de l'autre une option nommée, faute de mieux, « l'autre théâtre », plus jeune, peu connue et inégalement commerciale. Un partage aussi grossier ne permet pas de développer beaucoup même s'il suffit déjà à dégager certaines observations éclatantes. Exemple : le seul groupe institutionnel reçoit les trois quarts des subventions alors que l'autre théâtre doit se partager le quart restant. La constatation est primaire. Mais quand on sait que la première catégorie se résume à onze compagnies alors que la seconde en réunit plus de quatre-vingt, pour ne compter que les seuls groupes subventionnés, voilà qui mérite réflexion.

L'analyse passe par l'établissement de subdivisions les plus distinctes possibles et les mieux définies. Ces groupements ne sauraient être dressés qu'en passant par une lecture des objectifs, des fonctionnements, des lieux de présentations, des publics visés, en somme de toutes les caractéristiques des praticiens de théâtre au Québec.

Il importe de ne jamais perdre de vue la raison d'être du présent chapitre. Il ne cherche pas à étudier les compagnies, troupes et coopératives pour elles-mêmes mais bien en leur qualité de représentantes des diverses catégories possibles. Ainsi, les exemples particuliers serviront d'illustration de chacune des huit sections retenues. Impossible de se pencher sur chaque entité, il suffira de ne conserver que les plus significatives.

Précisons également que toutes les parties ne feront pas l'objet d'une approche détaillée dans le cadre du travail entrepris. Plusieurs raisons déterminent ce choix : marginalité extrême de certains groupes, absence de tout contact avec les pouvoirs publics ou encore relation avec des organismes gouvernementaux non attachés à la culture au premier chef et, en conséquence, non étudiés ici[1]. C'est le cas, en particulier, du Théâtre amateur ou de loisir qui relève du côté québécois du Haut commissariat à la Jeunesse et aux Sports, qui n'est assisté qu'accidentellement par le Ministère des Affaires culturelles ou encore par des intérêts privés ou municipaux dont il s'avère difficile d'obtenir des informations.

Il en va de même du théâtre étudiant. Entièrement circonscrit par l'appareil scolaire, comme activité pédagogique ou parascolaire, il constitue une pratique théâtrale importante mais face à laquelle les organismes publics de culture (Conseils des Arts, Ministère des Affaires culturelles) n'interviennent pas. Je me contenterai donc de m'y référer au passage.

---

1. L'importance de ce phénomène est grande. J'y reviendrai, entre autres, pour souligner l'urgence d'une concertation véritable entre les ministères qui viennent en aide au théâtre. Toute étude se doit d'établir des balises afin d'éviter la dispersion. C'est pourquoi je me limiterai aux organismes principaux. Ainsi donc, certaines catégories seront peu ou ne seront pas utilisées lors de l'analyse des chiffres en raison de l'étendue du sujet. Les réductions, forcément fâcheuses, sont commandées par l'obligation de restreindre le champ de travail.

L'attention va se concentrer sur le Théâtre institutionnel et les catégories de Jeune théâtre qui pratiquent leur activité de façon permanente: Jeune théâtre professionnel, de laboratoire, parallèle et pour enfants, toutes catégories qui, à des degrés divers, demandent et reçoivent l'assistance des pouvoirs publics s'intéressant aux arts d'interprétation.

1. Le théâtre institutionnel

Le Théâtre institutionnel est le groupe le plus connu, le plus clairement identifiable, incluant depuis quelques années onze compagnies précises, les plus importantes et les plus subventionnées[2], ayant subi l'épreuve du temps. Toutes sauf deux sont installées à Montréal. Le Trident œuvre dans la ville de Québec et le Théâtre Populaire du Québec (TPQ), bien qu'ayant son pied à terre à Montréal même, est essentiellement une compagnie de tournée provinciale, à l'occasion canadienne, voire exceptionnellement internationale. Ces onze compagnies, toutes à but non lucratif selon leur charte, sont: le Théâtre du Nouveau Monde (TNM), la Compagnie du Rideau-vert, la compagnie Jean Duceppe, la Nouvelle compagnie théâtrale, le Trident, le TPQ, le Théâtre de Quat'sous, le Théâtre international de Montréal, la Poudrière, le Centre du Théâtre d'Aujourd'hui, le Centaur et le Saidye Bronfman (ces deux dernières sont anglophones).

Même s'il ne s'agit pas à proprement parler d'institutions d'État puisque le Québec ne possède pas de théâtres institutionnels au sens strict, ces compagnies privées n'en sont pas moins devenues au fil des ans de véritables institutions.

Toutes ces maisons ont une existence relativement longue: huit saisons pour la plus jeune, la compagnie Jean Duceppe, et plus de trente pour l'aînée, le Rideau-Vert. Dans ce dernier cas,

---

2. Quand je qualifie ces onze maisons des plus importantes, je le fais parce qu'elles sont à la fois les plus subventionnées, les plus connues du public et historiquement les plus âgées. Je ne porte pas de jugement d'ordre esthétique et théâtral.

l'organisme existait avant même que les divers paliers de gouvernement n'aient constitué des organismes officiels d'assistance aux arts. Toutes les autres se situent entre les deux mentionnées. Elles ont été créés en 1970 (Trident et Saidye Bronfman), 1969 (Théâtre d'Aujourd'hui), 1966 (Centaur), 1964 (NCT), 1963 (TPQ), 1958 (Poudrière), 1956 (Quat'sous) et 1951 (TNM).

Il est intéressant de signaler que parmi les directeurs artistiques de ces maisons, plusieurs ont acquis leur première formation à la même source, soit chez les Compagnons de Saint-Laurent du Père Émile Legault[3]. C'est le cas au TNM, à la NCT et à la Compagnie Jean Duceppe. Si on remonte le cours récent de l'histoire théâtrale du Québec, il conviendrait d'inclure dans cette catégorie du Théâtre institutionnel des groupes comme L'Équipe de Pierre Dagenais (1943-1947), le Théâtre-club du tandem Monique Lepage-Jacques Létourneau (1953-1965), la Comédie Canadienne de Gratien Gélinas (1958-1961), encore que dans ce dernier cas le directeur s'était fixé comme objectif de créer des pièces canadiennes, ce qu'il a parfois eu quelque mal à respecter mais qui constituait une perspective inédite alors.

Temps et permanence caractérisent au premier chef cette catégorie de théâtres. Ces critères ont prévalu tant dans les orientations de chaque organisme que dans leurs directions. La plupart des compagnies ont à leur tête le même directeur artistique qu'à leurs débuts. Seul, le TPQ fait véritablement exception à la règle.

L'expression «Théâtre institutionnel» est apparue pour la première fois dans un document du Ministère des Affaires culturelles qui définissait sa politique d'assistance au groupe de théâtre le plus connu au Québec, à celui qu'il coiffait de l'épithète du «plus dynamique»[4]. C'était en mars 1977.

Théâtre institutionnel dans son sens premier signifie théâtre du répertoire et de la tradition, théâtre des normes fixes et immuables. L'Institution se dit de toute personne morale, groupement ou régime institué. Elle est l'ensemble des formes ou structures sociales, telles qu'établies par la loi et/ou la coutume. Elle est entretenue par les appareils en place, qui font référence, incarnent les valeurs dites «sûres» et par rapport auxquelles tous

---

3. Voir pour la liste des membres, Anne Caron, *Le Père É. Legault et le théâtre au Québec*, Fides, 1978.

4. Le MAC est ici abusif dans son vocabulaire. Le plus vu, le plus connu et le mieux nanti n'est pas forcément le plus dynamique. Il risque même, parce qu'en place, d'être installé dans un genre précis dont il n'arrive pas à se défaire. Il apparaît donc alors comme bien plus figé que mouvant.

THÉÂTRE DENISE-PELLETIER
4353 STE-CATHERINE EST
TEL.: 253-8974
≡PROCHAINE SAISON≡
78 - 79

OCTOBRE

MARIE TUDOR
DE VICTOR HUGO
dans une mise en scène de
GAÉTAN LABRECHE

JANVIER

La leçon et
La cantatrice chauve
DE EUGÈNE IONESCO
dans une mise en scène de
PAUL BUISSONNEAU

MARS

Ben-Ur
DE JEAN BARBEAU
dans une mise en scène de:
YVAN CANUEL

3 SPECTACLES:

Etudiants $7.00   Adultes $12.00

Programmation-type de la Nouvelle Compagnie théâtrale, section répertoire, saison 1978-1979.

se définissent. Dans une société, l'institution est de tous ordres, tant politique, qu'économique, judiciaire, littéraire et théâtral.

Théoriquement donc, les compagnies théâtrales du groupe institutionnel sont, à quelques variantes, des appareils d'état[5] dont la seule action consiste à reproduire et renforcer celui-ci, c'est-à-dire le pouvoir politique. Même quand ils semblent aller à l'encontre du système en place, ces appareils en deviennent la caution morale en ce qu'ils témoignent du libéralisme de celui-ci.

Au théâtre, il faut s'attendre à ce que les compagnies institutionnelles optent pour une dramaturgie conservatrice et reconnue. Historiquement, cette dramaturgie a toujours été éclectique et internationale (cf. Le Répertoire des Compagnons, 1937-1952). Toute la tradition culturelle et politique a semblé aller en ce sens, à défaut de produit québécois. On conviendra aisément que les onze compagnies concernées aient poussé les hauts cris lorsqu'elles se sont vues ainsi officiellement nommées. D'ailleurs l'appellation ne convient pas également à chacune des onze. Au Québec, même les maisons, en apparence les plus institutionnelles, ont été le lieu des plus grandes «audaces»[6].

Si nous regardons dans le passé, nous observons que la Comédie Canadienne dirigée par Gratien Gélinas (1958-1971) avait pour but premier de produire des œuvres d'ici. Nous avons d'ailleurs mentionné ce fait précédemment. Aujourd'hui, le seul organisme ayant repris à son compte cette option est le Théâtre d'Aujourd'hui de Jean-Claude Germain qui, à l'exclusivité québécoise, a tenté d'adjoindre une dimension critique. Il a réussi là où Gratien Gélinas, pour toutes sortes de raisons, avait échoué en bonne part. Ce choix, à lui seul, suffirait au départ à différencier fondamentalement une maison du théâtre institutionnel. Il est fort révélateur de rappeler qu'en 1969, à l'arrivée de Jean-Claude Germain et de son groupe Les enfants de Chénier, le théâtre s'était appelé le TMN (Théâtre du même nom) en opposition au TNM (Théâtre du Nouveau Monde), bien établi celui-là.

---

5. J'utilise ici les études de Louis Althusser pour une définition des appareils qu'il répartit en deux catégories: l'appareil répressif d'État d'une part et les appareils idéologiques d'État de l'autre. «Aucune classe, précise Althusser, ne peut durablement détenir le pouvoir d'État sans exercer en même temps son hégémonie sur les appareils idéologiques d'État.» (page 86, Positions).

6. Ex. 1968 — Création des Belles-sœurs au Rideau-vert; 1972 — Création des Oranges sont vertes au TNM; 1978 — Création des Fées ont soif au TNM. Mais s'agit-il bien d'audaces?

À ses débuts, le Théâtre d'Aujourd'hui n'avait donc rien d'institutionnel. S'il fait maintenant partie du groupe, c'est, en premier lieu et après des années de vaches maigres, parce qu'il a atteint à un statut de reconnaissance officielle, reconnaissance méritée et confirmée par l'attribution en 1977 du prix Victor-Morin à Jean-Claude Germain. Reconnaissance en raison de sa permanence à tous les plans : lieu, personnes, style... De par le théâtre qui y est pratiqué, la salle de la rue Papineau est toujours apparue comme subversive par rapport aux autres. Seuls le temps et une certaine redondance des contenus et des formes auront atténué cette dimension.

Il suffit de suivre l'évolution de l'œuvre de Jean-Claude Germain, démarche d'exorcisme et d'inventaire du patrimoine québécois tant sur le plan de la vie socio-historico-politique que du théâtre lui-même, pour mesurer combien l'indéniable progression s'est accompagnée d'autant de pas en arrière qu'en avant. Si l'évolution thématique et esthétique est nette de *Diguidi Diguidi haha* et de *Si les Sansoucis ...* à *Un Pays dont la devise est je m'oublie* et *L'École des rêves,* elle est moins sensible avec des textes comme *Mamours et conjugat* et *Une plaie canadienne.*

Mais je n'avance cet énoncé qu'avec précaution car il risque de causer préjudice à un dramaturge et à une maison dont l'apport dans l'édification du théâtre national est à ce jour inégalé. C'est une étude entière qui mériterait d'être faite ici. Le numéro treize des *Cahiers de théâtre Jeu,* entièrement consacré à Jean-Claude Germain, vient d'amorcer le travail en ce sens.

De même pour le TPQ, lorsqu'à la fin des années soixante (1969-1971), il intégra dans sa compagnie, sous la gouverne d'Albert Millaire, le Grand Cirque Ordinaire, Il permettait aux premières expériences québécoises de création collective d'être diffusées par toute la province. Subversifs, les spectacles du Grand Cirque l'étaient dans leurs contenus, et davantage dans leurs formes. Le jeune théâtre, qui connaît depuis un essor très grand, s'est inscrit dans leur sillage. Les créations de groupes faisant appel à la musique et au texte sont devenues monnaie courante, voire la règle au jeune théâtre. Cela ne dura qu'un temps au TPQ et suscita toutes sortes d'émois (renvoi de Millaire lui-même). La maison est retournée depuis dans les sentiers sécuritaires et institutionnels.

Un mot du Théâtre de Quat-sous, dont la rigueur administrative a plus d'une fois laissé à désirer, le théâtre venant même à un moment bien près de la faillite. L'ancienne synagogue de l'avenue des Pins, dirigée par Paul Buissonneau, offrait une disponibilité à nulle autre pareille, la programmation n'y étant pas toujours déterminée bien à l'avance. Les débuts n'ont pas fait place à la dramaturgie québécoise. Jusqu'en 1967, le Quat'sous n'en fit pas jouer : on y optait plutôt pour le divertissement. Par la suite un revirement s'est opéré. Pour les neuf années qui ont suivi, trente-six des cinquante-cinq productions ont été des créations. La plupart des pièces de Michel Tremblay, après *Les Belles-Sœurs*, y ont été portées à la scène une première fois. Sans atteindre à une pensée précise et cohérente comme au Théâtre d'Aujourd'hui, le Quat' sous a sûrement été parmi les théâtres institutionnels un des plus ouverts à la création.

La NCT est une autre compagnie dont la situation offre des particularités. Si dans son principal programme de répertoire, la compagnie de Gilles Pelletier et Françoise Gratton ressemble à ses aînées, elle a toujours tenté, timidement au début, d'œuvrer dans le secteur plus neuf de la création. Son installation à l'automne 1977 au Théâtre Denise-Pelletier, et l'ouverture peu après, en janvier 1978, de la petite salle Fred-Barry, exclusivement vouée à la création, ont augmenté son apport.

À des degrés divers et si on regarde leur histoire, TPQ, Quat'sous et NCT se logent bien à l'enseigne du Théâtre institutionnel. L'ensemble de leurs coordonnées l'illustre bien : gestion hiérarchique traditionnelle, fonctionnement dans un lieu fixe doté d'une scène à l'italienne, engagement de comédiens vedettes en tête de distribution [7], présentation d'un répertoire varié et place seconde à la création. En cela, elles s'apparentent aux cinq autres compagnies du groupe, voire aux sept autres, les deux maisons anglophones incluses.

Poudrière, Rideau-Vert, TNM, Trident et Compagnie Jean Duceppe ne sont pas l'aire de lancement de nouveaux dramaturges. Ce n'est sans doute pas leur rôle. Ces théâtres ne sont pas d'avantage le lieu d'expérimentations de nouvelles formes, bref d'un nouveau théâtre. Leur fonction ne se situe sans doute pas là non plus [8].

---

7. Le Quat'sous qui a plusieurs fois loué sa salle à des jeunes troupes et la NCT dans sa partie création : ateliers et groupes retenus pour la salle Fred-Barry font exception régulièrement à cette règle d'engagement de comédiens vedettes.

8. Le théâtre institutionnel serait-il un vieux théâtre ? L'Institution par nature n'est pas une force créatrice mais plutôt stabilisatrice. La création est audace, risque, plongée dans l'inconnu. Pour une compagnie, quand elle est placée dans le

Un rapide survol des cinq maisons du seul point de vue de la création québécoise éclaire avec pertinence la situation institutionnelle de cette première section de praticiens de théâtre. Dans le pire des cas, à la Poudrière de madame Jeanine Beaubien, on dénombre trois créations en vingt ans d'activités. Le lieu, multilingue, est devenu spécialisé dans le théâtre de divertissement, avec tous les défauts inhérents au multiculturalisme. Il présente un théâtre monté grâce à des budgets modestes mais, surtout, avec une imagination déficiente. Un théâtre sans grande personnalité.

La situation n'est pas fondamentalement différente au Rideau-Vert. Mieux garni, plus rigoureux dans son travail, l'organisme dirigé conjointement par Yvette Brind'Amour et Mercedes Palomino est d'abord né comme un théâtre de boulevard, avant de se lancer dans un éventail de textes plus variés et plus consistants. Il y a même eu une saison entièrement faite d'œuvres d'ici. Elle fut désastreuse. Règle générale, la maison n'a accordé que la petite part à la création. Quelques-unes furent plus importantes : *Sonnez les matines. Les Belles-Sœurs* et les pièces d'Antonine Maillet.

La Compagnie Jean Duceppe a le grand mérite d'avoir attiré au théâtre un public qui n'y avait que peu ou pas mis les pieds et d'avoir créé une habitude de théâtre à la salle Port-Royal de la Place des Arts depuis 1973-1974, ce que le TNM n'était pas parvenu à faire. Au répertoire ancien, la compagnie a préféré le moderne, plus accessible, tourné vers la comédie américaine ou anglaise adaptée à la québécoise. La maison a qualifié son public de «populaire». Mais un public nouveau est-il d'office populaire? Et dans quelle mesure est-il possible de parler de théâtre populaire dans un endroit comme la Place des Arts? Et à quel prix? Côté créations, peu à signaler : trois ou quatre sur trente pièces. Des reprises spectaculaires cependant : *Charbonneau et le chef* et *Medium Saignant*.

Enfin au TNM, compagnie qui a toujours nourri l'espoir de devenir un théâtre national sans réaliser son rêve, il y aura eu

contexte d'une approche marchande, chargée d'administrer un théâtre de huit cent places, l'auteur nouveau représente toujours une réalité pleine de dangers et peu susceptible d'attirer le public. Obligées de remplir leurs salles à coup sûr, forcées au succès, ces compagnies n'étaient et ne sont toujours pas en mesure de risquer. Elles ont donc, par la force des choses, participé à cette sclérose du théâtre occidental dont plusieurs parlent aujourd'hui. Dans ce contexte, la présence des subventions aurait-elle dû et pu changer quelque chose?

1978/79 SEASON

BALCONVILLE

by David Fennario

CENTAUR THEATRE COMPANY

Balconville du montréalais Fennario, le spectacle le plus couru lors de la dixième saison du Centaur.

trente-trois créations en cent quarante-huit productions. Je n'inclus pas ici le théâtre-midi (une dizaine de courtes pièces), non en raison de sa nature légère, mais parce qu'il ne représente qu'une activité secondaire du TNM, activité qui ne saurait être placée sur le même pied que celle de la programmation régulière. Je ne tiens pas davantage compte des adaptations. Certes ces dernières offrent une possibilité de travail à nos écrivains. De plus, en rapprochant situations et contenus, elles en facilitent l'accès au public. Mais leur multiplication — surtout dans une dramaturgie mal assurée — risque de les voir préférées aux initiatives locales[9]. Au TNM, le souci de la création s'est accru avec le temps (vingt sur soixante-sept depuis dix ans) mais la priorité est restée à un répertoire choisi.

Quant au Trident, en huit ans, il a su conserver un meilleur équilibre que la majorité des compagnies de son envergure : seize pièces québécoises sur trente-quatre productions, dont plusieurs ont été des pièces nouvelles. Il obéit néanmoins aux mêmes canons que les autres. Il devient donc possible de conclure que le Théâtre institutionnel n'a pas été le moteur de la croissance d'une dramaturgie québécoise (sauf dans quelques cas) même s'il a beaucoup contribué à développer une effervescence théâtrale au Québec depuis les trente dernières années.

Autre trait caractéristique de cette première catégorie de maisons institutionnelles : leur approche mercantile. Ces compagnies ont épousé normes et fonctionnements du système dans lequel elles ont évolué. Tout s'est trouvé fixé une fois pour toutes. Subventionnées à fort pourcentage, ces maisons sont devenues dépendantes des pouvoirs publics, même dans un contexte de libéralisme très grand. Cette dépendance les a forcées à une certaine rentabilité.

---

9. Il est un fait connu : le théâtre international réputé (exemple : un succès de Broadway) aura toujours plus d'attrait aux yeux du public, déterminé par les lois du marché, que le produit local, quelle qu'en soit la qualité.

Je ne prône pas ici un repliement sur soi ou, ce qui reviendrait au même, une méfiance des bonnes choses d'ailleurs. Je signale simplement la complexité du problème, le danger du maintien d'un impérialisme étranger en matière de théâtre que l'histoire littéraire du Québec ne fait que démontrer depuis la conquête.

Dès 1763, une situation coloniale s'installe qui verra les impérialismes littéraires anglais et français s'établir. Je renvoie à l'analyse de Beaudoin Burger, *L'Activité théâtrale au Québec 1765-1825* publiée chez Parti Pris.

Aujourd'hui, nul ne peut faire abstraction de la présence, entre autres, d'un impérialisme américain ; le littéraire et/ou le théâtral doublant ici l'économique.

Tout en demeurant soucieuses de produire du théâtre de qualité, ces compagnies sont parfois devenues plus occupées de trouvaille et d'inédit que de recherche véritable. Encadrées à jamais dans leurs scènes à l'italienne, elles se sont vues limitées dans leur expression artistique. Il s'est trouvé de plus en plus d'industrie culturelle et de moins en moins d'art en acte. Trop souvent, les succès en ont été de scandale : *Les Belles-Sœurs, Charbonneau et le chef, Medium Saignant, Les Fées ont soif.* Et même en baissant leurs prix, et tout en revendiquant la formule «théâtre = service public» de Jean Vilar, ces compagnies ont, pour la plupart, continué d'être réservées à une élite, petit nombre sans cesse croissant, mais minorité malgré tout.

Suis-je en train de tracer un sombre bilan du théâtre institutionnel ? Évidemment pas. Il serait illogique et inexact de conclure hâtivement que toutes les expériences de cette catégorie sont inopérantes et non-artistiques. Il s'en est trouvé, et en quantité, de fort stimulantes. Il serait tout aussi naïf et illusoire de penser que les autres groupes des autres catégories sont différents et qu'ils présentent des spectacles inventifs et réussis. Chaque pratique de théâtre a ses faiblesses et ses avantages. Souvent les jeunes compagnies ou troupes, amateurs ou professionnelles, copient l'Institution sans même en retenir les qualités. Les seules variantes tiennent alors dans les différentes conditions d'opérations.

Prenons pour cas le plus patent celui du Patriote, maison de production qui fait place à du jeune théâtre professionnel. Ce «Centre culturel et populaire», c'est ainsi qu'il se nomme, est loin d'avoir été toujours le lieu d'expériences riches et innovatrices.

Évitons de disserter sur l'emploi abusif du mot «populaire». La situation se présente comme suit : les propriétaires du Patriote mettent une salle à la disposition des groupes de jeune théâtre qui en font la demande. L'expérience des dernières années a cependant été marquée par des conditions de travail si pauvres et difficiles que plus d'une troupe s'y est rompue les os. En allant au Patriote, elle s'est désservie. Actuellement, de moins en moins de groupes se montrent intéressés à s'y produire. Ils n'y vont qu'en ultime recours [10].

Cette déplorable situation est imputable à l'absence d'une direction artistique responsable, dotée de connaissances sûres en

---

10. La saison 1978-1979 (plus précisément fin 1978) aura vu l'aboutissement d'une négociation (amorcée de longue date du temps du ministre libéral Jean Paul

matière de théâtre et de contacts étroits avec le milieu qu'elle veut servir[11]. Nul, au Patriote, ne semble en mesure de bâtir une programmation ferme. La chose est pourtant réalisable : la NCT y est arrivée dès le départ à la salle Fred-Barry, sous la responsabilité de Jean-Luc Bastien. Nous reviendrons plus avant sur le Patriote qui, se prétendant au service du jeune théâtre, sera classé dans la catégorie du même nom, malgré le fait qu'il se rattache à l'institutionnel par plusieurs aspects.

2. Le Théâtre de laboratoire

Il est toujours hasardeux de coiffer un groupe de l'étiquette « Théâtre de recherche », et plus encore de l'en tenir éloigné. Quelle maison, à quelqu'enseigne théâtrale qu'elle se loge, n'a pas revendiqué ce statut, à un moment ou l'autre de son histoire ? Plutôt que d'utiliser l'expression consacrée « Théâtre de recherche », il m'apparaît plus judicieux et moins ambigu d'employer l'expression « Théâtre de laboratoire ».

L'Allier, 1975-1976) d'une subvention d'immobilisation en vue de la construction d'une salle de théâtre de cinq cents places. Les pouvoirs publics fédéral et provincial ont accepté de verser chacun $450 000. Près d'un million alors que les dirigeants du Patriote ont prouvé, hors de tout doute ces dernières saisons, qu'ils ne servaient pas adéquatement le théâtre au Québec.

Seul l'État ne semble pas l'avoir compris en privilégiant cette maison inopérante sur le plan artistique et en lui octroyant des sommes très élevées, dont seront privés les groupes véritablement efficaces.

11. En décembre 1979, les dirigeants du Patriote annonçaient la formation d'une direction artistique tripartite composée de Jeannine Sutto (remplacée peu après par Gérard Poirier), Gaétan Labrèche et Yvan Ponton. Sans porter jugement sur la compétence théâtrale des trois personnes retenues, il convient de se demander si elles sont les plus susceptibles de servir le jeune théâtre! Si elles sont bien renseignées sur cette réalité? Elles ont en commun d'œuvrer dans le secteur de l'enseignement théâtral spécialisé, travail qui les met en contact avec les jeunes comédiens, mais elles-mêmes se produisent exclusivement (sauf Yvan Ponton) sur les scènes institutionnelles. N'est-ce pas quelque peu paradoxal? Seul l'avenir répondra à cette question.

La notion de recherche doit être reliée à celle d'effort: démarche de l'esprit pour trouver une connaissance, une vérité, une forme, un fond. Il s'agit bien évidemment de chercher et non de trouver, si tant est que la trouvaille ou réussite est chose rarissime en quelque matière [12]. La recherche, au sens usuel, apparaît le lot d'un petit nombre et s'effectue en circuit fermé, soit en laboratoire. L'assertion est généralement vraie bien qu'en théâtre, elle soit souventes fois contredite.

Il n'est pas rare que, tant du côté institutionnel que de celui du jeune théâtre, des groupes se réclament de cette voie. C'est le cas de la compagnie institutionnelle qui se définit comme étant à la pointe des idées et courants nouveaux de la société québécoise. Quant au jeune théâtre, il se définit essentiellement comme tel. Quand, par exemple, il tente de mettre sur pied un théâtre véritablement populaire, il se situe bel et bien en recherche. Mais pas en laboratoire. Au contraire, il veut alors s'adresser au plus grand nombre, à des couches sociales qui traditionnellement n'ont pas accès au théâtre.

Il n'est pas superflu de rappeler, d'autre part, que le jeune théâtre ne possède pas le monopole de la recherche, pas plus qu'il n'en fait véritablement, même lorsqu'il le prétend. Il lui arrive parfois de se croire dans une voie nouvelle pour la simple et bonne raison qu'il n'a jamais pris la précaution d'aller jeter un œil ailleurs. Les artisans du théâtre ont l'épithète généreuse. Voilà qui caractérise plusieurs groupes de théâtre, quand ils ne sont pas nourris d'une connaissance et d'une réflexion théâtrale articulées.

Je ne retiendrai donc dans la présente catégorie que les groupes, peu importe leur appartenance à une association ou à une autre (AQJT, ex-ATTAQ ou ADT) [13], et qui ne semblent exister que dans cette seule et unique perspective qu'est la recherche en laboratoire. Généralement peu connus du public, comme tous les chercheurs, ils passent volontiers pour des marginaux. Ils ont choisi une voie difficile où l'acquis est peu important.

---

12. Cette notion de trouvaille possède une connotation ambiguë en ce qu'elle peut aussi bien se voir appliquée à une recherche formelle et fondamentale articulée qu'à un coup publicitaire habile, selon les principes d'une approche marchande du théâtre. La même valeur ambivalente se retrouve dans les termes: innovation, nouveauté, réussite... Il est donc essentiel de n'employer des termes qu'avec circonspection.

13. AQJT, ATTAQ et ADT signifient respectivement: Association québécoise du jeune théâtre, Association des troupes de théâtre autonomes du Québec et Association des directeurs de théâtre.

Essentiellement subversifs — en théorie et par leur nature même — ils travaillent au bouleversement des formes théâtrales.

Dans le passé, ils ont eu nom: Les Apprentis-Sorciers (1955-1968) et les Saltinbanques (1962-1969). Leur statut était amateur au départ et ils s'intéressaient surtout aux œuvres des dramaturges français contemporains, plus modernes, tels Weingarten, Adamov, Gatti, Wittlinger, Genet, etc. C'était le théâtre d'avant-garde non encore produit sur les scènes institutionnelles[14]. Plus près de nous, le Théâtre d'Aujourd'hui en fut à ses débuts (1969), de même que le Grand Cirque Ordinaire (1969) en ce qu'il traçait la voie de la création collective au Québec, et le Théâtre EUH (1970-1978) en ce qu'il empruntait le sentier de l'agit-prop[15].

Signalons pour la même époque, les expériences de théâtre d'environnement de Maurice Demers[16]. Plus près encore, La Marmaille (1973) est apparue comme une troupe de pointe dans le secteur du théâtre pour enfants. De même le Parminou (1974) dans la tentative de créer un véritable théâtre populaire pour adultes. Ces deux derniers groupes ne travaillent cependant pas en marge de circuits précis, officiels ou non. Je les classerai donc plus loin.

Seuls sept groupes font partie du Théâtre de laboratoire: Les enfants du Paradis, L'Eskabel, La Veillée, Le Théâtre Expérimental de Montréal, le Théâtre de la Grande Réplique, le Théâtre sans Fil. Tous ont une existence relativement récente. Le plus âgé, Le Théâtre sans Fil (1971)[17] a huit ans et le plus

---

14. Il est intéressant de noter que ces deux troupes possèdent la même origine: Les Apprentis-Soirciers, et que ces derniers, fondés et dirigés par Jean-Guy Sabourin et Madeleine Greffard ont donné naissance (après une éclipse de plusieurs années) au Théâtre de la Grande Réplique (1976) actuellement en action, logé à la même enseigne de laboratoire et d'essai.

15. Voir *JEU 2* — sur Les Saltimbanques 1962-1969, printemps 1976, pages 22-44, Michel Vais. Voir *JEU 5* — sur Le Grand Cirque Ordinaire. Voir *Jeu 2 et 3* — sur le Théâtre Euh.

16. Il convient sur ces trois groupes, Théâtre d'Aujourd'hui, Grand Cirque Ordinaire et Environnement de Demers, de se référer au pertinent essai analytique de Michel Bélair, *Le Nouveau Théâtre Québécois*, paru en 1972 chez Leméac. Il relate longuement les trois expériences et en dégage l'importance extrême pour l'évolution du Théâtre au Québec. Ces trois expériences ont vécu brièvement c'est le cas des spectacles de Demers) ou bien ont continué jusqu'à récemment (Le Grand Cirque Ordinaire signait son dernier travail en 1977-78: *Les Fiancés de Rose Latulippe*, après avoir décliné ces trois dernières années) ou bien continuent toujours (le Théâtre d'Aujourd'hui, encadré par l'Institution, n'a plus ce caractère marginal du début).

17. Le Théâtre sans Fil n'est inscrit dans cette section que sous certaines réserves. En effet, si sa forme (les marionnettes géantes) est particulière et se loge à

Spectacle d'ouverture de la saison 1976-1977, marquant le vingt-cinquième anniversaire du Théâtre du Nouveau Monde.

jeune. Le Théâtre dè la Grande Réplique (1976), en a trois, de même que les Enfants du Paradis. Ils se composent aussi bien d'acteurs professionnels (Le Théâtre expérimental) que de gens n'ayant pas reçu de formation théâtrale spécialisée (L'Eskabel). Leurs recherches sont centrées sur l'environnement visuel, musical et corporel (l'Eskabel), sur l'acteur (La Veillée, le Théâtre expérimental), sur les marionnettes (Le Théâtre sans Fil), sur le mouvement, les masques et la pantomime (Les Enfants du Paradis), ou encore sur la scénographie à partir de textes qui n'ont d'abord pas été écrits pour la scène (La Grande Réplique).

Les expériences des sept troupes n'offrent pas toujours un égal intérêt. Rien d'étonnant à cela. Prenons, par exemple, le cas de cette Ligue nationale d'improvisation mise sur pied par le Théâtre expérimental de Montréal depuis deux saisons, (1977-78 et 1978-79). Les acteurs y pratiquent l'improvisation en équipes sur le modèle du hockey. Les joutes ont rencontré la faveur d'un public croissant. Il est aisé de constater que dans ce travail, la quête de la trouvaille et la performance individuelle priment sur la recherche théâtrale. En regard des créations habituelles du groupe, la Ligue d'improvisation s'éloigne d'une véritable exploration. Cet exemple ne doit pas jeter le discrédit sur le Théâtre expérimental dont l'aspect laboratoire demeure indéniable. Les divers travaux des six autres membres de la catégorie n'ont pas tous été sans failles. Pensons simplement à la pauvreté des contenus abordés dans les derniers spectacles du Théâtre sans Fil.

Sept organismes, pour une section de théâtre, ne forment pas un contingent très nombreux, surtout si on compare les sept retenus ici aux quinze regroupés en 1976-77 par le Ministère des Affaires culturelles à des fins de classement interne pour la section «Théâtre de création et de recherche». La liste comprenait Le Patriote, le Centre d'essai des auteurs dramatiques, le Théâtre du Vieux moulin, le Théâtre en l'air, le Parminou, la Bascule, le Moussaillons des Paspébiac, l'Équinoxe, le Playwright Workshop, la Grosse valise, le Théâtre expérimental de Montréal, le Théâtre sans Fil, le Grand Cirque Ordinaire, Organisation Ô et la Rallonge. Quinze groupes fort différents pour un regroupement difficilement justifiable.

Plusieurs de ces groupes se logent beaucoup plus logiquement soit dans la section «Théâtre pour enfants» (La Bascule, la

---

l'enseigne d'un véritable travail de laboratoire, ses spectacles peuvent être présentés avec profit à des publics nombreux et variés. Ils ne posent aucunement le problème de l'accessibilité qui s'attache habituellement au travail de laboratoire.

Grosse Valise pour n'en nommer que deux), soit dans celles du
«Jeune théâtre» (Parminou, La Rallonge, L'Équinoxe, Théâtre en
l'air, etc.).

D'autres, comme le Centre d'Essai des auteurs dramatiques,
se définissent plus comme des organismes de coordination — un
centre d'auteurs individuels ou collectifs — que comme des créateurs de spectacles. Enfin, j'ai parlé du Patriote précédemment, et
de telle manière qu'il ne pouvait être classé parmi les groupes de
recherche. Des troupes retenues par le Ministère, certaines se sont
davantage signalées par des reprises que par des créations (le
Théâtre du Vieux Moulin, par exemple, qui n'a monté qu'une
création en cinq productions), par un souci plus didactique qu'artistique (le Théâtre en l'air devenu Théâtre de Quartier dont
l'objectif d'éducation sociale et politique clairement avoué prime
sur tous les autres). Impossible en conséquence de retenir un classement aussi hétérogène.

En contrepartie, le choix proposé ici, qui ressemble beaucoup à celui des Cahiers de théâtre JEU, offre tous les avantages
d'unité nécessaire à l'établissement d'une catégorie. Chacun des
sept groupes, à de légères nuances près, s'inscrit parfaitement
dans l'optique d'un laboratoire de théâtre :

Jeune Théâtre de Laboratoire
Tableau récapitulatif

Statut et fonctionnement professionnel	Formation spécialisée (mais pas tous, par exemple l'Eskabel, dont la plupart des membres n'ont pas reçu de formation spécialisée, ce qui permet l'intégration plus facile au style de recherche particulier au groupe. Oeuvre seule dans la troupe : Gestion associative (cellule autogérée), partage.
Théâtre joué	Ici on ne parle plus de répertoire/ auteur/ collectif mais de montage à partir d'écrits existants (anciens ou modernes) ou de thèmes (collectifs d'écriture). Tout répertoire n'est pas exclu pour autant.

L'écriture englobe ici plus que partout ailleurs cette notion large de théâtre = Texte + Représentation, tel que défini par A. Ubersfeld dans *Lire le théâtre.*

Activités Spectacles et/ou ateliers publics mais en laboratoire, le plus souvent réservé à un petit nombre (une exception, le TSF qui se produit dans les salles conventionnelles ou la L.N.I. sous l'égide du TEM). Le Nouveau TE accueille 300 personnes. Cette dernière manifestation, s'inspirant du hockey, est basée sur l'improvisation et ne fait qu'une place très secondaire à la *recherche* proprement dite.

Lieux Contrairement aux troupes de Jeune Théâtre, la plupart des groupes de laboratoire ont ou aspirent à posséder un lieu permanent en raison de la nature même de leur travail.
Très préoccupé d'intégrer scène/ salle pour un rapport au public modifié. À ce niveau, la fusion des deux reste inégalement tentée.

Public Tous? Un public averti, appartenant au/ou gravitant autour du milieu du théâtre.

Orientation État de recherche permanent, idéalement du moins. Vers un nouveau langage théâtral.

Subsistance Subventions des pouvoirs publics.
(S'adressant à un public restreint, le théâtre de laboratoire, plus que tout autre, dépend de l'État pour vivre. Les normes de subventions ne sauraient être les mêmes pour lui que pour les pratiques adressées à un plus large public.)
Vente des billets au guichet.

LE PAYS THÉÂTRAL

vol. 2 – numéro 2

théâtre d'aujourd'hui

revue de théâtre — saison 78-79

dix
ans
déja

La populaire diva de Jean-Claude Germain et Nicole Leblanc fête les dix ans de
la création du Théâtre d'Aujourd'hui.

3. Théâtre pour enfants

La première compagnie à inclure du théâtre pour enfants dans sa production régulière fut le Théâtre-Club (1954-1962). Mais auparavant, et de manière occasionnelle, Les Compagnons y avaient touché quelque peu. Plusieurs années plus tard, le Théâtre du Rideau-Vert mettait sur pied une section «Jeunesse» dont il confia la direction à André Cailloux. Sauf sporadiquement, les compagnies de théâtre institutionnel n'ont jamais emboîté le pas. Seule la Nouvelle Compagnie Théâtrale choisissait d'adresser son travail à un public d'écoliers, particulièrement de niveau secondaire. Elle ne s'intéressa pas cependant aux enfants.

Mais depuis les cinq dernières années, les groupes de théâtre pour enfants se sont multipliés à un rythme extraordinaire et sont vite devenus parmi les plus actifs et les plus innovateurs. Leur tâche de recherche se voyait facilitée en ce qu'aucune tradition, qu'aucune institution en quelque sorte, ne venait ralentir leur développement [18]. Il est significatif de constater que l'impressionnant tome 5 des *Archives des Lettres Canadiennes* sur le théâtre, paru en 1975, n'ait pas cru bon de consacrer le moindre petit chapitre à la question.

Une recherche menée par Hélène Beauchamp est parvenue à bien cerner cette réalité nouvelle du Théâtre pour enfants. Livrée au Festival pour Enfants de juin 1978, tenu au Théâtre Denise-Pelletier, l'enquête dégageait — vidéo à l'appui — les principales caractéristiques du genre [19].

---

18. Il n'est pas tout à fait exact de dire qu'aucune tradition n'existe en théâtre pour enfants. Une telle affirmation ne tient pas compte de l'importance des contes de fées, des clowns traditionnels issus du monde du cirque, des marionnettes fréquemment utilisées. Ces voies sont bel et bien présentes mais non implantées profondément ici. Au Québec, il n'existait aucun théâtre spécifiquement québécois pour les petits. L'éclatement du genre s'est effectué sans heurts parce que même les voies à caractère plus international n'étaient pas fortes, contrairement en cela au théâtre pour adultes. Le théâtre pour enfants avait toujours été relégué au rôle marginal de divertissement du temps des Fêtes ou des vacances d'été, divertissement agréable mais peu signifiant et plus ou moins recherché formellement.

19. J'invite le lecteur à consulter le travail de Hélène Beauchamp. Il constitue un déblayage, sinon exhaustif, du moins pertinent et précis. *Défense de jouer sur les murs*, vidéo sur le théâtre pour enfants au Québec. *Le Théâtre à la p'tite école*, groupe de recherche en théâtre pour enfants, avec la collaboration du Ministère des Affaires culturelles, août 1978. Outre ces documents récents, le lecteur peut toujours jeter un regard sur *Le Renouveau du théâtre au Québec* de Jean Hamelin

Le Théâtre pour enfants est défini essentiellement comme un théâtre de recherche et de création. Il ne repose sur aucune tradition fortement enracinée et cherche à être en constante invention dans ses textes et dans ses modes de théâtralisation. Tout en soulignant l'intéressante continuité de ce théâtre depuis les dernières années, le rapport établit une relation étroite entre les artisans et leur public. Les spectateurs apparaissent comme les premiers critiques, les principales sources d'inspiration nécessaires aux spectacles. Suivant un mode de fonctionnement qui s'est développé de plus en plus au jeune théâtre, spécialement au sein de L'AQJT, les productions sont préparées à partir et à l'aide des publics visés. Elles sont également suivies de retours systématiques ayant pour but tant de les questionner que de les améliorer.

Le Théâtre pour enfants, après avoir été l'unique lieu des Temps des Fêtes et des vacances estivales, s'est orienté de plus en plus dans les circuits scolaires où il voyait un débouché logique déjà structuré. Depuis, il s'est ouvert à de nombreux autres lieux de diffusion (salles paroissiales, parcs etc.).

Cette multiplication des lieux de présentation a amené les artisans du théâtre pour enfants à se pencher sur le problème de l'adéquation spectacle-lieu de diffusion. Ainsi de plus en plus de créations sont définies, dès leur conception, en fonction du type précis d'endroit où elles seront jouées.

Si les premières tentatives du Théâtre pour enfants sont régulièrement apparues peu incarnées, les expériences des dernières années ont cherché résolument à réintégrer les spectateurs dans leur contexte social et plus représentatif du quartier et de la famille où évoluent aussi les adultes, les adolescents et les vieillards. Plusieurs créations traiteront des rapports qu'il y a entre les uns et les autres.

Signalons également que le Théâtre pour enfants n'est subventionné que pour ses activités de production et non pour celles de la recherche, suivant ainsi le mode traditionnel de subventions des différents paliers de gouvernement. Cette politique, dont je reparlerai lors de l'analyse des subventions de l'État, n'est pas sans créer d'importantes difficultés de subsistance, non seulement chez les praticiens du théâtre pour les plus jeunes mais encore pour tous les groupes participant à une forme ou l'autre

---

pour ce qui touche les premières expériences, textes publiés dans les Cahiers de Théâtre JEU (no. 4 sur La Marmaille, no. 12 Bilan...), ou encore consulter les documents de l'AQJT spécialement parus lors des festivals annuels, tenus en août depuis 1975.

de recherche, que ce soit ceux du jeune théâtre ou de toute autre catégorie.

Il serait illusoire de croire que tous les artisans de la catégorie de théâtre dont je parle répondent à chacun des traits majeurs signalés. En théâtre pour enfants comme ailleurs, il est des avenues institutionnelles. Cela dit, l'unité de travail semble ici plus grande et mieux orientée que dans toute autre forme théâtrale.

Le sempiternel conflit théâtre éducateur/théâtre divertissant n'a pas au théâtre pour enfants la même intensité que dans la dramaturgie pratiquée pour les aînés. Ainsi, le public admet volontiers cette facette lorsque le théâtre s'adresse aux plus jeunes alors même qu'il la récuse — pas toujours évidemment — quand il touche les adultes.

Les groupes de théâtre pour enfants sont extrêmement nombreux et jeunes au Québec. En voici un aperçu : Marionnettes de Montréal, Théâtre la Grenouille, La Marmite, La Grosse Valise, Productions pour enfants de Québec, Youtheatre, Théâtre Les Pissenlits, La Marmaille, Théâtre de Carton, Le Coquelicot, Théâtre Soleil, La Noix de Coco, Le Carroussel, Les Amis de Chiffon, Théâtre Abracadabrant, Théâtre de la Commune, Théâtre de l'Esthèque, Théâtre de l'Oeil, Théâtre du Pendule, Atelier d'Art La Neigère, Théâtre en Rang, Productions du bord de l'eau, Le Gyroscope, La Bebelle, Le Cent neuf, Lacannerie, L'Antre-deux, Théâtre de l'Avant-pays, L'Aubergine de la Macédoine, Le Ptitapti, L'Arrière-scène, Les Calicots, Le Sakatou, Le Théâtre des Filles du Roy, La Bascule, Marionnette Mérinat, Le Théâtre des Confettis, Théâtre du Clin d'œil, La Roulotte (Ville de Montréal), etc.

Outre des organisations comme La Roulotte dirigée par Paul Buissonneau, les Marionnettes de Montréal de Micheline Legendre et quelques autres, toutes actives depuis plus de vingt ans, la majorité des groupes de théâtre pour enfants ont une existence récente. 1968 : Les Pissenlits ; 1972 : Le Cent neuf ; 1973 : La Marmaille, l'Oeil, Lacannerie, l'Aubergine de la Macédoine ; 1974 : La Bebelle ; 1975 : La Bascule ; 1976 : L'Avant-pays ; etc.

La plupart des troupes utilisent l'acteur dans leurs spectacles. D'autres cependant ont opté pour les marionnettes : Marionnettes de Montréal, Mérinat, Théâtre de l'Oeil, L'Avant-pays, ou encore marionnettes du tandem Nicole Lapointe-Pierre Régimbald qui a œuvré plusieurs années au Rideau-vert. Une troisième option est celle des clowns: L'Aubergine de la Macédoine, La Bebelle, Les Confettis, etc.

Trois orientations principales caractérisent le théâtre pour enfants: le divertissement, la pédagogie et l'animation. Le premier a tendance à abuser des trucs faciles amenant une participation factice de l'enfant. On sait que celui-ci intervient très facilement. Il suffit de miser sur une émotivité primaire. Le divertissement, s'il est effectué intelligemment, devient une fête pour les spectateurs. Le théâtre éducateur sert souvent d'appoint à l'appareil scolaire. Mais pèche régulièrement par un didactisme trop prononcé. Le théâtre n'est pas l'école. Enfin, le troisième est celui qui correspond le mieux à l'essence même du théâtre pour enfants parce qu'il doit impliquer le public dans son vécu, lui permettre d'intervenir dans l'immédiateté de la représentation de manière plus profonde que par des trucs faciles.

Il faut noter que certains groupes de la présente catégorie travaillent aussi à l'occasion au théâtre pour adultes. Cela vaut pour Le Carton et La Marmaille, par exemple. L'inverse se rencontre également: des troupes pour adultes œuvrent à l'occasion pour les tout-petits. Les uns et les autres ont été classés dans la catégorie où ils ont été le plus présents et actifs jusqu'à maintenant.

4. Jeune théâtre pour adultes

Avant de distinguer les quatre catégories du jeune théâtre, il convient d'avancer les éléments d'une définition de l'expression *jeune théâtre*. Si le jeune théâtre englobe la précédente section du «Théâtre pour enfants», il ne saurait être identifié de façon exclusive à du théâtre fait par et pour les jeunes. L'acceptation doit être comprise dans son sens le plus large.

Au départ, le terme jeune appelle celui de vieux. De fait, le jeune théâtre est le plus souvent pratiqué par des jeunes comédiens dont il a le dynamisme et la fraîcheur mais aussi les naïvetés et les maladresses. De plus en plus cependant, on voit des comédiens ayant reçu une formation professionnelle et possédant plusieurs années d'expérience se consacrer exclusivement ou partiellement au jeune théâtre. Impossible de ne pas évoquer la dichotomie Théâtre institutionnel-Jeune théâtre, ancien-nouveau. Mais il n'y a pas lieu de conclure que l'ancien soit toujours le vétuste, le périmé, la poussière, pas plus que le nouveau l'avenir, la révélation, la lumière hors laquelle point de salut [20].

Est jeune théâtre «toute troupe à but non lucratif ayant la volonté d'agir collectivement, de créer et de s'exprimer, de s'intégrer dans un milieu, de s'impliquer politiquement». (Définition votée lors du XXIe congrès de l'AQJT, tenu à Montréal, en décembre 1978.) Cette définition corrigeait celle votée précédemment, au festival annuel de l'Association tenu à Sherbrooke en 1975, et qui disait: «Est défini comme jeune théâtre toute troupe sans but lucratif n'appartenant pas à l'ADT et dont la majorité des membres ne fait pas partie d'un syndicat professionnel du spectacle [21]».

Aucune des deux phrases n'apporte des précisions suffisantes, tant pour les groupes concernés alors, adhérents ou non à l'AQJT, que pour l'ensemble du jeune théâtre. La notion recoupe énormément de réalités, et fort dissemblables. Nous parlons ici aussi bien du jeune théâtre professionnel et parallèle, que du théâtre amateur et étudiant.

Jeune théâtre se veut synonyme de théâtre différent. Les groupes qui cherchent à produire et se produire dans des conditions qui remettent en cause le statut de la production théâtrale marchande, qui tentent d'échapper aux images figées et de libérer le théâtre par l'imaginaire chez les uns et par l'intervention politique chez les autres, peuvent tous être qualifiés de différents. Faire du jeune théâtre, c'est aussi, très souvent, s'engager dans des processus de créations collectives, modes de créations qui mettent beaucoup plus de temps à parvenir à maturation que la

---

20. Il est intéressant à ce sujet de consulter une publication du gouvernement belge: *Les États généraux du théâtre amateur,* Centre d'action culturelle de la communauté d'expression française, Ministère de la culture française, Belgique, numéro spécial, février-mai 1977. Elle dégage les lignes de forces du théâtre amateur en Belgique à l'aide d'une enquête qui a touché aux besoins, aux fonctionnements, aux objectifs, bref à tous les aspects de ce théâtre, tout en posant des relations avec le théâtre institutionnel. Nous nous sommes inspirés quelque peu de cet ouvrage pour tracer un tableau comparatif des quatre catégories de jeune théâtre québécois.

21. Les documents publiés par l'AQJT, spécialement la Revue *Jeune Théâtre,* constituent une source d'information importante sur le jeune théâtre. C'est également le cas des différents numéros de la Revue Chronique (nos. 12, 14, 29, 30, 31, 32), de JEU (nos. 1 à 12), de même que de Nord (nos. 4 et 5).

Le Baroque revue de l'Eskabel, un groupe de théâtre de laboratoire, numéro de mars 1978.

classique présentation de pièces d'auteurs. Par définition, le jeune théâtre participe à la recherche : quête d'une forme de théâtre populaire, recherche aux niveaux des textes, des scénographies et du jeu.

Mais voilà où le bât blesse. Sont qualifiées de jeune théâtre aussi bien la mini-compagnie qui n'aspire à rien d'autre qu'à se développer et qu'à devenir, à la limite, un autre TNM, que la coopérative qui inscrit son action dans des voies carrément autres et parallèles. La première est composée de comédiens qui œuvrent également au théâtre institutionnel et en assurent la relève, la seconde cherche à mettre sur pied un autre théâtre adressé à de nouveaux publics et présenté dans des circuits différents.

Les premiers, du moins dans nombre de cas, n'ont pas véritablement le souci de remettre en cause l'approche de la production théâtrale marchande. Il est significatif de les voir s'exécuter dans des lieux semblables à ceux de leurs aînés, endroits dont la seule variante tient au fait qu'ils sont plus petits et moins connus du public, comme en cela leurs artisans. Les autres, inscrits dans un travail de régionalisation et de décentralisation — dans les meilleurs des cas — tentent de s'intégrer à un milieu sociologique précis. De plus, ils doublent leur production artistique d'une animation sociale et vont proposer spectacles et ateliers dans leurs propres réseaux, nouvellement constitués, écoles, salles paroissiales, etc.

La différence est fondamentale. Les premiers sont groupés parce que, tout en évoluant à l'intérieur du théâtre institutionnel, ils se préoccupent de monter leurs propres créations, qui se veulent différentes et correspondent mieux à leurs aspirations. Cette formation leur permet une expérience supplémentaire qui vient palier les difficultés de subsistance dans le système concurrentiel professionnel. Trop de comédiens, pas assez de théâtres et d'emplois. C'est même, souvent, à l'intérieur de leur propre troupe qu'ils effectuent le travail théâtral qui les motive le plus.

Les seconds se gardent d'évoluer dans le circuit institutionnel qu'ils rejettent le plus souvent et en opposition duquel ils se sont parfois définis. Au fonctionnement classique et hiérarchique, ils opposent un mode de décisions égalitaire et collectif. Ils créent presque toujours leurs propres textes, la plupart collectifs. Ils ne sont pas rémunérés à l'acte, suivant le mode conventionnel, mais plutôt sur une base annuelle. Ils évitent également de se placer en concurrence les uns par rapport aux autres, bien qu'ils ne puissent y échapper complètement[22]. Ajoutons enfin qu'ils doivent *tourner* au maximum leurs productions afin de les rentabiliser et de pouvoir vivre de leur théâtre.

Les deux autres catégories de jeune théâtre sont beaucoup plus faciles à identifier. Pour une, le jeune théâtre étudiant a un rayonnement d'action circonscrit au milieu scolaire. Il est extrêmement nombreux. Quelle polyvalente ne possède pas sa propre troupe de théâtre? Il s'inscrit ou bien à l'intérieur d'activités pédagogiques obligatoires et optionnelles dispensées dans la plupart des maisons d'enseignement: écoles secondaires, collèges, universités; ou bien, dans le cadre d'activités parascolaires, et il rejoint alors la notion de théâtre de loisir.

Qu'ils travaillent sur une base académique ou de loisir, les praticiens du jeune théâtre étudiant n'ont jamais une influence très grande. Leur activité est néanmoins un apport précieux dans l'animation socio-culturelle de leur milieu. La vocation de leur expérience sera sans équivoque éducative et/ou «distractive». La maison d'enseignement dans laquelle ils évoluent leur facilite la pratique du théâtre. Autre caractéristique: les comédiens étudiants n'adhèrent à la troupe que le temps de leur passage dans l'école, c'est-à-dire le temps d'un cours unique, d'un seul spectacle, au plus de quelques années. Par la suite, ils n'y reviennent plus ou bien rejoignent les rangs du jeune théâtre amateur. Nous pouvons affirmer sans équivoque que bon nombre de groupes de théâtre amateur ont pris naissance à l'école.

Si l'éventail des dramaturgies (théâtre de répertoire, théâtre d'auteur, création collective) exploitées à l'école est vaste et relié directement aux animateurs et aux professeurs qui les dirigent, celui du jeune théâtre amateur l'est sans doute davantage encore. Qu'il soit à orientation «distractive» et/ou éducative et/ou militante, le théâtre amateur n'est jamais un loisir anodin. Ou bien il reproduit les formes traditionnelles, ou bien il tâche d'emprunter des sentiers plus originaux.

---

22. Toutes ces troupes ne possèdent pas la même qualité de travail, pas plus qu'elles n'offrent un égal intérêt. La concurrence est inévitable. Imaginons le scénario suivant: si deux troupes se pointent dans une même école secondaire pour offrir leurs activités — spectacle et animation —, elles se mettent forcément en situation de rivalité. Dans l'alternative, les dirigeants de la maison d'enseignement opteront encore là pour le plus connu ou le moins coûteux (par exemple, dans le Théâtre pour enfants, les difficultés de La Marmaille à vendre son spectacle parce qu'après sept ans, elle a augmenté ses prix. Paradoxal et problématique pour l'avenir de chaque groupe).

Loisir actif, au même sens qu'une activité sportive parfois, le théâtre amateur est souvent bien implanté dans la communauté où il existe. Son public est presque toujours très proche de lui, il s'en suit une complicité extrême. Beaucoup de troupes d'amateurs ne débordent guère de leur milieu : centres communautaires de quartier, écoles, etc. C'est aussi le cas du théâtre amateur militant qui, lorsqu'il n'est pas assis sur une base professionnelle permanente, a un champ d'action très limité.

Chez les amateurs, le théâtre atteint sa diversité la plus étendue. Les plus conservateurs côtoient les plus audacieux. À priori, aucune voie ne semble privilégiée, pas davantage qu'une philosophie précise. Tout y est mêlé, mouvant, vivant et éphémère. Théâtre important, tout autant que les autres bien qu'il soit parfois méprisé par eux, le jeune théâtre amateur est sans doute celui auquel on doit les meilleures expériences de théâtre-vérité[23]. Son impact est souvent plus social qu'artistique, il participe à la culture au sens large, libéré de l'élitisme qui marque souvent les compagnies institutionnelles. Mais c'est souvent une liberté toute relative car l'amateur, subjugué par les modèles, a tendance à les reproduire.

Il s'agit là du complexe du « culturel » que l'amateur doit en premier lieu évacuer :

> « Qu'on détruise la piètre idée selon laquelle tout ce qui paraît sur scène doit être de « l'art », c'est-à-dire artificiel, figé par les poncifs. Il ne sera pas simple d'entamer dans les esprits des amateurs le solennel respect de la scène : c'est pourtant la tâche principale d'un metteur en scène non professionnel[24]. »

Quatre catégories de jeune théâtre, même cinq en incluant le théâtre pour enfants[25] : d'une part, les gens de métier (professionnels et parallèles), de l'autre les amateurs (étudiants et de loisir). Je vais tenter d'en résumer les caractéristiques majeures par un tableau :

---

23. Pensons ici à des expériences de théâtre-vérité comme : a) *L'Attente*, créé par les détenus du pénitencier de Cowansville (1975) ou encore b) *La Vraie vie des masquées* d'un groupe de femmes de Saint-Bruno (1977).
24. *La Mise en scène dans le théâtre amateur*, Manfred Wekwerth, L'Arche, Travaux 13, 1971, page 12.
25. Il est à noter que le théâtre pour enfants peut se retrouver à l'intérieur de chacune des quatre sections du jeune théâtre, la seule variante étant le public visé.

LE JEUNE THÉÂTRE — TABLEAU COMPARATIF			
Composantes	Professionnel -1-	Parallèle -2-	Amateur -3-	Étudiant -4-
Statut et fonctionne-ment	Professionnel formation spécialisée Groupes de métier œuvrant sur deux plans 1). L'institution-nel; 2) La troupe. Gestion for-nelle (hiérar-chique) ou associative.	Professionnel formation spécialisée Groupes de métier œuvrant seulement dans la troupe. Gestion associative (partage).	Amateur sans formation Groupes de loisir œuvrant dans la troupe seule-ment. Gestion habituel-lement associative.	Étudiant sans formation Activité scolaire au para-scolaire. Académique ou de loisirs. Gestion formelle ou associative.
Théâtre joué – Répertoire – Auteur – Collectif	Parfois. Le plus souvent. Régulière-ment.	Jamais. À l'occasion. Toujours.	À l'occasion. Régulière-ment. Régulière-ment.	À l'occasion. Régulière-ment. Régulière-ment.
Activités	Production de spectacles surtout.	Production de spectacles et animation à parts égales.	Production de spectacles surtout.	Production de spectacles surtout.
Lieux de diffusion	Salles de spectacles convention-nelles et centres d'essai. Lieu fixe. Grands centres. Groupe sédentaire.	Centres d'essai à l'occasion et surtout salle com-munautaires et parois-siales, gym-nases et plein-air (exception-nellement salles insti-tutionnelles) écoles bep. Implantation en régions ou quartiers Régionali-sation. Décentra-lisation	Centres de loisir, salles d'écoles et commu-nautaires gymnases. Implantation en régions ou quartiers.	Écoles uniquement. Écoles.

		itinérante par définition.		
Public visé	Tous — public de théâtre habituel.	Large public souvent précis. Un spectacle est conçu pour un public particulier. Recherche de public populaire.	Public composé de communautés ou le groupe est intégré. Certaine atteinte de publics populaires.	Public scolaire et quelques proches. Certaine atteinte de publics populaires.
Orientation	Artistique et théâtrale signifiante. Aucun engagement social particulier.	Recherche revendiquée didactique et/ou distractive. Engagement social précis. Note — à la limite «l'art est subordonné à l'intention» selon la formule de Piscador.	Un loisir mais non innocent, souvent ne dépasse pas la distractive. Engagement social occasionnel.	Didactique et/ou distractive. Étant limité à l'intérieur de l'école, pas d'engagement social véritable.
Subsistance	Subventions des pouvoirs publics par ses organismes culturels (Conseil des Arts d'Ottawa et Ministère des Affaires culturelles.		Assisté par l'État mais non par les organismes de culture. Plutôt ceux de loisirs: ex. Haut Commissariat ou programmes de création d'emplois: ex. Canada au travail	Subsistance de l'école.
	Vente des spectacles ou guichet. Travail au théâtre institutionnel, à la radio et à la télévision.	Vente des spectacles et d'ateliers d'animation.	Vente des spectacles ou guichet.	Parfois guichet.

LE THÉÂTRE DE QUARTIER
3702 Ste-Famille,Montréal,H2X 2L4
(514) 845-3338

«Tout le monde peut faire du théâtre
— même les acteurs !
On peut faire du théâtre partout —
même dans les théâtres»
Augusto Boal.

LE THÉÂTRE DE QUARTIER
3702 Ste-Famille,Montréal, H2X 2L4
(514) 845-3338

Le Théâtre de Quartier, troupe de métier qui unit théâtre et engagement social.

4. Jeune théâtre professionnel

Trois types distincts de théâtres se retrouvent côte à côte dans l'actuelle section: producteurs possesseurs d'un lieu et y accueillant du jeune théâtre; jeunes compagnies et troupes professionnelles. C'est dire l'étendue des réalités recoupées. Aurait-il été préférable de constituer trois catégories différentes? Je ne le crois pas. Une tentative de départager les praticiens du théâtre au Québec qui multiplierait à l'infini les subdivisions perdrait en pertinence ce qu'elle gagnerait en nuances différenciatives [26].

Les théâtres dont il est question ici ont tous en commun d'adhérer à des organismes de services (tel l'Union des Artistes) ou d'être susceptibles de le faire dans un avenir rapproché. Ils évoluent également tous sur deux plans: à l'intérieur de leur troupe ou compagnie et au sein du circuit institutionnel, y compris la radio et la télévision. Seuls quelques rares individus font exception.

Le Jeune théâtre professionnel réunit donc des producteurs, auxquels conviendrait mieux le terme «garages» utilisé par les Cahiers de théâtre JEU, comme Le Patriote (1966) ou Le Centre d'Essai Le Conventum (1977). Dans ce dernier cas, seule l'activité théâtre est retenue. Ajoutons à cela le phénomène récent de cafés-théâtres, dans la mesure où ils offrent à des groupes professionnels constitués des lieux de production. Il est important de noter que dans ces endroits se retrouvent, outre le jeune théâtre professionnel, des regroupements d'occasion, le temps d'un spectacle présenté par une troupe d'amateurs et exceptionnellement

---

26. À la limite, certaines catégories pourraient n'être composées que de deux ou trois groupes. Exemple: les petites compagnies professionnelles régionales comme le Théâtre de l'Atelier à Sherbrooke et le Théâtre de l'Île à Hull. Comme les compagnies institutionnelles, elles sont identifiées à leur directeur artistique: Pierre Gobeil et Gilles Provost, deux praticiens chevronnés. Comme elles, toutes deux tentent d'offrir des programmations variées, accessibles et où la création tient la seconde place. La différence tient dans la dimension et le caractère régional de ces entreprises. Peut-être n'est-il pas utopique de penser qu'un jour viendra où toutes les villes de quelque importance auront leur compagnie professionnelle, à leur mesure. Des structures, amateurs, existent déjà en certains endroits. Le Théâtre populaire d'Alma est un producteur qui engage des étudiants habituellement. Ce n'est là qu'un exemple. Ainsi donc, un classement, comme l'actuel, devra être remanié régulièrement au gré des évolutions.

d'une troupe de métier parallèle (par exemple, Les Gens d'en bas à l'automne 1979 au Conventum).

Certaines maisons institutionnelles accueillent également des groupes de Jeune théâtre. C'est le cas, une fois par an, au Théâtre d'Aujourd'hui dans un programme nommé *Les Voies de la création théâtrale*, et très souvent au Quat'sous et à la salle Fred-Barry de la Nouvelle Compagnie Théâtrale (NCT). La formule est avantageuse. Elle permet à des jeunes troupes de se produire dans un circuit organisé, d'atteindre un nouveau public et d'élargir son rayon d'action.

Pour la compagnie-hôtesse, la formule est aussi avantageuse économiquement. Elle prête ou loue son local pour une production déjà faite, donc qui ne coûte rien d'autre que le coût d'opération du lieu. Dans d'autres cas, elle co-produit. Ainsi il devient beaucoup plus facile, par temps d'inflation, d'équilibrer un budget. Le cas Fred-Barry est particulier car tout s'y trouve au départ défini en ce sens, encore qu'il conviendrait de nuancer.

Ainsi donc peut-on avancer, aussi paradoxal que cela puisse paraître, que :

> « Les jeunes compagnies subventionnent l'institution qui les accueille (non seulement lorsque l'accueil a lieu à la recette, mais également lorsqu'il prend la forme d'achat de spectacles, voire de co-production). La raison de principe en est aisée à comprendre : le même spectacle (je néglige le fait que les spectacles des « jeunes cies » sont généralement moins lourds que ceux de l'institution) revient beaucoup plus cher à l'institution, étant donné ses normes de fonctionnement, qu'à une « jeune cie » — cette différence de coût constitue la part de subvention que la « jeune cie » est susceptible d'offrir généreusement au théâtre d'État qui l'accueille.
>
> Formulons cela autrement : lorsqu'un théâtre de l'institution accueille une « jeune cie », il économise sur sa propre subvention, et ce qu'il économise ainsi correspond à la quantité de « travail humain » (gracieusement fourni par la dite « jeune cie ») qu'il consomme. Peut-être y a-t-il là un phénomène d'exploitation de l'homme par l'État[27] ? »

---

27. *Le Théâtre, l'artiste, l'état*, Jean Jourd'heuil, L'Échappée Belle, Hachette Littérature, 1979, p. 25.

J. Jourd'heuil parle de la France mais la situation du Québec est-elle si différente ? Rappelons que nos compagnies institution-nelles ne sont pas des théâtres d'État au sens strict. Néanmoins, elles s'en rapprochent. Je soulève simplement ici une problémati-que complexe : la maison institutionnelle (même si c'est la moins institutionnelle de toutes) sert le jeune théâtre en lui ouvrant ses portes mais elle le fait à son avantage financier. En outre, en agissant ainsi, la maison institutionnelle se vante ou peut se vanter d'être à la pointe de la dramaturgie québécoise. Mais je touche à la délicate question des subventions des Pouvoirs publics qui sera traitée plus loin.

Les deux compagnies régionales professionnelles existent depuis plus de quinze ans (L'Atelier de Sherbrooke) et depuis quatre saisons (L'Île à Hull). Quant à la compagnie Les Deux Chaises (1973), elle apparaît comme un véritable producteur, sans lieu fixe toutefois. Elle monte des œuvres semblables à celles produites dans les maisons institutionnelles et engage les mêmes comédiens.

De leur côté, les jeunes compagnies ont en moyenne quatre, cinq ou six ans d'existence : La Rallonge (1975), La Manufacture (1976), Les Pichous (1975), Les Voyagements (1975). Ajoutons à cette liste, sans en situer chronologiquement la naissance : Le Théâtre du Vieux Québec, Le Studio-théâtre Da Silva, Le Théâtre de la Dame de Cœur, La Bordée, L'Équinoxe, La Compagnie du Vieux Moulin, La Compagnie des Neufs, Organisation ô, L'Ate-lier Studio Kaléidoscope, Le Grand Cirque Ordinaire, etc.

Sauf dans le cas de producteurs précis (Patriote, Conventum) ou de compagnies régionales (L'Île, L'Atelier), seules les excep-tions possèdent leur propre lieu théâtral (Le Théâtre du Vieux Québec depuis 1975, Les Voyagements depuis janvier 1979). La majorité sont sédentaires et ne poursuivent pas des objectifs de décentralisation. Toutes se situent dans les grands centres : Montréal et Québec où elles se produisent selon le mode tradi-tionnel.

Si ces groupes ne possèdent pas leur propre théâtre[28], c'est faute d'en trouver et d'en avoir les moyens. Le cas de La Manu-

---

28. Un projet de regroupement de quatre troupes a été mis en marche à l'automne 1972. Le CTCV (Centre de théâtre du Centre Ville) réunissait La Marmaille, La Rallonge, Les Pichous et Organisation ô. Le tout devait se con-crétiser dès l'automne 1979 au 335 est de la rue Maisonneuve, dans une ancienne école occupée par le Module d'Art dramatique de l'Université du Québec et spé-cialement le Théâtre de la Grande Réplique. Le groupe dirigé par Jean-Guy

facture reste typique du groupe. Compagnie de production créée par un groupe de comédiens il y a quatre ans, La Manufacture produit deux ou trois spectacles par saison, chaque fois dans des endroits différents: Université de Montréal, Quat'sous, Centaur, Théâtre Fred-Barry ou encore Cinéma Parallèle. Presque autant de lieux que de productions, cela permet difficilement à une compagnie de s'implanter surtout lorsque, comme pour La Manufacture, on y note une fluctuation régulière des adhérants, une imprécision notoire de l'orientation (on fait un peu de tout comme chez les aînés institutionnels), et une absence de troupe véritable (comme dans les compagnies institutionnelles). Enfin, rappelons que les groupes du Jeune théâtre professionnel font très peu de place à l'animation et qu'ils demeurent essentiellement des groupes de création de spectacles.

5. Jeune théâtre parallèle

Les objectifs de cette cinquième catégorie de théâtre au Québec pourraient se résumer à quatre:

1. Allier la pratique théâtrale à des buts politiques et culturels qui sont: susciter des transformations sociales et participer au renouvellement de la culture populaire.

2. Faire un théâtre véritablement populaire, c'est-à-dire accessible à la majorité des gens, favorisant leur épanouissement, un théâtre outil de changement.

3. S'impliquer régionalement en participant activement à la vie sociale, culturelle et politique de la région ou du quartier où la

---

Sabourin et Madeleine Greffard a déménagé à la fin de 1979 mais le local, propriété de la Commission des Écoles Catholiques de Montréal, a été loué à un autre organisme. Ainsi, le projet du CTCV a été différé jusqu'à l'automne 1980 ou plus tard. À l'heure actuelle, il semble avoir été abandonné.

Une semblable initiative présente de multiples avantages. Chacun de ces groupes produit en moyenne deux spectacles par saison. À quatre, ils composent une saison remplie. À quatre, ils peuvent donc s'installer dans un lieu théâtral, ce qu'ils ne seraient pas en mesure de faire chacun de son côté. Le projet est exemplaire économiquement et artistiquement. D'autant qu'il est mis de l'avant par quatre troupes qui offrent une image fort représentative du Jeune théâtre québécois, de la relève du théâtre au Québec et de la dramaturgie d'ici.

troupe est installée. Travailler à l'autonomie culturelle de cette région en donnant la parole aux gens, en leur donnant des moyens qui leur permettront d'exprimer leurs réalités, leurs revendications.

4. Décentraliser le théâtre en effectuant des tournées un peu partout à travers le Québec, dans des endroits habituellement desservis par le théâtre[29].

Transformer la vie, changer l'homme, modifier l'ordre social et les voies théâtrales, tels apparaissent les traits majeurs du Jeune théâtre parallèle. Ces attributs demeurent également, à des degrés divers, ceux de certaines troupes du Jeune théâtre professionnel, non majoritaires cependant.

On pourrait distinguer deux types de troupes de Jeune théâtre parallèles : celles qui tentent de maintenir en équilibre art et idéologie, recherche formelle et préoccupation didactique, et celles qui (suivant la formule d'Erwin Piscator) ont choisi de tout subordonner à l'intention. Ces derniers se définissent essentiellement comme des mouvements politiques où le théâtre n'est là qu'en sa qualité d'outil jugé efficace[30].

Dans la première catégorie, on retrouve des troupes comme Le Parminou, le Théâtre de Quartier (ex-Théâtre en l'air), plu-

---

29. Les quatre objectifs sont ceux du Théâtre Parminou, tels qu'ils les ont formulés en réponse à une enquête effectuée au cours de l'année 1978, enquête intitulée « Regards sur la dramaturgie québécoise » et amorcée dans le cadre de la présente recherche. Ces quatre finalités, bien que ne s'appliquant pas également à tous les groupes, peuvent servir de point de référence pour la présente catégorie, sinon de modèle. Notons que le premier numéro des Cahiers de Théâtre JEU a consacré une large place à ce groupe à qui il reconnaît les objectifs énumérés ici.

30. Il faut avoir vécu les Festivals de l'AQJT de 1974 (à Rimouski) et 1975 (à Sherbrooke) pour saisir l'évolution récente de ce théâtre engagé et sa mainmise sur un organisme comme l'AQJT, qui a été progressivement désertée par tous les autres groupes. La crise de décembre 1975, marquée par le départ fracassant des troupes les plus radicales (Théâtre Euh, des Cuisines, Gens d'en bas, et quelques autres), avait jeté l'association par terre. Elle ne s'est remise que doucement, se définissant par rapport à la section Jeune théâtre parallèle. Tous les autres, radicaux extrêmes, partisans de l'art ou de divertissement, n'y sont jamais revenus. Par choix ou parce qu'empêchés de le faire par les statuts rigides que l'Association s'était donnés. En décembre 1978, l'AQJT regroupait au plus une quinzaine de troupes. C'est comme spectateur privilégié, ayant été chroniqueur et critique théâtral au quotidien Le Devoir de janvier 1974 à juin 1979, que j'ai pu suivre l'évolution de ce groupe de praticiens de théâtre. Je fais référence ici aux chroniques échelonnées sur ces années.

sieurs groupes œuvrant surtout en théâtre pour enfants[31] et d'autres moins connus et plus récents comme le Théâtre en Rang, Les Beaux Cossins, l'Arrière-scène, etc. Dans la deuxième catégorie, on dénombre le Théâtre Euh (démembré à l'été 1979), le Théâtre des Cuisines, Les Gens d'en bas, le Théâtre de la shop, le Théâtre à l'ouvrage, etc. Certains n'existent plus aujourd'hui : c'est le cas du Théâtre de la shop et du Théâtre Euh ! récemment dissous. Tous ces groupements sont d'origine récente. À l'exception du Théâtre Euh qui est né en 1970, les plus âgés remontent à 1973 (Le Parminou), 1975 (Les Cuisines), et 1976 (Le Quartier).

Si les premiers ont parfois quelque peine à échapper au didactisme, les seconds ne se posent pas le problème, ayant opté pour celui-ci à priori. D'un point de vue théâtral, il faut reconnaître que les premiers sont vraiment en quête d'un théâtre populaire, idéal, auquel les autres restent étrangers. Ces derniers d'ailleurs ont une importance sociale mais non théâtrale et artistique.

Les uns et les autres fonctionnent sur des bases coopératives, se produisent dans des circuits parallèles, d'où leur appellation[32].

6. Jeune théâtre amateur

Très certainement, il s'agit là de la section la plus nombreuse de toutes au Québec et partout ailleurs. Un document paru à l'occasion des États généraux du théâtre d'amateurs tenu à Montréal en décembre 1979 avance les chiffres impressionnants de « 400 groupes et environ 25 000 travailleurs culturels actifs »[33].

---

31. En Théâtre pour enfants, je n'ai pas jugé essentiel de distinguer les différentes catégories qui recoupent toutes celles du Jeune théâtre en général, pour la simple et bonne raison qu'il est en quasi totalité le lot de groupes jeunes et qu'il s'exerce presque toujours hors des circuits conventionnels. Cela dit, il demeure que cette catégorie de théâtre à elle seule aurait pu être subdivisée selon le modèle proposé ici. Si je ne l'ai pas fait, c'est parce que le seul qualificatif « enfants » suffisait à apporter une distinction éclairante.
32. Assez curieusement dans leur classification 1979, les responsables des Cahiers de théâtre JEU regroupent dans la même section Théâtres d'amateurs et Théâtres militants. Pareille classification n'a guère de sens. Elle ne se justifie sans doute que pour les besoins internes de répartition des tâches.
33. Robert Lévesque, *Le Théâtre d'amateurs au Québec, son histoire, sa réalité et son développement*, in *Les États généraux du théâtre d'amateurs*, 7-8-9 décembre 1979, page 47.

Vive la moralité publique, titre bien caractéristique des pièces offertes en saison estivale. Ici au Théâtre des Prairies, près de Joliette, été 1978.

Le Jeune théâtre amateur se caractérise en premier lieu par le fait que ses artisans ne vivent pas de leur métier (ici, on doit parler de loisir) et, dans la totalité des cas, n'aspirent pas à en vivre. De même, ils n'ont pas reçu de formation spécialisée et se sont engagés dans une troupe de théâtre à la suite d'expériences vécues à l'école ou dans le cadre d'activités sociales et culturelles locales.

Au début de ce chapitre, j'ai énoncé les caractéristiques du Jeune théâtre amateur: loisir culturel, durée éphémère, etc. Beaucoup de groupes ne vivent que le temps d'un seul spectacle, lieu privilégié marqué par une urgence de contenu, un intérêt de rencontre sociale et théâtrale. Cet aspect se trouve parfois contredit d'éclatante façon. Le cas de l'Union théâtrale de Sherbrooke qui pratique le vaudeville depuis trente-cinq ans est à cet effet un exemple de continuité. Son directeur, Lionel Racine, s'adonne à sa passion le soir et pratique son métier de plombier le jour.

Le caractère régional demeure sûrement la qualité la plus importante et la plus significative du Théâtre amateur. Si les municipalités du Québec ne possèdent généralement pas leur compagnie professionnelle de théâtre, elles ont presque toutes une ou plusieurs troupes d'amateurs. En ce sens, nous sommes en face du seul théâtre rejoignant la majorité des citoyens. Quelques exemples: L'Astram en Gaspésie, Le Théâtre populaire à Alma, Le Théâtre de l'Accroc à Hull, le Théâtre de par chez nous dans la région du nord-ouest (qui n'a toutefois vécu que le temps d'un spectacle), le Comité Socioculturel de Gagnon devenu les Traits-d'union de Gagnon, les Comédiens de l'Anse de Haute-Rive-Baie Comeau, le Zoogep Granby Circus de Granby, le Théâtre du Chiendent de Drummondville, les Compagnons de Notre-Dame de Trois-Rivières, les Ateliers Sans Nom à Montréal, etc.

À ces groupes poursuivant des objectifs variés, prenant parfois modèle sur le Théâtre institutionnel qu'ils tentent d'adapter à leurs propres besoins et moyens, il faut ajouter les expériences-vérité. Spectacles d'urgence qui apparaissent comme une manière de cri viscéral, doté d'une forte valeur d'exorcisme, ils ne peuvent être répétés, certes pas avec l'intensité première. J'ai déjà mentionné deux exemples éloquents: *La Vraie vie des masquées* d'un groupe de ménagères de Saint-Bruno et *L'Attente* d'un groupe de détenus de la prison de Cowansville.

Rarement le Théâtre d'amateurs accède-t-il au statut professionnel. D'ailleurs, il ne le désire habituellement pas. Sa vocation demeure locale. Il est par nature populaire, c'est-à-dire très près des gens auxquels il s'adresse même si le théâtre qu'il joue s'apparente parfois davantage à l'institutionnel qu'à une authentique dramaturgie populaire. Telle est sa nature paradoxale. Généralement, le Théâtre d'amateurs monte des œuvres d'ici, parce que plus proches des gens.

De façon évidente, le Théâtre d'amateurs a rempli et continue de remplir un rôle irremplaçable. Historiquement, il est à l'origine de l'entière dramaturgie québécoise. L'ACTA (Association canadienne du théâtre amateur) n'est devenue l'AQJT (Association québécoise du jeune théâtre) qu'en 1970. C'est en son sein qu'un mouvement d'importance s'est formé, qui a été à l'origine de l'effervescence des dix dernières années. C'est lors de l'un de ses Festivals, plus précisément celui de 1965, qu'est née et a été concrétisée l'idée d'un CEAD (Centre d'Essai des auteurs dramatiques).

Ballotté entre le Haut Commissariat à la Jeunesse et aux Sports et le Ministère des Affaires culturelles du Québec, entre le Secrétariat d'État et le Conseil des Arts d'Ottawa, généralement peu aidé par les municipalités peu portées sur la chose culturelle, les groupes amateurs ont quelque peine à vivre. Ils n'ont jamais eu de reconnaissance véritable. La mise sur pied des États généraux du théâtre d'amateurs marque sûrement un jalon important dans leur reconnaissance.

7. Jeune théâtre étudiant

Les traits mentionnés précédemment suffisent à esquisser les grandes lignes du Jeune théâtre étudiant. Ajoutons seulement que les écoles sont toujours à l'origine des vocations théâtrales. C'est souvent là que les jeunes prennent le goût de continuer l'aventure plus loin. Ensuite, ils entrent dans des écoles spécialisées et s'engagent au sein du théâtre professionnel.

Sans doute le secteur le plus actif du Théâtre d'amateurs, le Jeune théâtre étudiant se rencontre de l'école secondaire à l'université. Quelques exemples : Les Treize de l'Université Laval, le Théâtre du Spéculum des étudiants de la Faculté de médecine de l'Université de Montréal, l'Atelier du CEGEP de Rimouski, le Liké de la Polyvalente de Saint-Hubert, l'Otobuscolère de celle de Chibougameau, etc.

Depuis plus de dix ans, se tenait durant l'été le Festival de Théâtre étudiant. Celui-ci est mort, faute de soutien des Fonds publics depuis trois années (1977). À titre d'illustration, six spectacles étaient offerts aux festivaliers en 1975. Ces spectacles tracent sans doute assez fidèlement l'éventail du théâtre pratiqué dans les écoles : une pièce du répertoire québécois, un spectacle de pantomime et de poésie, un de variétés et trois créations collectives.

8. Théâtre d'été

Curieux paradoxe que le théâtre d'été ! Il connaît un essor prodigieux, accueille un public de plus en plus nombreux dans ses circuits de mieux en mieux organisés, croît en nombre, accumule

IS CEUX QUI...

...is ceux qui comprennent mon pas hésitant
...a main tremblante.

...is ceux qui savent qu'aujourd'hui
...s oreilles vont peiner pour entendre.

...is ceux qui paraissent accepter ...
...vue basse et mon esprit ralenti.

...is ceux qui détournèrent les
...x quand j'ai renversé mon
...é ce matin.

...is ceux qui en souriant
...rrêtèrent pour bavarder un
...avec moi.

...is ceux qui ne disent jamais:
...est la seconde fois de la journée
...vous racontez cette histoire".

...is ceux qui ont le don de me faire
...quer les jours heureux d'autrefois.

...is ceux qui font de moi une
...sonne aimée, respectée et non
...ndonnée.

...is ceux qui devinent que je ne sais
...s comment trouver la force de
...ter ma croix.

...is ceux qui adoucissent par leur
...our les jours qui me restent
...vre en ce dernier voyage
...la MAISON DU
...RE.

...rie-Rose

En collaboration avec

LE THÉÂTRE "MODULE" du Théâtre Populaire du Québec

LES COMÉDIENS DU 3e ÂGE

présentent

"C'T'À TON TOUR LAURA CADIEUX"

Oratorio d'après le roman de Michel Tremblay

Adaptation	Pierre Fortin
Mise en scène	Pierre Fortin et René lemieux
Coordonnatrice & assistante	Françoise

Distribution

Laura cadieux	Marie-Rose
Mme Gladu	Régina
Mme Therrien	Madeleine
Mme Brouillette	Cécile
Lucile Bolduc	Blanche
Soeur Marie St- Maurice	Marie-Louise
Soeur Marie St- Georges	Marie-Cécile
M. Blanchette	Théo
Armande Tardif	Thérèse

Troupe d'amateurs, théâtre de loisir comme il en est plusieurs au Québec.

les succès, et pourtant, il s'enferre dans une pléthore de pièces prévisibles, fait fi de toute préoccupation de contenu et se satisfait d'une relative organisation formelle.

Nous pourrions décrire la production théâtrale type comme suit. *Le lieu* : une grange érigée dans un coin de villégiature achalandé; *la direction* : un comédien connu par la radio ou la télévision, donc susceptible d'attirer le public (nous sommes ici en face d'une approche mercantile); *le théâtre* : monter des œuvres légères de dramaturges étrangers connus, de préférence à celles écrites ici sous le prétexte qu'il est difficile d'en trouver (du moins c'est ce que croient certains dirigeants des granges estivales; il ne leur viendrait pas à l'idée, sauf exception, d'en commander); *la distribution* : retenir quelques comédiens connus et aimés du public et... le succès est assuré!

Ces quatre dernières années, les comédies vaudevilles et boulevards étrangers ont compté pour plus de la moitié de tous les spectacles présentés: 9 sur 17 en 1975; 10 sur 23 en 1976;

8 sur 17 en 1977 ; 18 sur 27 en 1978. Ces pièces s'intitulaient *Madame Idora, Drôle de couple, Vive la moralité publique, Les Deux vierges, Le Canard à l'orange, Le Dernier des Don Juan, La Petite Hutte, Blaise. À vos souhaits, Deux et deux font sexe, Une Fille dans ma soupe,* etc. La seule lecture des titres informe éloquemment sur le sujet abordé par la majorité de ces pièces toutes axées sur le divertissement facile.

La seconde moitié des productions théâtrales présentées dans la belle saison se partage entre les reprises de textes québécois légers et les créations. Avec les années, la proportion de la dramaturgie d'ici s'est accrue, le produit local a commencé d'être bon à vendre. Il faut cependant se méfier de tout calcul absolu car en été comme en hiver, la dramaturgie d'ici reste à fortiori celle de la création, ce dont le théâtre d'été ne rend pas vraiment compte. Depuis plus de quinze ans, Le Théâtre de la Marjolaine a bâti sa réputation sur la création de comédies musicales originales, et en cela il fait figure d'exception.

Ces quatre dernières années, les reprises (de *Citrouille* de Jean Barbeau aux *Voyagements* de Michel Garneau) ont compté pour une bonne part des productions : 5 sur 17 en 1975 ; 6 sur 23 en 1976 ; 6 sur 17 en 1977 et 2 sur 27 en 1978. On ne dénombre que 3 créations en 1975, 7 en 1976 (la hausse fut en partie imputable à la présence du programme culturel des Jeux Olympiques), 3 en 1977 et 7 en 1978. Dernier fait à signaler, les théâtres d'été ne montent à peu près pas de créations collectives[34].

À la mi-novembre 1978, le Ministère des Affaires culturelles du Québec convoquait tous les praticiens des théâtres d'été à un mini-sommet sur la question, sommet qui s'est tenu à la Place des Arts de Montréal. La plupart des participants se sont mis d'accord pour travailler à briser la dichotomie théâtre en été/théâtre en hiver. Chacun souhaitait que le théâtre présenté l'été soit de plus en plus professionnel, atteigne une qualité accrue et soit en tout comparable à celui offert en saison. Si tous étaient d'accord sur ce principe, plusieurs ne manquaient pas de rappeler que l'axiome théâtre d'été/théâtre léger était en même temps un choix idéal et une question de survie qu'il ne pouvait être question de modifier.

---

34. Faut-il voir dans l'absence quasi totale des créations collectives un signe de la manière dont les théâtres d'été procèdent ? On sait en effet que les créations collectives exigent un temps d'élaboration beaucoup plus long que les pièces déjà écrites par des dramaturges. Les compagnies estivales, dans leur approche commerciale, ne peuvent sans doute pas se le permettre. De plus, suivant cette même politique, il est essentiel pour elles de pouvoir avancer le nom d'un auteur connu, si possible, en tête d'affiche.

D'ailleurs, il devenait significatif au cours du mini-sommet de constater que les directeurs présents se préoccupaient davantage de questions de financement que du théâtre à faire. Actuellement, la majorité des théâtres d'été ne reçoivent ni ne demandent de subventions des pouvoirs publics. Le Ministère n'accorde de son côté que quatre pour cent de son budget pour le théâtre au théâtre d'été.

Autre caractéristique des maisons de productions théâtrales d'été : elles sont toutes installées dans les régions. Oeuvrent-elles pour autant dans un véritable sens de régionalisation ? Voilà qui n'a rien d'évident. Ni les praticiens directeurs, ni les acteurs n'interviennent autrement dans la région qu'en s'y produisant à la belle saison. S'ils y apportent un spectacle, ils y font peu de véritable animation sociale, de sorte que les retombées sont davantage économiques que culturelles.

Le mode de gestion des théâtres d'été est traditionnel et hiérarchique, la plupart appartenant à des comédiens chevronnés. On parle ici de petites entreprises, à but lucratif avoué contrairement à ce qui prévaut dans toutes les autres catégories de théâtre au Québec. C'est le cas de la majorité des vingt-sept compagnies en opération durant l'été 1978.

Les plus anciennes existent depuis vingt ans (La Fenière) ou presque (La Marjolaine). Chaque année, on en voit naître de nouvelles. Pas moins de cinq ont été créées en 1978 : Théâtre du Lac Beauport et Manoir du Lac Delage en banlieue de Québec, Place à Richer à Sainte-Marguerite de Lac Masson, Le Dauphin à Drummondville et la Relève à Michaud à Calixa-Lavallée près de Verchères. Et il y en a eu autant l'année suivante. Par régions la liste est la suivante :

Région de Montréal :
Théâtre Gibby, Place d'Youville à Montréal — Théâtre du Horla à Saint-Bruno — L'Escale, Bateau-théâtre à Saint-Marc — La Relève à Michaud à Calixa-Lavallée.

Entre Montréal et Québec :
Théâtre les Ancêtres à Saint-Germain — Manoir d'Upton, Théâtre de la Dame de Cœur — Le Dauphin à Drummondville.

Région de Québec :
La Fenière à l'Ancienne Lorette — Théâtre du Bois de Coulonge à Québec — Théâtre de l'Île d'Orléans

— Théâtre du lac Beauport — Théâtre du lac Delage — et sur la rive sud de Québec: Théâtre Beaumont-Saint-Michel, comté de Bellechasse et la Roche à Veillon (L'Équinoxe) à Saint-Jean Port-Joli.

La Malbaie:
Théâtre de Quat'sous au Manoir Richelieu.

Région de l'Estrie:
Zoogep Granby Circus à Granby — Théâtre de la Marjolaine à Eastman — Théâtre du Vieux Clocher à Magog — La Piggery à North Hartley — Festival de Lennoxville.

Région des Laurentides:
Studio-Théâtre Sainte Sophie — Théâtre de Saint-Sauveur — Théâtre de Sun Valley — La Butte à Val David — La Place à Richer au lac Masson.

Rive nord de Montréal:
Théâtre des Prairies à Joliette et théâtre des Marguerites à Trois-Rivières.

Nombreux, les théâtres d'été rejoignent un public très étendu, neuf à certains égards et que d'aucuns qualifieraient de «populaire». Il jouit particulièrement de la faveur des groupes de l'âge d'or, de cercles des fermières et d'organisations sociales qu'on voit arriver à bord d'autobus nolisés. Certains de ces groupes semblent faire chaque été la tournée quasi systématique des théâtres.

Cela dit, le théâtre d'été est sans conteste la plus institutionnelle de toutes les catégories de théâtre pratiquées au Québec.

Conclusion

Donc, huit catégories de théâtre au Québec, auxquelles je devrai ajouter, pour l'analyse de l'aide financière de l'État au théâtre, une neuvième qui regroupera associations et services, tel le C.E.A.D. (Centre d'Essai des auteurs dramatiques, et dont l'objectif est d'œuvrer à la promotion/diffusion/stimulation des textes et de leurs écrivains), L'AQJT (Association québécoise du

Jeune théâtre, regroupement de services de troupes de métier, spécialement parallèles, mais aussi de certains groupes d'amateurs), et quelques festivals... Je devrai aussi au passage isoler les écoles spécialisées lorsqu'elles apparaissent au chapitre des subventions versées au même titre que les producteurs de spectacles.

Huit pratiques de théâtre au Québec qui se subdivisent parfois en sous-groupes mais que je serai amené à réunir régulièrement aux fins d'analyse selon les deux grands axes institutionnel/non-institutionnel ou Jeune théâtre.

Chapitre II

Les Pouvoirs publics
en cause

1. Vue générale et historique

Traditionnellement, la participation financière des pouvoirs publics au développement culturel s'effectuait à partir des règles du mécénat classique. Personne riche et généreuse, publique ou privée, le mécène venait en aide aux écrivains et artistes et en tirait ou non quelque gloriole. L'arbitraire régnait en maître, le jeu des coudes et plus encore celui des relations, le goût — notion indéfinissable et historiquement monopole des puissants — bon ou mauvais, avaient force de loi. Les règles du jeu étaient déterminées par les détenteurs des pouvoirs de tous ordres, civils, spirituels ou matériels.

Les États modernes, conscients du rôle qu'ils avaient à jouer dans le champ culturel, désireux d'exercer une action plus organisée, cohérente et moins arbitraire, se sont dotés d'organismes spécifiquement destinés à l'assistance aux arts, organismes à autonomie variable, responsables de l'établissement des modalités d'aide aux divers champs culturels.

Pour ce qui concerne le Québec, la première initiative est née du gouvernement fédéral qui décidait, en 1957, de donner suite à une recommandation de la Commission Massey en 1949, et qui proposait «l'établissement par le gouvernement, d'un organisme autonome chargé d'appuyer les efforts bénévoles dans le domaine des arts, des humanités et des sciences sociales; d'encourager les relations culturelles entre le Canada et l'étranger et de remplir les fonctions de la Commission nationale pour l'Unesco[1]».

Au même moment à Montréal, le Conseil municipal, sous la gouverne du maire Jean Drapeau, emboîtait le pas. D'ailleurs, il serait plus juste de dire qu'il avait même précédé son homologue fédéral, puisque dès mars 1955, il annonçait à la presse la création

---

1. *Rapport de la Commission sur l'avancement des arts, des lettres et des sciences*, 1949-1951, Ottawa, Imprimeur du Roi, 1951.

imminente d'un Conseil des Arts. Celui-ci devenait fonctionnel à compter de janvier 1957.

Quatre ans plus tard, Québec imitera les deux autres paliers de gouvernement. Mais plutôt que de se doter d'un organisme «autonome»[2], il choisira le chemin de l'institution politique, créant un Ministère des Affaires culturelles. C'était en 1961, à l'aube de la révolution tranquille.

Trois paliers de gouvernement allaient donc se préoccuper de la chose artistique, l'assister financièrement et en promouvoir le développement pendant les vingt dernières années.

Le Conseil des Arts

Conformément à la suggestion de la Commission Massey (1951-1953), le parlement fédéral, alors dirigé par le Premier ministre Louis Saint-Laurent, adoptait, en 1957, la *Loi sur le Conseil des Arts du Canada*[3], grandement inspirée de l'action entreprise par l'État britannique. L'organisme se composait d'un président, d'un vice-président et d'au moins dix-neuf membres nommés par le gouverneur en conseil pour des périodes de cinq et de trois ans.

L'expression *arts* comprenait l'architecture, les arts de la scène, la littérature, la musique, la peinture, la sculpture, les arts graphiques et toute autre activité de création et d'interprétation du même genre. Le Conseil s'attachait non seulement aux arts mais aussi aux sciences sociales. Ce n'est qu'en 1977 qu'une nouvelle législation nommée *Loi d'action scientifique* (loi C-26) viendra modifier le mandat du Conseil des Arts. Le secteur des humanités

---

2. Je reviendrai plus loin dans ce chapitre sur la question de l'autonomie relative ou véritable de ces institutions en regard des gouvernements dont elles dépendent. À priori, on peut déjà avancer qu'un Conseil des Arts (tel le fédéral) jouit d'une autonomie dont ne bénéficient jamais des organismes politiques du genre Secrétariat d'État (Ottawa) et Ministère des Affaires culturelles (Québec).

3. La Loi C-26 a été publiée dans une brochure: *Le Conseil des Arts du Canada*, Ottawa, mai 1957, 32 pages. Brochure disponible au Conseil des Arts lui-même.

et des sciences sociales relève dès lors d'un nouveau conseil. Cette loi n'a été mise en application qu'à compter de la saison 1978-1979. Depuis, le Conseil des Arts est voué au seul domaine des arts.

Dans la loi de 1957, l'objectif général visait à «développer et favoriser l'étude et la jouissance des arts, des humanités et des sciences sociales, de même que la production d'œuvres s'y rattachant[4]».

Pour atteindre les objectifs poursuivis, l'organisme avait pour mission:

a) «d'aider aux groupements dont les objectifs sont semblables à l'un quelconque des buts du Conseil, coopérer avec les dits groupements et s'assurer leur concours;

b) de pourvoir, par l'entremise de groupements compétents ou d'autre façon, à des subventions, bourses d'études ou prêts à des personnes au Canada pour des études ou recherches dans le domaine des arts, des humanités ou des sciences sociales, en ce pays ou ailleurs, ainsi qu'à des personnes en d'autres pays pour des études ou recherches dans ces domaines au Canada;

c) de décerner des récompenses à des personnes du Canada qui ont acquis un mérite exceptionnel dans les arts, les humanités ou les sciences sociales;

d) de préparer et de prendre en charge des expositions, représentations et publications d'œuvres portant sur les arts, les humanités ou les sciences sociales;

e) d'échanger avec d'autres pays, ou avec des groupements ou personnes s'y trouvant, des connaissances et renseignements sur les arts, les humanités et les sciences sociales;

f) de prendre des dispositions en vue de la représentation et de l'interprétation d'humanités, de sciences sociales ou d'arts canadiens dans d'autres pays[5]».

4. *Le Conseil des Arts du Canada*, page 27.
5. *Le Conseil des Arts du Canada*, page 27.

Le Conseil des Arts s'est également vu confier la responsabilité de la participation canadienne à l'Unesco. Dans les années qui suivront, le mandat du Conseil restera fondamentalement le même. De nouveaux programmes viendront s'ajouter depuis les cinq dernières années : Office des tournées, Explorations, Création de bureaux régionaux, mais la fonction principale de l'organisme sera toujours de dispenser argent et avis.

Le Conseil des Arts a mis sur pied un vaste programme d'assistance aux arts de la scène et aux artistes sous forme de subventions et de bourses, qui en fait le principal dispensateur fédéral d'aide aux arts en général et au théâtre en particulier. Ce dernier a toujours reçu une part importante des octrois. Pour la seule année 1970-1971, le théâtre a obtenu 44 % des sommes destinées aux arts d'interprétation alors que l'opéra en recevait 8 %, la musique 31 % et la danse 17 %. (Ces statistiques s'appliquent évidemment à l'ensemble du Canada.)

Le Conseil des Arts vit principalement des fonds que lui vote chaque année le Parlement, particulièrement depuis 1965. Il est autonome mais comme il reçoit ses crédits du trésor fédéral, il est déterminé — dans sa marge de manœuvre — par les limites mêmes des octrois qui lui sont dévolus. Il tire également des revenus d'une caisse de dotation de cinquante millions, constituée à sa fondation en 1957, et de dons provenant du secteur privé, legs réservés dans la plupart des cas à des fins particulières, déterminées à l'avance parfois, tels pour l'achat d'œuvres d'art ou pour divers secteurs de recherches.

La croissance du Conseil fut rapide, bien moins cependant — de l'aveu même de ses dirigeants, il suffit de consulter les rapports annuels pour le constater — que ses besoins. Dix orchestres symphoniques subventionnés en 1957, trente en 1977. Trois compagnies de théâtre professionnel alors, 133 aujourd'hui. Sans compter un programme de vidéo qui n'existait pas il y a vingt ans [6].

Pour l'élaboration et l'application de ses programmes, le Conseil des Arts, dès les premières années de son existence, a fait appel aux gens du monde de la culture, à ce qu'il est convenu

---

6. Ces informations sont tirées d'un document de travail interne, manière de *Livre vert*, intitulé *Vingt plus cinq*, portant sur le rôle du Conseil dans le domaine artistique. Après 20 ans (1957-1977), le document trace des perspectives pour les cinq années à venir. Cet instrument de travail a été rédigé d'après le rapport d'un comité chargé de faire étude sur le Conseil.

d'appeler le milieu, qu'il soit artistique ou universitaire. Il a mis sur pied un comité consultatif qui exprime ses réactions à la politique du Conseil. En théâtre, ce comité est devenu spécialement important depuis les trois ou quatre dernières années, soit depuis que sont apparues des restrictions budgétaires majeures pour les organismes en place, les nouveaux crédits allant à la création. Un système de jurys a également vu le jour dans chaque secteur concerné. Dans son document *Vingt plus cinq,* le Conseil annonce qu'il va intensifier son étroite liaison avec les milieux visés afin de les associer davantage aux décisions et de mieux répondre à leurs besoins.

Je voudrais clore cette présentation sommaire par une phrase du Révérend Père Georges-Henri Lévesque, premier vice-président du Conseil en 1957. Dans son allocution d'ouverture, il résumait la raison d'être du Conseil. Vingt ans après, sa conclusion vaut peut-être toujours :

> « Ainsi donc travailler à l'avancement des Arts, des Humanités et des Sciences sociales au Canada, ce sera du même coup fournir à nos Canadiens plus d'occasions d'échanger leurs valeurs culturelles respectives et de communier aux mêmes œuvres. Ce sera collaborer puissamment à l'œuvre de l'unité nationale [7]. »

Même si la présente étude va concentrer son attention, en ce qui a trait au gouvernement fédéral, sur le Conseil des Arts, premier et principal agent d'intervention fédérale en matière d'arts d'interprétation au Canada, il convient d'établir à l'occasion des relations éclairantes avec d'autres organismes fédéraux de culture, exerçant une action précise dans le domaine du théâtre.

Le Conseil des Arts est un organisme culturel parmi neuf autres. En matière de budgets, il est en concurrence avec tous les autres : Radio-Canada, le Centre national des Arts, l'Office national du film, la Société de développement de l'industrie cinématographique canadienne, les Archives publiques, les Musées nationaux, le C.R.T.C. et le nouveau Conseil des recherches en sciences humaines. Tous ces organismes sont susceptibles d'être également concurrents en matière artistique s'ils ne s'engagent pas dans une concertation efficace.

---

7. *Le Conseil des Arts,* op. cit., page 21. Je commenterai cet énoncé du Père Lévesque au chapitre V en tentant de cerner les traits majeurs qui ont caractérisé chaque palier gouvernemental.

le théâtre de quat'sous présente

LA TOUR EiFFEL QUi TUE
de guillaume hanoteau
GéSU · 1er et 2 mai

affiche conçue
et réalisée par
Claude Jasmin
«*La Tour Eiffel
qui tue*» 1957

ON FÊTE LES 20 ANS DU 4 SOUS

« ... Buissonneau décide de monter ce canular surréalisant du journaliste Guillaume Hanoteau, LA TOUR EIFFEL QUI TUE. Il faudra organiser plusieurs représentations au Gesu, puis au Théâtre de verdure du Parc Lafontaine. Le spectacle gagne tous les trophées du Festival d'Art Dramatique à Montréal et en finale dans l'Ouest ... »

1963, Claude Jasmin LE MAGAZINE MACLEAN

Pour fêter ses vingt ans, en 1977, le Quat'sous reprenait un des spectacles montés dans les débuts.

Ces neuf organismes sont en quelque sorte chapeautés par ce qui est devenu un super-ministère de la culture avec les années : le Secrétariat d'État. Outre qu'il répond auprès du Parlement du budget du Conseil (non de ses politiques) ainsi que de ceux des huit autres, le Secrétariat possède son propre programme *Arts et culture* par lequel il subventionne, entre autres, le théâtre. C'est d'ailleurs lui seul qui assure le fonctionnement des programmes d'immobilisation. Et ce n'est là qu'un exemple.

Les relations entre le Secrétariat d'État et le Conseil des Arts sont devenues plus tendues avec les années. L'évaluation des membres de la Commission Consultative des Arts du Conseil ne laisse pas de doute :

> « Il semble donc que le Secrétariat d'État ait décidé d'agir de plus en plus en tant que ministère de la culture et de prendre des décisions en ce sens. On peut donc imaginer les conséquences néfastes qu'aurait, pour le Conseil des Arts, une obstruction du Secrétariat d'État. Or, pour diverses raisons, le Conseil des Arts est plus ou moins bien vu, à la fois par le Conseil du Trésor et par le Secrétariat d'État[8]. »

Enfin, parmi les neuf organismes mentionnés, il nous faut accorder une attention particulière à la Corporation du Centre national des Arts qui incarne, mieux que toute autre institution, les objectifs du gouvernement canadien, en raison de sa dimension pan-canadienne et de son établissement à Ottawa même. L'importance (pour le présent travail) du C.N.A. est d'autant plus grande que la Corporation offre un double programme de théâtre, anglais et français, à l'échelle du pays.

---

8. *À Propos de l'avenir du Conseil des Arts*, Rapport de la Commission consultative des Arts du C.D.A., 1978, page 6.

La Corporation du Centre national des Arts

Le Rapport Massey constatait à l'époque que l'intérêt pour la musique *sérieuse* (selon son expression), avait augmenté au Canada mais que les artistes — créateurs et interprètes — étaient ceux qui avaient le moins profité de ce renouveau. L'étude de la fin des années quarante concluait que la musique sérieuse, composée et exécutée par des Canadiens, était à peu près inconnue et que nos scènes étaient largement dominées par des spectacles européens et américains. Cette constatation s'étendait également au théâtre où le nombre d'œuvres canadiennes jouées était resté exceptionnellement bas.

Suite à ces considérations, le Rapport proposait l'aménagement d'installations, l'encouragement à la musique, à la danse, à l'opéra et au théâtre *canadiens* (c'est moi qui souligne) et l'organisation de tournées de compagnies et d'artistes canadiens de concert. La recommandation devait rester lettre morte jusqu'en 1966, année où le Parlement adopta, en prévision des fêtes du Centenaire, la loi du C.N.A.

La législation créait une corporation dont les buts seraient :

1. L'exploitation et l'entretien d'un centre (ouvert en 1969) ;

2. le développement des arts de la scène dans la région d'Ottawa ;

3. l'aide au Conseil des Arts en vue de favoriser l'essor des arts du spectacle partout au pays.

Fait à noter, Le terme *canadien,* mis de l'avant par le Rapport Massey, n'apparaissait plus dans la formulation des finalités du Centre. On peut d'ores et déjà avancer qu'il a été oublié devant le pari impossible que constituait une définition de la culture canadienne. Je tenterai d'étayer cet énoncé au dernier chapitre.

Pendant ses dix années d'existence, le CNA n'a guère eu que des contacts sporadiques avec le Conseil des Arts qu'il était censé assister. Des rivalités ont même vu le jour entre les deux organismes. Alors que le CNA voyait ses subventions augmenter considérablement, le Conseil des Arts faisait face à des restrictions budgétaires.

Le cas de l'année 1978-1979 marque un sommet sur ce plan. À elle seule, la Corporation du CNA a reçu plus de dix millions de dollars. Ce montant est supérieur au budget total alloué à tout le service du théâtre au Canada[9].

Le Secrétariat d'État

Contrairement aux deux institutions précédentes, le Secrétariat d'État est une créature politique, manière de super-ministère où se retrouvent tous les services fédéraux qui ne sont attribués à aucun ministère en particulier. Il a compétence sur l'Office national du film, exerce certains pouvoirs à l'égard du Conseil de la radio-télévision canadienne, de la Société Radio-Canada, de la Société de développement de l'industrie cinématographique (SDIC), des Musées nationaux, etc. De plus, il est le porte-parole au Parlement du Conseil des Arts et de la Corporation du CNA.

Le Secrétariat d'État est à la source même de l'élaboration des politiques culturelles fédérales. Aussi est-il conséquemment le plus ardent défenseur de l'unité canadienne. Il est d'ailleurs parfois désigné officieusement *Ministère de la culture du Canada*. Ce n'est qu'en 1964-1965 qu'il s'est doté d'un programme *Arts et culture*.

Avec les années, ce supérieur hiérarchique de tous les organismes fédéraux d'aide à la culture, a vu s'accroître son importance dans le champ des arts et de la culture. C'est également lui qui, par le biais de programmes comme *Perspective jeunesse, Initiatives locales* ou encore *Canada au travail*, est venu en aide aux arts, spécialement au jeune théâtre. Ces programmes étaient

---

9. Les responsables du Service du théâtre du Conseil des Arts, messieurs David Peacock et Claude Deslandes, ne sont évidemment pas très heureux d'un tel état de choses... De même que les directeurs des principales compagnies de théâtre au Canada, qui voient — quant à elles — leurs subventions plus ou moins gelées depuis les dernières années. Il est bon de rappeler que, de son côté, la Corporation du CNA œuvre autant dans le domaine de l'opéra, que de la musique, la danse et le théâtre, en plus d'administrer un Centre important et coûteux. Au chapitre du théâtre, le CNA bénéficie de plus de deux millions de dollars pour établir une compagnie de tournée pan-canadienne. Cet octroi n'a aucune commune mesure avec ceux des principales compagnies du Canada et du Québec.

davantage à caractère social plutôt que culturel mais ils touchaient l'un et l'autre en raison même des gens auxquels ils prêtaient main forte. Selon les données du Rapport Pasquill, *Perspectives Jeunesse* et *Initiatives locales,* pour la seule année 1970-1971, ont respectivement alloué 73% et 75% de leurs crédits au théâtre seul. Les sommes restantes sont allées à l'opéra (3% et 2%), à la musique (19% et 19%) et à la danse (5% et 4%).

Autre exemple touchant les programmes *Perspectives jeunesse* : pour l'année 1973, pas moins de 4 300 projets ont été assistés, rejoignant plus de 36 000 jeunes à la grandeur du Canada. Ces projets allaient de la promotion du cyclotourisme à l'aménagement du territoire en passant par les programmes de loisirs variés, sportifs, culturels et d'animation. Pour la seule province du Québec, au-delà de 50 groupes de théâtre ont été subventionnés pour des sommes variant de 2 180 à 24 040 dollars. Ils offraient aussi bien de l'animation que des productions à des publics particuliers : enfants, handicapés, troisième âge, quartiers défavorisés... ou encore, plus rarement, à tous. Quantité de groupes de Jeune théâtre amateurs ou professionnels ont bénéficié de tels programmes. Pour l'un, le Théâtre sans Fil a reçu 22 815 dollars cet été-là.

Aux *Perspectives jeunesse* et *Initiatives locales* ont succédé les programmes *Canada au travail* et *Jeunesse Canada au travail,* l'objectif prioritaire demeurant la création d'emplois. En second lieu, la subvention accordée pour un projet précis doit constituer un apport à la collectivité. La réalité démontre clairement que le bénifice n'a pas toujours été tangible pour la collectivité. À un point tel que d'aucuns ont identifié ces programmes à de l'assistance sociale (ou du chômage déguisé). Fonds alloués à la culture ou à l'aide sociale, la confusion reste pleine, ce qui n'est pas sans créer des problèmes politiques. Qui devrait assumer la responsabilité de ces programmes ? Et à quel titre ?

Assistance aux arts ou aide sociale, l'ambiguïté aura des répercussions fâcheuses. De nombreux groupes de Jeune théâtre ont obtenu leur(s) première(s) subvention(s) de ces programmes. Ils n'avaient pas le choix, étant inéligibles ailleurs. Pour recevoir un octroi du Service du Théâtre du Conseil des Arts, une troupe, doit déjà avoir travaillé. Plusieurs de ces jeunes organismes ont duré et, par la suite, sont venus gonfler le nombre de demandeurs du Conseil. Ce dernier n'avait pas prévu cette multiplication. Peut-être ne le pouvait-il pas ? Qui aurait pu prévoir que le théâtre au Québec allait connaître une si grande effervescence dans la première moitié des années soixante-dix ? Seule une concertation efficace entre les organismes fédéraux (Secrétariat-Conseil) aurait pu faciliter le passage. Sinon, le Conseil des Arts devrait se contenter d'une politique et d'une action de rattrapage. La lecture des statistiques du chapitre suivant illustre avec pertinence ce scénario.

Pour terminer la présentation des organismes fédéraux, il faut ajouter aux interventions du Secrétariat d'État, les programmes d'aide au titre du multiculturalisme depuis 1971 et ceux d'immotilisations aux organismes de production dans le secteur des arts d'interprétation. À ce dernier chef, rappelons que le Conseil des Arts n'offre pas de crédits ni de service particulier. Tout est sous la responsabilité du Secrétariat. Quant à l'importante aide au titre du multiculturalisme, ses requérants doivent:

> «mettre en œuvre les projets et les activités afin de développer et partager l'héritage culturel ainsi que de promouvoir l'estime et la compréhension entre tous les Canadiens [10].»

Pour la seule année 1978-1979, ce programme a bénéficié d'un montant de $4 946 000, ce qui dépasse largement les sommes versées par le Conseil des Arts pour le théâtre à la seule province de Québec, soit: $3 128 500 (voir le tableau en fin de chapitre). Certes, ce programme ne s'adresse pas uniquement au théâtre mais à tous les secteurs. La relation esquissée ici sera reprise ultérieurement dans le cadre de toute la perspective canadienne (bilingue et multiculturelle vs biculturelle depuis le régime fédéral libéral de Pierre Trudeau).

Enfin, le Secrétariat vient également en aide à divers organismes qui fournissent des services d'ordre général aux artistes et aux organisations culturelles et/ou participant à l'élaboration des politiques gouvernementales au moyen de recherches et de colloques (par exemple, l'Association internationale des critiques d'art, la Conférence canadienne des arts ou encore l'Association internationale du théâtre pour l'enfance et la jeunesse).

---

10. Les Cordons de la Bourse, *Répertoire des programmes fédéraux et provinciaux d'aide aux artistes*, 1978-1979, C.C. des Arts, p. 26.

Ministère des Affaires culturelles du Québec

En 1961, à l'aube de la révolution tranquille, le parti libéral de Jean Lesage, nouvellement élu, créait un Ministère des Affaires culturelles conformément au premier article du programme du parti, tel qu'élaboré par Geroges-Émile Lapalme qui deviendra le premier titulaire du poste. Ainsi le gouvernement du Québec mettait fin au quasi monopole du fédéral en matière culturelle sur son propre territoire. Fini ce temps d'accorder à la culture la partie congrue des ressources, pouvait-on entendre alors.

Relisons un passage de la déclaration du Premier ministre Jean Lesage, le 2 mars 1961:

> « Le parti que je dirige a voulu donner priorité aux problèmes et aux questions touchant l'éducation. Tous ceux qui ont lu le programme du parti libéral ont été frappés par le fait que le premier de ses articles concerne la création d'un Ministère des Affaires culturelles.

> (...) il faut surtout que la création artistique trouve par l'entremise des autorités, des occasions plus nombreuses et plus faciles de se produire. Par l'établissement d'un Ministère des Affaires culturelles, le gouvernement de la province jouera le rôle qui lui incombe dans la vie culturelle du Québec et de la nation [11].

Puis, après avoir rappelé l'unicité du fait français au Québec, il ajoute:

> « Ce gouvernement est non seulement justifié de protéger et de diffuser cette culture, mais il a une obligation morale d'y prendre une part considérable de responsabilité en instaurant les structures administratives qui s'imposent et en suscitant à travers elles le mouvement dynamique de l'expression culturelle canadienne-française. »

---

11. Déclaration publiée dans le livre vert « Pour l'évolution d'une politique culturelle », Jean-Paul L'Allier, pages 10 à 13, mai 1976.

La Compagnie
Jean Duceppe *inc.*
présente

(The Caretaker)
de Harold Pinter
adaptation de Eric Kahane

**Trois personnages : un clochard, un hébété et un sadique
rêvent de nouveaux départs**

Le gardien de Pinter, présenté au Port-Royal de la Place des Arts par la Compagnie Jean Duceppe, saison 1974-1975.

Après l'énoncé d'une volonté politique indubitable, Jean Lesage enchaînait en formulant le souhait que:

> «Le Ministère projeté des Affaires culturelles, qui sera en quelque sorte un ministère de la civilisation canadienne-française, devienne le premier, le plus grand et le plus efficace serviteur du fait français en Amérique, c'est-à-dire, de l'âme de notre peuple[12].»

Cet objectif sera entériné par Jean-Paul L'Allier quinze ans plus tard, en 1976, lorsqu'il présente son livre vert, *Pour l'évolution d'une politique culturelle*.

Le Ministère créé en 1961 touchait des champs très étendus: Office de la langue française, relations culturelles, arts et lettres, musique, expansion culturelle, théâtre, bibliothèques, monuments historiques et cinéma. Dans la loi de création du Ministère, la mise sur pied d'un Conseil provincial des Arts était votée. Ce Conseil était chargé de «recommander au ministère les moyens les plus efficaces pour accentuer l'avancement des arts et des lettres dans la province» (Section IV de la Loi, paragraphe 19). Ce Conseil des Arts ne fut jamais effectif. Ses budgets dérisoires furent à peine suffisants pour payer les cachets et honoraires des membres du Conseil.

Pour les arts du spectacle, les objectifs du MAC furent simples et constants pendant les dix premières années. Ils peuvent être résumés comme suit: appuyer la production d'œuvres et de travaux artistiques; fournir des installations; soutenir les artistes créateurs; assurer la conservation des œuvres; sensibiliser la population aux affaires culturelles au moyen de l'éducation.

Dès les premières années, l'histoire du MAC connut de sérieuses difficultés. En septembre 1964, Georges-Émile Lapalme démissionnait, dégoûté par le manque de moyens que le gouvernement mettait à sa disposition. Il déclarait alors que le Ministère qu'il dirigeait était un ministère de pauvres et de marginaux et que la culture était vue comme une coquetterie. En conséquence, il ne voyait pas d'autre issue que la disparition pure et simple du ministère.

L'année suivante, en novembre, le nouveau ministre Pierre Laporte présentait un *Livre blanc*. Le document, pourtant valable à plus d'un titre, ne sera jamais déposé ni publié. Il réaffirmait

---

12. Cette phrase reprend un des deux axes de l'idéologie traditionnelle du Chanoine Groulx: catholique et français. Ici Jean Lesage ne retient que la francité. J'y reviendrai au chapitre final.

pourtant avec force l'importance de l'action de l'État dans le champ culturel:

> «Or, c'est essentiellement par la culture qu'une collectivité s'exprime, traduit sa mentalité, en d'autres termes, s'identifie à ses propres yeux, se reconnaît, a la fierté de l'être moral qu'elle édifie. Le temps est venu pour l'État du Québec, de prendre en charge, de plein droit, le domaine culturel, dont, comme on le verra, il a la responsabilité. L'État donnera ainsi au peuple qu'il gouverne le sentiment de mieux respirer, de pouvoir se réclamer d'un commun principe spirituel, de former une personne morale enfin pourvue des organes supérieurs nécessaires à sa vie et à son épanouissement. (...) L'État est préservateur de ce qui existe et catalyseur de ce qui se crée en matière de culture[13].»

Le *Livre blanc* affirme la juridiction provinciale en matière de culture et formule soixante recommandations. Quatre d'entre elles concernent plus spécifiquement le théâtre. Elles touchent:

> 1. L'aide à l'équipement de salles nécessaires à l'implantation de l'art théâtral au Québec et la mise sur pied éventuelle d'un théâtre d'État;
> 2. la décentralisation en favorisant des troupes itinérantes de qualité;
> 3. la mise sur pied d'un centre de documentation de théâtre à Montréal;
> 4. la subvention pour la publication et la diffusion des pièces canadiennes retenues par la Commission de la pièce canadienne.

Après la mise sur les tablettes, pour employer l'expression consacrée, du *Livre blanc* de 1965, les énoncés gouvernementaux se feront plus discrets pendant dix ans. D'importants documents paraîtront cependant, tel en 1969 le Rapport Rioux sur *L'Enseignement des Arts* qui constituait l'aboutissement de trois ans de recherches en vue de tracer les liens entre éducation et culture; et, en 1975, le Rapport du Tribunal de la culture, publié par la revue *Liberté*[14], rapport qui se demandait de quelle culture il

---

13. Livre blanc du Ministre des Affaires culturelles, sous la direction de Pierre Laporte, Ministère des Affaires culturelles, 18 nov. 1965.
14. *Liberté*, «Le Rapport du Tribunal de la culture», 1975, no. 101, vol. 17, numéro 5, sept-oct.

s'agissait et qui, après avoir insisté sur le caractère indivisible de la souveraineté culturelle et politique, concluait sur un très sombre diagnostic: la culture québécoise était en danger de mort. Parallèlement, expliquait le rapport, le Premier ministre de la province, Monsieur Robert Bourassa, s'évertuait à dire qu'il fallait choisir entre la souveraineté culturelle et le niveau de vie.

De 1961 à 1975, pas moins de sept ministres s'étaient succédés à la chaise musicale de la culture. Le Ministère qu'ils dirigeaient était toujours resté un ministère de pauvres. Pendant toutes ces années, il n'avait bénéficié que d'environ la moitié de un pourcent du budget de la province [15].

Reprenons le tableau dressé par le ministre L'Allier dans son *Livre vert* de mai 1976. Je signale un écart dans les données fournies pour 1976-77, suite aux recherches effectuées dans les publications annuelles émanant du Ministère des Finances. Enfin, je continue le tableau jusqu'en 1979-80 [16]. Il montre clairement la non-évolution des pourcentages accordés aux affaires culturelles.

Exercice FINANCIER	Budget du Québec ($000)	Ministère ($000)	%
1960-61	587 488.3	2 724.0	0.46
1961-62	647 385.6	3 133.9	0.48
1962-63	762 256.2	3 373.8	0.44
1963-64	840 630.7	5 070.0	0.60
1964-65	976 084.9	5 324.9	0.55
1965-66	1 470 314.9	6 557.6	0.45
1966-67	1 681 653.0	8 329.4	0.49
1967-68	2 017 477.6	12 193.3	0.60

15. In Livre vert, Jean-Paul L'Allier, *Pour l'évolution d'une politique culturelle*, mai 1976, p. 89.
16. Pour les données des quatre dernières années, nous avons utilisé les statistiques de la publication suivante:
Gouvernement du Québec,
Budget 1979-80
Renseignements supplémentaires/Crédits
Conseil du Trésor, 27 mars 1979
publié par le Ministère des Finances,
Direction des communications

Les chiffres donnés dans cette publication sont les crédits prévus, différents parfois de ceux dépensés (ex.: 1976-77, écart approximatif de $1 000 000). Ce qui importe ici, c'est de retenir les proportions plutôt que la rigoureuse exactitude des montants.

1968-69	2 389 331.5	13 065.8	0.54
1969-70	2 732 234.6	13 261.3	0.48
1970-71	3 664 252.4	17 007.7	0.46
1971-72	4 179 218.0	19 153.1	0.45
1972-73	4 613 927.1	18 170.0	0.39
1973-74	6 140 127.8	24 029.6	0.39
1974-75	7 247 200.0	30 706.2	0.42
1975-76	8 195 000.0	37 657.0	0.46
1976-77	9 745 000.0	42 789.9	0.44
1976-77	10 716 677.7	43 046.4	0.401
1977-78	12 043 304.9	56 832.8	0.471
1978-79	13 877 871.7	67 318.8	0.485
1979-80	14 960 000.0	67 530.2	0.451

Pas étonnant que dans les circonstances Guy Frégault, celui qui fut sous-ministre pendant toute cette période (sauf durant le court règne de Jean-Noël Tremblay), admettait lui-même en 1974 dans un bilan de l'activité du Ministère que l'action du MAC donnait l'impression d'un demi-échec.

Le travail piétinait jusqu'en 1976, au moment où le titulaire du poste, Jean-Paul L'Allier, proposait un *Livre vert* comme document de travail annonçant une volonté de ré-organisation. Une rapide consultation du Rapport annuel des activités du MAC pour l'année 1975-76 fait état des mêmes préoccupations:

> «La réflexion a surtout porté sur le rôle du ministère dans la société québécoise et sur le sens de l'évolution qu'il a suivi au cours de cette période (quinze ans) afin de rencontrer le mieux possible les besoins des Québécois et réfléter leur esprit d'appartenance à une culture plus que jamais axée sur l'avenir et respectueuse du passé [17].»

Ainsi l'année se voulait transitoire, le temps d'une réflexion en profondeur sur les objectifs de l'organisme. C'était aussi le sens du *Livre vert*.

Pendant ce temps, la réorganisation du service se poursuit. Du côté du théâtre, le MAC en est arrivé à la formulation d'objectifs plus précis que jamais auparavant. De façon générale, le but se lisait comme suit:

> «Favoriser le développement du théâtre au Québec, de telle sorte que le travail des artisans soit mis en valeur et profite au plus grand nombre de Québé-

---

17. Rapport annuel, 1975-76, Ministère des Affaires culturelles, page 9.

cois sur tout le territoire, moyennant une utilisation rationnelle des ressources financières et matérielles dont la collectivité peut disposer.» (Document officiel)

Les objectifs spécifiques du Ministère des Affaires culturelles en matière de théâtre étaient les suivants:

1. Supprimer l'arbitraire concernant l'octroi des subventions et traiter les organismes avec le plus d'équité possible, selon une évaluation réaliste de leurs besoins par rapport à leur potentiel;

2. Permettre au goût et à l'appréciation du public d'avoir un effet direct sur les ressources des organismes;

3. Encourager la production de créations québécoises;

4. Garantir aux citoyens qui n'habitent pas Montréal le meilleur accès possible au théâtre qui s'y fait;

5. Favoriser la coordination des politiques d'aide financière des organismes de subvention qui ont une incidence directe ou indirecte sur ce secteur d'activités.

Quant à l'État, il a publié un *Livre blanc* intitulé *La Politique québécoise de développement culturel* (1978), dont la rédaction fut confiée au sociologue Fernand Dumont. Le document reprend là où le gouvernement précédent s'était arrêté, rétablissant en premier lieu le caractère indissociable de la culture et de la politique, du développement culturel et du développement économique et social, caractère nié par le gouvernement précédent.

Le Livre blanc va plus loin en ce qu'il pose comme postulat initial à son développement que «l'ensemble de l'existence est produit de culture». Il insiste abondamment sur cette thèse. Tout est culture, et tel le clivage opéré par le rédacteur sociologue. Du point de vue sociologique, l'assertion est indiscutable mais en regard de la conscience individuelle et collective d'une nation, toutes les activités de l'homme sont bien loin d'avoir une égale résonance et un même impact.

Il n'est pas besoin d'épiloguer longuement sur la différence signifiante (si on admet que la culture est/doit être un ferment actif dans une collectivité) entre un travail de macramé (ce n'est qu'un exemple) et une représentation théâtrale traitant d'un sujet d'actualité. Nous avons deux manifestations culturelles, mais un seul lieu de brassage d'idées. C'est déjà tout dire.

Lieu de communication et de questionnement, le théâtre prend une place prioritaire dans le champ culturel. Cela dit, tout théâtre n'a pas forcément une richesse évidente sur ce plan. Prenons pour exemple un nouveau texte, offert l'été, qui n'a d'autre but que de divertir; ou encore tel répertoire devenu sans pertinence aujourd'hui (ce qu'il advient parfois), et dont la présentation tient plus de la démarche du muséologue que d'une pratique théâtrale vivante.

Si on résume la nouvelle structuration des formes d'aide apportées au théâtre par le gouvernement québécois, on observe que le Ministère des Affaires culturelles répartit son assistance de trois manières différentes. Par ordre d'importance : il y a d'abord la traditionnelle aide financière à la production théâtrale. Cette intervention, adressée aux compagnies, troupes et coopératives, s'exerce surtout sous forme de subventions de fonctionnement mais également, dans une moindre mesure, en subventions de projets.

Les deux autres canaux ont été mis sur pied récemment. Ils concernent le développement du répertoire et les échanges de services professionnels. Le développement du répertoire a pour but de favoriser la progression de la dramaturgie québécoise. Il est fondamentalement une aide à la création et à la recherche, centrée sur l'écriture dramatique au sens large. Ce programme, ainsi que le suivant, s'adresse aux organismes déjà subventionnés. Dans le cas des échanges des services professionnels, pour être admissible à une subvention, le projet doit être susceptible de créer un impact, de susciter de nouveaux élans dans le domaine du théâtre.

Outre le Ministère des Affaires culturelles, principal agent d'assistance au théâtre, d'autres secteurs du gouvernement provincial viennent en aide à cette forme d'expression. Contrairement à Ottawa, il n'existe pas à Québec une extrême concurrence entre les organismes gouvernementaux. Cela est en partie imputable à l'absence du double système fédéral : Conseil des Arts «autonome»/Secrétariat d'État «politique». Il y a donc moins de risques de contradiction, tout étant canalisé à travers des Ministères. Ces derniers toutefois restent parfois susceptibles d'entrer en conflit, d'empiéter sur des juridictions respectives.

Si Aurore m'était contée deux fois, avril-mai 1970, troisième pièce de Jean-Claude Germain au Théâtre d'Aujourd'hui. De gauche à droite: Monique Rioux, Nicole Leblanc, Gilles Renaud.

Ainsi le Jeune théâtre amateur et/ou de loisir est sous la juridiction du Haut Commissariat à la jeunesse et aux sports dont les objectifs en matière artistique sont extrêmement secondaires. De son côté, le Ministère des Affaires culturelles ne subventionne ces pratiques théâtrales qu'occasionnellement et accidentellement, renvoyant les requérants de ce type au Haut Commissariat. Ces groupes sont alors régulièrement ballottés entre deux organismes chez qui la concertation fait défaut. Nous retrouvons pratiquement ici le même problème rencontré dans les programmes de création d'emplois du Secrétariat d'État subventionnant de jeunes troupes de théâtre. Au Québec, nombre de praticiens de théâtre amateur et/ou de loisir souhaitent être placés sous la seule responsabilité des Affaires culturelles.

Toujours dans une comparaison fédéral-provincial, je note que les subventions aux fins d'immobilisations sont accordées par le Ministère des Affaires culturelles à Québec et par le Secrétariat d'État à Ottawa (et non par le Conseil des Arts comme on pourrait s'y attendre étant donné que là se trouve le Service du théâtre).

Du côté des tournées hors du Québec et/ou hors du pays, la responsabilité échoit au Ministère des Affaires intergouvernementales, du côté provincial, alors qu'au fédéral il y a dédoublement: d'une part le Conseil des Arts possède son Office des tournées; de l'autre, le Secrétariat d'État, division Arts et culture en relation avec le Ministère des Affaires extérieures, subventionne les tournées à l'étranger.

Rappelons en dernier lieu que c'est le Ministère de l'Éducation qui assiste le Jeune théâtre étudiant, sauf pour quelques occasions exceptionnelles, notamment le Festival annuel qui a reçu ses subsides du Ministère des Affaires culturelles. L'éducation étant de juridiction provinciale, le fédéral n'intervient habituellement pas dans le domaine, sauf pour le seul cas de l'École Nationale de théâtre, maison d'enseignement spécialisé établie à Montréal mais à caractère national.

Signalons enfin que l'intervention des organismes gouvernementaux de la province demeure très secondaire et minime en regard de celle des Affaires culturelles, à laquelle le présent travail s'attache exclusivement.

Conseil des Arts de la région métropolitaine de Montréal

Les lois provinciales autorisent les municipalités à verser des subventions à des organismes sans but lucratif mais en limitent la totalité à moins d'un millième de l'évaluation foncière[18]. De

18. Une brochure de la Conférence canadienne des Arts, préparée en 1975 par Joan Horsman et Paul Schafer, intitulée *Les Arts et les municipalités*, étudie la question. Elle en arrive à la conclusion que les municipalités participent trop peu à la chose artistique, qu'elles doivent mettre sur pied une aide accrue, orientée selon des objectifs précis — et non vagues comme c'est le cas à l'heure actuelle — par des administrateurs compétents dans le domaine artistique, possédant une marge de manœuvre réelle et des moyens financiers plus subtantiels. Pour ce, la loi doit être modifiée de telle sorte que les cités et villes jouiront de

même, les villes peuvent adopter des règlements touchant la construction, l'exploitation et l'entretien d'aménagements artistiques et elles peuvent accorder aux entreprises artistiques une exemption de l'impôt foncier.

Certaines municipalités canadiennes ont reçu et endossé un tel mandat cependant que la plupart s'en sont acquittées symboliquement. Au Québec, seule la ville de Montréal s'est dotée d'un véritable Conseil des Arts régional. Elle s'ennorgueillit d'être le seul du genre au pays. Cela ne signifie pas que les autres villes du Québec ne prêtent pas assistance aux arts mais cela indique que leur aide reste aléatoire, relative et directement reliée aux édiles en place.

En mars 1955, le conseil municipal de Montréal, par la voix de son maire, Monsieur Jean Drapeau, convoquait les journalistes pour leur annoncer la création imminente d'un Conseil des Arts. Le 7 décembre 1956, un comité permanent fut établi, composé de seize membres, tous recrutés en raison de leur formation artistique ou de leur expérience administrative, et nommés pour un mandat de cinq ans, renouvelable. Sauf le secrétaire, toutes ces personnes acceptaient de travailler bénévolement au Conseil. En janvier 1957, une première réunion eut lieu. Le mois suivant, Monsieur Charles Goulet fut nommé secrétaire administratif.

Le Conseil est régional. Montréal et les autres municipalités de l'île en dépendent. Elles versent dans un fonds commun un pour cent du produit de la taxe municipale de vente. Sauf pour une allocation de dix pour cent pour les frais d'administration, la totalité du fonds sert à subventionner des entreprises artistiques. En vingt ans (1957-1976), le Conseil a accordé un grand total de 8 700 000 dollars en subventions.

Le rôle du Conseil, tel que défini dans le rapport d'avril 1976 du secrétaire, est d'œuvrer à «l'essor harmonieux des organismes et à l'organisation d'une politique culturelle conçue véritablement dans l'intérêt de l'ensemble de la communauté». Ainsi le Conseil de Montréal doit-il désigner les groupements, manifestations artistiques ou culturelles «qui méritent de recevoir une subvention, en fixer le montant et en recommander le versement» (Rapport du Secrétaire, 30 avril 1977).

pouvoirs plus importants. En 1979, au Québec, une réforme de la fiscalité municipale a modifié les modes de financement d'un organisme comme le Conseil montréalais de sorte que son avenir paraît incertain à l'aube des années quatre-vingt.

Cet appui financier, pouvons-nous lire dans le Rapport 1977, «permet aux dits organismes d'œuvrer avec une certaine liberté et d'améliorer l'image culturelle de notre ville». Au fil des années, l'action du Conseil est demeurée pratiquement inchangée, imitant en cela les élus municipaux eux-mêmes. Mais les critères d'attribution des octrois sont cependant devenus plus précis.

En 1978, après avoir rappelé que «toute subvention recommandée par le Conseil des Arts de Montréal, provenant des fonds publics, doit être employée dans le meilleur intérêt de la collectivité[19]», le Conseil énumérait les normes suivantes: les subventions ne sont accordées qu'à des sociétés établies dans la région et ayant fait leurs preuves sur le plan artistique; aucun octroi ne sera versé pour des tournées hors de la région, sauf dans un cas très précis de voyage à l'étranger, à condition que le dit périple ait reçu l'approbation des divers paliers de gouvernements; seul le théâtre de répertoire est éligible à des subventions de fonctionnement et, enfin, les créations ne sont subventionnées qu'après que le Conseil a pris connaissance du texte. Le Conseil réfère les compagnies à Ottawa et Québec pour tout ce qui touche l'aide aux auteurs[20].

Dans le domaine du théâtre, l'aide du Conseil des Arts se limite presque exclusivement au Théâtre institutionnel. Dans son rapport de 1976, le secrétaire Ferdinand F. Biondi explique ce choix:

> «Le Conseil des Arts de Montréal n'a pas les fonds nécessaires pour aider toutes les organisations naissantes. Si de nouveaux mouvements se forment chaque année, c'est aux organisateurs qu'il appartient d'encourir les difficultés d'organisation et de financement et au public, par son assistance, d'indiquer son désir de les voir persister.
>
> Le Conseil est prêt à aider ces troupes — dans une certaine mesure — mais encore faut-il qu'elles aient

---

19. Extrait du procès-verbal de la réunion du Conseil des Arts de la région métropolitaine, tenue le 14 juin 1978.
20. On voit tout de suite apparaître ici le spectre de la censure. L'affaire *Les Fées ont soif* de Denise Boucher montée au TNM sert d'illustration sur ce plan. J'y reviendrai dans un chapitre précis sur la censure, qui m'amènera à me demander si elle n'existe pas également et dans quelle mesure à chaque palier de gouvernement: fédéral, provincial et municipal.

fait leurs preuves et qu'elles puissent démontrer de bonnes chances de survie.» (page 9)

En terminant cette présentation, il est bon de mentionner que Montréal, comme la plupart des villes de quelque importance au Québec, apporte une relative assistance au Jeune théâtre amateur par le canal de son service des Loisirs et Parcs. À titre d'exemple, La Roulotte, qui est sous la responsabilité de Paul Buissonneau, offre depuis vingt ans des activités de spectacles et d'animation pour les enfants.

Enfin, avant de passer à une revue générale de l'assistance financière, il faut préciser la situation du Conseil des Arts de la région métropolitaine qui se trouve modifiée par la réforme de la fiscalité municipale, décrétée par le gouvernement du Québec, fin 1979-début 1980. Ainsi, la règle du 1% de la taxe de vente à la consommation perçue par la ville de Montréal et les municipalités de la CUM (Communauté urbaine de Montréal), qui formait le budget du CDARM, tombe.

À la formule traditionnelle, la réorganisation substitue des subventions directes. Il s'agit d'un gain estimé (selon le journal *Le Devoir* du 12 mars 1980, dans l'éditorial de Michel Roy) à trente millions de dollars. Il y a donc amplement de fonds pour alimenter le Conseil. Mais la ville de Montréal ne l'entendait pas ainsi, de sorte que le sort du CDARM a été, pendant un temps, laissé en suspens.

Par la suite, les maires de la CUM ont décidé de le prendre à leur charge. La charte de la CUM a été amendée rapidement afin de permettre au «nouveau» conseil d'entrer en opérations dès l'année 1980-81. Il n'y aura donc eu aucune interruption, aucune brisure, aucun chambardement. La même équipe de permanents, M. Biondi en tête, est restée en place et le «nouveau» Conseil a été formé de quinze anciens membres et de six nouveaux. Seule variante: dorénavant, c'est la CUM qui nomme le président et les deux vice-présidents. La totalité des statuts et règlements de l'organisme est demeurée intacte. L'exigence de soumettre les textes de création avant subvention demeure. Un seul assouplissement est apparu: une compagnie n'a plus à fournir les textes des traductions et adaptations pour demander l'asistance du Conseil.

Côté finances, les subventions 1980-81 se situent au même niveau que celles de 1979-80. «On prévoit toutefois, m'explique M. Biondi lors d'une entrevue accordée en janvier 81, une hausse de 8 à 9% pour l'année 1981-82».

le
thé-âtre
de l'île

1, RUE WELLINGTON, HULL, QUÉBEC

HISTORIQUE

Erigé sur un terrain qui avait été cédé à la ville par le conseiller municipal Ezra Butler Eddy, l'édifice qui sert aujourd'hui au Théâtre de l'île fut construit en 1886 pour abriter l'usine hydraulique de Hull. Jusqu'-alors, Hull n'avait pas de réseau municipal de distribu-tion d'eau. L'eau était puisée dans la rivière avec des tonneaux.

En une décennie, le réseau de 1886 devint insuf-fisant. Une autre usine fut construite et le premier édifice fut transformé en entrepôt. A une époque, l'édifice servit de bureau et de laboratoire du coroner de Hull. Il devint plus tard une forge. Après 1950, il abrita la Légion de la section de Hull et, plus récem-ment, une discothèque. Il a toujours appartenu à la ville de Hull.

Le Théâtre de l'Île, compagnie établie à Hull.

2.   Vue générale de l'assistance financière

Le détail des subventions versées au théâtre par chacun des trois paliers de gouvernements ne saurait être donné sans quelques informations préalables. Il convient de reprendre succintement quelques données statistiques du Rapport Pasquill[21] publié en 1973 et portant sur le *Mode d'assistance financière aux arts du spectacle au Canada* pour la décennie soixante. Bien qu'appliquées à l'ensemble des entreprises du spectacle et non seulement au théâtre, pour tout le Canada et pas uniquement le Québec, ces statistiques permettent des considérations intéressantes, outre qu'elles tracent un tour d'horizon de départ.

Durant la période 1961-1971 étudiée par le professeur Frank T. Pasquill de l'Université York, le Québec a reçu entre 41% (1961-1962) et 24% (1970-1971) des octrois consacrés aux entreprises du spectacle pour l'ensemble du Canada. (Voir tableau V (F), en page suivante.) Par entreprises du spectacle, le rapport entend la musique, l'opéra, la danse et le théâtre. La réduction du pourcentage dévolu au Québec est explicable en raison de l'évolution démographique du pays combinée au développement des arts de la scène sur l'ensemble du territoire.

Dans ce premier tableau, il est davantage intéressant d'observer l'apport de chacun des trois pouvoirs publics. Alors que la participation du Québec compte en moyenne pour 50,8% (variant de 43% en 1961-62 à 63% en 1963-64), celle d'Ottawa se chiffre à 31.9% (variant de 20% en 1963-64 à 41% en 1970-71) et la contribution municipale vaut pour 17.3% (variant de 10% en 1970-71 à 26% 1961-62).

Cette première donnée étonne parce que, contrairement à la croyance, qui a toujours consacré l'état fédéral comme le principal agent d'assistance financière aux arts, il révèle que le gouvernement du Québec, considéré comme doté d'un ministère de pauvre, y est allé d'une intervention matérielle supérieure. Doit-on conclure que le palier provincial n'a pas été à la remorque de son homologue fédéral? Qu'il n'a pas utilisé les études de ce dernier, imité ses politiques, se révélant impuissant à établir lui-même ses propres priorités et politiques? La lecture ultérieure des chiffres dévolus à chaque catégorie de théâtre fournira tantôt des indices contraires et confirmera cette question.

21. Cf. Introduction.

TABLEAU V (F)

Mode d'assistance financière aux arts du spectacle du Canada

Subventions aux entreprises de spectacle selon le rayonnement géographique — Québec (28.9% de la population canadienne).

	1961-62	1962-63	1963-64	1964-65	1965-66	1966-67	1967-68	1968-69	1969-70	1970-71
Conseil des Arts du Canada	255 000	214 250	204 250	233 000	585 512	751 500	1 323 058	1 449 790	1 630 980	1 627 658
% des subv. au Québec	31	25	20	20	34	32	38	39	39	41
Niveau provincial	366 950	430 040	646 153	672 684	817 470	1 105 985	1 691 382	1 888 326	2 058 922	1 942 537
% des subv. au Québec	43	51	63	58	47	47	49	51	50	49
Niveau municipal	225 600	206 300	179 450	251 042	334 900	497 970	440 300	383 000	440 000	419 864
% des subv. au Québec	26	24	17	22	19	21	13	10	11	10
Total des subv. au Québec	847 550	850 590	1 029 853	1 156 726	1 737 882	2 355 455	3 454 740	3 721 116	4 129 902	3 990 059
Québec en % du total	41	40	39	37	33	36	34	31	27	24

Ces statistiques se modifient substantiellement lorsqu'élargies à l'action du Secrétariat d'État qui, dès 1964-65, accordait une part de ses ressources aux entreprises du spectacle. Cette fois cependant, le schéma (Tableau III, en page suivante) dressé par le professeur Pasquill porte sur l'ensemble du pays. Il est dommage qu'il n'ait pas opéré le même calcul pour chaque province, plus particulièrement en ce qui concerne le Québec.

Il apparaît clairement que pendant la décennie soixante, l'intervention fédérale combinée (Conseil des Arts/Secrétariat d'État) pour l'ensemble du Canada était plus importante que celle des provinces. La moyenne se situe à 49,8% (variant de 36% à 58%) alors que celle des provinces s'élève à 34,2% (variant de 25% à 43%) et celle des municipalités à 16% (variant de 10% à 24%). Ce qui amène le professeur Pasquill à dégager la conclusion suivante:

> «C'est le Conseil des Arts du Canada qui, en défini-
> tive, détermine à la fois l'orientation et le volume
> des subventions publiques et privées aux arts du
> spectacle au Canada...» [22]

La remarque faite à la lumière de la première illustration (Tableau V-F) se trouve pondérée ici. La réduction de l'apport provincial est inversement proportionnelle à la croissance de l'intervention du Secrétariat d'État: 3% en 1964-65 et 18% en 1970-71, dernière saison étudiée dans le Rapport Pasquill.

Durant la décennie soixante-dix, l'action du Secrétariat d'État va croître encore et avec elle, la prépondérance du gouvernement fédéral dans le domaine. Longtemps, il restera seul à établir des normes, entreprendre des études, mettre sur pied des politiques «grandeur nationale» qui seront régulièrement suivies aux autres niveaux des pouvoirs publics.

À l'heure actuelle, l'intervention du Secrétariat d'État en arrive à dépasser, dans certains secteurs, celle du Conseil des arts lui-même. Songeons qu'au seul chapitre du Centre national des arts, le Secrétariat consacre pour l'année 1978-79 plus d'argent que n'en possède le Conseil des arts pour tout le service du théâtre: budget du Service du théâtre, 1978-79: $8 335 870; budget du Centre national, 1978-79; $11 396 000.

Le montant alloué au CAN était d'abord de $10 300 000. Le Secrétariat v a ajouté un supplément de $1 096 000 pour former une troupe de théâtre.

---

22. Rapport Pasquill, page 4.

TABLEAU III

Mode d'assistance aux arts du spectacle du Canada

Ensemble du secteur public — résumé des subventions aux entreprises de spectacle.

	1961-62	1962-63	1963-64	1964-65	1965-66	1966-67	1967-68	1968-69	1969-70	1970-71
Secrétariat d'État (x)										
Toutes subventions (non individualisées)		0	0	92 680	268 868	326 797	1 265 000	1 336 500	2 743 000	2 975 000
% du total		0	0	3	5	5	12	11	18	18
Conseil des Arts du Canada										
Subv. individualisées	1 049 266	994 630	970 433	1 033 811	2 352 335	2 795 534	4 582 361	5 397 822	5 966 716	6 877 711
Subv. non individualisées			5 000					50 000	2 600	
Toutes subventions	1 049 266	994 630	975 433	1 033 811	2 352 335	2 795 534	4 582 361	5 447 822	5 969 316	6 877 700
% du total	51	47	31	33						
Niveau fédéral (Cons. des Arts & Sec. d'État)										

Toutes subventions	1 049 266	994 630	975 433	1 126 491	2 621 203	3 122 331	5 847 361	6 784 322	8 712 316	9 852 711
% du total	51	47	37	36	50	49	57	56	57	58
Niveau provincial										
Subv. individualisées	517 046	654 113	1 140 341	1 300 336	1 791 656	2 199 501	3 079 643	3 558 078	4 438 538	4 911 900
Subv. non individualisées	5 000	2 000	11 239	29 760	76 547	137 000	283 352	450 272	396 378	447 700
Toutes subventions	522 046	656 113	1 151 580	1 330 096	1 868 203	2 336 501	3 362 995	4 008 350	4 853 916	5 359 700
% du total	25	31	43	42	35	36	33	33	32	32
Niveau municipal										
Subv. individualisées	478 147	477 414	517 260	666 363	772 003	947 976	972 160	1 176 361	1 399 010	1 591 500
Subv. non individualisées 148 300	6 000	6 000	10 000	12 890	12 890	12 890	41 800	73 750	156 600	330 694
Toutes subventions	484 147	477 414	527 260	679 253	784 893	989 776	1 045 910	1 332 961	1 729 704	1 739 800
% du total	24	22	20	22	15	15	10	11	11	10
Total **Toutes subventions**	2 055 459	2 128 157	2 654 273	3 135 840	5 274 299	6 448 608	10 256 266	12 125 633	15 276 936	16 952 000

(x) Comprend les subventions au Centre national des arts.

Rappelons que le montant total alloué au CNA se répartit entre diverses activités de la scène (musique, opéra, danse et théâtre) et l'administration du centre lui-même. Rappelons également que pour la seule section de théâtre, double (anglaise et française), la subvention a compté pour $2 460 000, ce qui rejoint presque la somme consacrée au Service du théâtre du Conseil des Arts pour la province du Québec, c'est-à-dire $3 128 500. Et si, de ce dernier montant, est retranchée la part versée à l'École nationale de théâtre, maison d'enseignement spécialisé de stature nationale et non organisme de production comme tel, soit $990 000, il reste la somme de $2 138 500, un solde inférieur réparti entre cinquante-trois groupes différents.

De son côté, la direction du CNA rétorquait (face aux critiques acerbes, en particulier des autres compagnies du pays) que l'assistance reçue n'est en réalité que de $1 460 000. Un million additionnel a été accordé spécialement pour l'implantation d'une compagnie de tournée à l'échelle du Canada.

Or, une simple mise en parallèle de ce dernier montant de $1 460 000 avec la totalité des octrois versés au Théâtre institutionnel au Québec, catégorie de théâtre comparable, par le Conseil des arts, soit $1 522 000, laisse voir une égalité quasi parfaite[23]. L'exemple du Centre national des arts illustre élo-

---

23. Un bref regard jeté sur la programmation offerte par la section française du Centre national des arts illustre sans équivoque le modèle culturel auquel la maison se rattache. Il s'agit du répertoire éclectique et international. Les quatre œuvres au programme sont : *Un simple soldat* de Marcel Dubé ; *Arlequin, valet de deux maîtres* de Goldoni ; *Madame Filoumé* d'Édouardo de Philippo ; *Le Cid* de Pierre Corneille. Saison 1978-79.

Quatre œuvres classiques de nationalités différentes, incluant un texte québécois du dramaturge qui est devenu le premier des classiques d'ici.

L'objectif du Centre, en matière de théâtre, est d'établir une compagnie de tournée à l'échelle du pays, de devenir en quelque sorte un théâtre national. Déjà en 1967, après dix ans d'activités, le Conseil des arts en arrivait à dire «qu'un théâtre canadien, pour être vraiment national, devait atteindre un public national, même s'il fallait en pratique fractionner ce public en plusieurs publics régionaux.» (Rapport annuel 1966-67, page 23). Douze années plus tard, l'implantation du Centre, compagnie de tournée pan-canadienne, reprend la première partie de cette assertion : il atteindra un public national avec du répertoire de toutes nations. Est-ce cela un théâtre canadien ?

Dans la seconde partie de son énoncé de 1967, le Conseil des arts faisait montre d'une nécessité de régionalisation. Douze ans plus tard, l'importance des crédits octroyés au CNA de la part du Secrétariat d'État vient en quelque sorte atténuer, voire nier cette dimension. Du coup, il est aisé de se rendre compte que l'action du Conseil des Arts et celle du Secrétariat d'État peuvent entrer en contradiction.

TABLEAU II

Mode d'assistance aux arts du spectacle du Canada
par Frank T. Pasquill.
Tableau : Subventions de toutes les sources traditionnelles combinées
(au Conseil des arts, aux provinces, aux municipalités).
Subventions aux entreprises de spectacle d'après le genre artistique.

	1961-62	*1962-63*	*1963-64*	*1964-65*	*1965-66*	*1966-67*	*1967-68*	*1968-69*	*1969-70*	*1970-71*
Opéra										
Subventions	133 139	133 500	195 314	192 627	250 540	380 855	626 065	737 807	851 313	775 730
% du total	7	6	7	6	5	6	7	7	7	6
Musique										
Subventions	853 037	884 164	988 500	1 133 572	1 617 601	2 139 719	2 985 932	3 585 711	4 230 598	4 627 883
% du total	42	42	38	38	33	36	35	36	36	35
Danse										
Subventions	271 500	281 500	400 630	426 750	728 930	993 112	1 368 147	1 630 460	1 877 689	1 918 754
% du total	13	13	15	14	15	17	16	16	16	14
Théâtre										
Subventions	786 783	820 995	1 043 590	1 247 561	2 318 923	2 430 325	3 654 020	4 178 283	4 844 664	6 058 880
% du total	38	39	40	42	47	41	42	41	41	45
Total										
Subventions globales	2 044 459	2 120 159	2 628 034	3 000 510	4 915 994	5 943 011	8 634 164	10 132 261	11 804 264	13 381 247
% du total	100	100	100	100	100	100	100	100	100	100

quemment la croissance rapide, l'importance accrue du rôle du
Secrétariat d'État dans l'assistance financière aux arts en général
et au théâtre en particulier.

L'intervention du Secrétariat d'État, créature politique, est
toujours susceptible d'obéir à des idéaux strictement politiques.
À l'époque, la plupart des observateurs, de métier ou autre, se
félicitèrent de l'existence d'un organisme autonome comme le
Conseil canadien des Arts. Ces mêmes personnes blâmèrent, par
ailleurs, le Québec de lui avoir préféré un Ministère des Affaires
culturelles, beaucoup plus sujet à être déterminé par les objectifs
du pouvoir politique. Avec le temps et en dépit des pressions, le
gouvernement provincial a conservé sa structure. De son côté, le
fédéral, en accroissant le rôle du Secrétariat d'État, réduisait
celui du Conseil des Arts malgré le fait que, en théorie, l'un et
l'autre n'étaient pas censés œuvrer sur le même plan.

Toujours dans les préliminaires, il importe de signaler que
parmi les entreprises de spectacle, le théâtre était et demeure
une des mieux nanties, à quelque niveau des pouvoirs publics
que ce soit. Le Rapport Pasquill nous montre (Tableau II, page
suivante) que pour l'ensemble du Canada, toutes sources traditionnelles d'aide réunies pour l'ensemble des trois paliers gouvernementaux, le théâtre a reçu entre 38% (1961-62) et 48% (1970-71).

Subventions aux entreprises du spectacle d'après le genre artistique
— Conseil des arts du Canada

	71/72	72/73	73/74	74/75	75/76	76/77	77/78
Opéra et musique	3 687	4 243	4 764	5 504	6 964	7 733	8 012
Danse	1 315	1 617	1 976	2 304	4 119	2 569	3 842
Théâtre	4 008 44,4%	3 903 39,9%	4 358 36,1%	4 816 34,5%	7 235 35,9%	7 818 37,5%	9 464 39,1%
Explorations	—	—	500	513	616	647	693
Office des tournées	—	—	465	809	1 200	2 027	2 192
Total	9 010	9 763	12 063	13 946	20 134	20.794	24 203

Note. Ces statistiques, données en milliers de dollars, ont été recueillies dans
les rapports annuels du Conseil des arts du Canada ; elles s'appliquent à l'échelle
du pays. Seul le pourcentage alloué au théâtre a été calculé pour les besoins
du présent travail. Le tableau suivant viendra dégager la part allant au Québec.

La même répartition se vérifie pour la décennie suivante, à des degrés divers, pour chaque niveau gouvernemental. Pour le seul Conseil des Arts, le rapport est presque identique. De 1971 à 1978, la part allouée au théâtre a varié entre 44% (1971-1972) et 34% (1974-1975).

Pour les cinq dernières années, le Conseil des Arts du Canada a dirigé plus de 30% de ses subventions au théâtre vers la province de Québec. Auparavant, il n'en allait pas différemment.

Année	Subvention totale		Part allouée au Québec	Pourcentage
1974/75	4 816 000	100%	1 866 230	38,64%
1975/76	7 235 000	100%	2 536 010	35,05%
1976/77	7 818 000	100%	2 961 050	38,02%
1977/78	9 464 000	100%	3 120 535	32,97%
1978/79	8 335 870	100%	3 131 000	37,56%

La part versée au Québec semble, à première vue, fort importante, entre 32 et 38%. Elle dépasse largement la représentation de la population de la province en regard de celle du Canada. Le Rapport Pasquill note que, pour la décennie soixante, elle compte pour 28% des habitants du pays. Par la suite, pour les années soixante-dix, le pourcentage n'a diminué que de quelques dixièmes [24]. Ce que confirment les recensements officiels.

Est-il possible d'avancer l'hypothèse suivante: le fort pourcentage alloué au Québec constituerait un indice ferme de la qualité du développement de la dramaturgie québécoise des dernières années, en soi et en regard de l'ensemble du Canada? L'hypothèse ne trouve-t-elle pas un certain appui lorsque la participation du Québec est examinée? Dès lors, il apparaîtrait que la part versée au théâtre dans le secteur des arts d'interprétation au Ministère des Affaires culturelles occupe une place inférieure, comme nous le révèle le tableau qui suit.

---

24. Recensement 1971: Canada: 21 568 310; Québec: 6 027 765, soit 27,94%. Recensement 1976: Canada: 22 992 605; Québec 6 234 445, soit 27,11% (selon Statistiques-Canada).

le théâtre
de la marmaille

LES PICHOUS   LES PICHOUS   LES PICHOUS   LES PICHOUS   LES PICHOUS

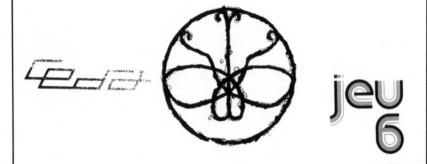

jeu 6

Le Théâtre de La Rallonge
présente

En 1979, quatre troupes, un organisme de services et une revue de théâtre se regroupaient pour former le Centre de théâtre du Centre-ville. Le projet était beau mais il ne se concrétisa pas.

Subventions au théâtre : Ministère des Affaires culturelles (Qué.)

Année	Total	Enseignement	Soutien	Théâtre	%
	Subvention totale aux arts d'interprétation				
1974/75	10 107 500	4 267 500	5 840 000	1 182 250	20,24%
1975/76	13 231 100	5 541 400	7 689 700	2 069 700	26,91%
1976/77	15 571 100	7 783 300	7 787 800	2 524 700	32,41%
1977/78	18 754 300	7 307 500	11 446 800	3 122 900	27,37%
1978/79	20 968 900	8 415 300	12 553 600	3 213 875	25,6%

Le pourcentage est ici calculé en regard des fonds octroyés au soutien des arts d'interprétation. La distinction soutien/enseignement est capitale. Le MAC défraie en totalité les coûts occasionnés par les divers conservatoires provinciaux d'art dramatique et de musique.

Si l'hypothèse soulevée ici se trouve confirmée par l'histoire culturelle et théâtrale du Québec (ce qu'au passage j'aurai l'occasion de souligner plus loin dans cet ouvrage), elle ne saurait être mise en exergue de façon trop hâtive. En regard de l'ensemble de l'activité théâtrale au Canada, celle du Québec marque indiscutablement le pas en raison des circonstances sociales, historiques et politiques [25].

Ces statistiques, qui confirment à première vue la conclusion du professeur Pasquill à l'effet que c'est le Conseil des arts qui donne le ton, doivent être minutieusement scrutées et détaillées à la lumière de la répartition provinciale Enseignement/Soutien en matière d'arts d'interprétation.

Ceci nous amène à ré-examiner le tableau illustrant la participation du Conseil canadien des arts pour le Québec. Les subsides comprennent une importante subvention à l'enseignement, plus précisément à l'École nationale de théâtre, sise à Montréal mais d'envergure nationale. L'assistance financière à cette école compte pour approximativement 30% de la somme donnée au Québec. Une juste mise en parallèle des interventions

---

25. Suite à la conquête, la population française se repliera sur elle-même afin de protéger son identité française et catholique (idéologie de conservation formulée jusqu'au présent siècle par le Chanoine Lionel Groulx). Peu à peu le peuple sentira le besoin d'exprimer culturellement une identité qui lui est propre, ce que les anglophones n'éprouvaient pas, ne se sentant nullement menacés par un contexte dans lequel ils se reconnaissaient, contrairement aux francophones. D'où développement plus rapide en matière de théâtre comme ailleurs d'une culture autochtone.

du fédéral et du provincial ne saurait aller sans une soustraction des deux côtés, non pas d'un seul, des parts versées aux maisons d'enseignement spécialisées [26].

Une fois ce réajustement effectué, le pourcentage dévolu par Ottawa au Québec chute de 10%. Alors qu'il variait de 32 à 28%, il oscille maintenant entre 23 et 26%, chiffre qui se révèle parfaitement comparable à celui du Ministère des Affaires culturelles d'une part et en conformité avec le partage de la population du pays, de l'autre.

Subventions au théâtre : Conseil des arts du Canada				
Année	*Subvention totale*	*Enseignement*	*Soutien-Québec*	*%*
1974/75	4 816 000	581 000	1 279 530	26,56
1975/76	7 235 000	802 500	1 733 510	23,96
1976/77	7 818 000	883 000	2 089 750	26,72
1977/78	9 464 000	925 000	2 186 935	23,10
1978/79	8 335 870	990 000	2 138 500	25,65

L'hypothèse avancée plus tôt tombe-t-elle automatiquement? Il est certain que l'argument invoqué à son appui ne tient plus, à la lecture de ce second tableau. Quant à l'hypothèse elle-même, il convient, pour l'instant, de la mettre en veilleuse. J'aurai l'occasion d'y revenir lors de l'analyse détaillée des subventions.

Un rapide coup d'œil du côté du Conseil des arts de la région métropolitaine suffit à nous montrer que le théâtre y occupe une place plus grande. L'action du Conseil métropolitain est toutefois beaucoup plus limitée que celle de ses pairs provincial et fédéral. Il s'intéresse à seulement six secteurs qui sont, par ordre d'importance, le théâtre, la musique, les arts plastiques, le ballet, le cinéma et la diffusion, la littérature. Je donne seulement ici le montant alloué au théâtre en regard des subsides totaux dont dispose le Conseil de Montréal.

---

26. Constamment lors de l'analyse détaillée des octrois gouvernementaux, je serai amené à isoler, dans une catégorie à part, l'École nationale de théâtre. La distinction est primordiale. Sans elle, les totaux des sommes versées aux diverses pratiques du théâtre sont gonflés, spécialement au Conseil fédéral des arts, duquel ressort au premier chef cette maison d'enseignement spécialisée. Je re-préciserai cette question au début du chapitre suivant.

Subventions au théâtre : Conseil des arts de Montréal			
Année	Subvention totale	Subvention au théâtre	Pourcentage
1974/75	689 014	249 500	36,2%
1975/76	744 244	269 500	36,2%
1976fl77	1 014 119	376 500	37,1%
1977/78	1 180 033	465 000	39,2%
1978/79	1 290 362	506 500	39,2%

Nous en venons à l'énoncé des subventions détaillées, soit celles accordées à chaque groupe de théâtre par chaque palier gouvernemental. Par groupe, j'entends ici les compagnies, troupes ou coopératives de théâtre, énumérées individuellement dans l'ordre où elles apparaissent au chapitre de l'assistance de l'État. La présente nomenclature n'est rien d'autre qu'une liste sèche, agrémentée de quelques considérations générales. L'analyse de détail suivra au Chapitre III, à la lumière de l'essai de catégorisation des pratiques du théâtre au Québec (Chapitre I).

Chacun des tableaux généraux donnés à la fin du livre, comprend toutes les subventions accordées à des groupes de théâtre, ce qui exclut les individus, dont il était trop compliqué de tenir compte ici et ce qui nous aurait amené à dépasser largement le cadre de ce travail. Chaque liste se termine par le montant total des subventions allouées et le nombre de groupes touchés.

Du côté fédéral : Conseil canadien des arts*

Le Conseil canadien des arts, depuis vingt-deux ans, a prêté assistance à trois groupes en 1957-58 et cinquante-six en 1977-78, l'année où il a aidé le plus de maisons de théâtre œuvrant dans la seule province de Québec. Il a donc soutenu en moyenne 19,45 groupes par an. Seules les six dernières saisons se situent au-dessus de cette ligne médiane.

---

* Voir les statistiques détaillées à la fin : Annexe 1, pages 281 à 386.

Du côté des montants octroyés, l'éventail commence à $65 000 la première année (1957-58) et se termine à $3 131 000 (1978-79). La moyenne annuelle se chiffre à $1 071 477. Le million est atteint et dépassé depuis 1970-71. Pour l'ensemble des activités du Conseil canadien, chaque organisme a reçu en moyenne $55 088.

Le montant est impressionnant à première vue. En réalité, il ne veut pas dire grand-chose à ce stade de la lecture de l'argent distribué. Il permet toutefois de constater qu'un nombre fort restreint de praticiens-producteurs bénéficie de sommes supérieures à la moyenne. Ce sont L'École nationale de théâtre depuis 1964-65, le Théâtre du Nouveau-monde depuis 1965-66, le Rideau-vert depuis 1966-67, le Centaur et le Trident depuis 1971-72, le Théâtre populaire du Québec et le Festival de Lennoxville depuis 1974-75 ; enfin, depuis 1975-76, le Quat'sous, la Compagnie Jean Duceppe, le Saidye Bronfman et le Théâtre d'Aujourd'hui. Et ces sommes, dans le cas de quelques-uns, sont de beaucoup supérieures au chiffre moyen. De ces onze maisons, neuf font partie de ce qu'il est convenu d'appeler le Théâtre institutionnel. C'est dire la presque totalité des membres de ce groupe.

À titre d'information complémentaire, il est bon d'extraire du tableau général qui précède les sommes venant des canaux mis sur pied à partir de 1973-74, soit l'Office des tournées et le Programme Explorations. La distinction est intéressante, même si l'analyse subséquente traitera toujours de la totalité des fonds versés par l'État, sans distinction de provenance, sauf s'il s'agit d'institutions différentes et de pouvoirs publics différents.

Ces deux programmes d'appoint du Conseil canadien des arts touchent tous les arts d'interprétation. Je ne retiens ici que les subventions allouées au théâtre pour la seule province de Québec. Il s'agit de sommes assez peu importantes.

Office des tournées

Comme son nom l'indique, l'Office vient en aide aux groupes qui veulent effectuer des tournées en dehors de leurs activités normalement prévues. Il peut prêter assistance même aux compagnies de tournées comme telles, à condition que ces dernières s'attaquent à de nouveaux circuits. C'est essentiellement un programme de diffusion, tant dans les grandes villes du pays que dans les localités de moindre importance.

Montant alloué — Organisme bénéficiaire

1973-74
$100 000 : Comédie française (accord culturel Canada-France)[27]
    4 667 : Théâtre de l'Arabesque, Beloeil
    4 730 : Théâtre populaire du Québec

1974-75
    2 000 : Centaur Theatre
    6 500 : Jeunes comédiens du Théâtre du Nouveau monde
15 000 : Théâtre des Pissenlits
    5 000 : Théâtre populaire du Québec

1975-76
25 000 : Compagnie Jean Duceppe
10 000 : Compagnie Les Deux chaises
15 850 : Théâtre des Pissenlits

1976-77
30 000 : Centaur Theatre
25 000 : Compagnie Jean Duceppe
    1 800 : Mime Claude Saint-Denis
    9 900 : Théâtre Parminou
23 000 : Théâtre des Pissenlits
    6 000 : Théâtre populaire du Québec

1977-78
40 000 : Centaur Theatre
16 800 : Compagnie Les Deux chaises
31 500 : Festival de Lennoxville
50 000 : Théâtre populaire du Québec
    3 135 : Théâtre de l'Atrium

Une première appréciation globale permet de constater qu'une bonne part des ressources de l'Office des tournées est octroyée à des groupes connus, qu'ils appartiennent au Théâtre institutionnel (c'est le cas de plus de la moitié) ou au Jeune théâtre pour grands et petits.

---

27. Le montant versé pour la tournée de la Comédienne française n'apparaît pas dans le tableau général des subventions en Annexe I parce qu'il ne s'agit pas d'un groupe du Québec. Tous les autres montants sont inclus dans les subventions totales que chacun des groupes concernés reçoit.

Explorations

Non seulement le programme Explorations s'adresse-t-il à tous les arts d'interprétation, mais il touche tous les secteurs d'activités du Conseil des arts et vient en aide davantage aux individus qu'à des groupes. Je ne retiens ici que les groupes.

« Rappelant que la mission principale du Conseil des arts, selon sa loi constitutive, consiste à stimuler chez les Canadiens l'expression libre par la voie des arts, le Conseil a mis de l'avant l'objectif de l'art de tous et pour tous. » (Rapport annuel 1973-74, page 17) [28]. Dans cette perspective, Explorations vise à encourager les initiatives qui ne peuvent bénéficier des autres programmes. L'aide est déterminée par un jury. Nul n'est exclu, au départ, de ce programme, très certainement le plus accessible et le plus permissif de tous. Les sommes accordées demeurent cependant toujours extrêmement modestes. En théâtre, les bourses Explorations ont régulièrement permis à une troupe d'obtenir sa première subvention. On sait qu'un organisme, à sa première année, ne peut bénéficier des octrois du Service du Théâtre du Conseil, qui exige une pratique préalable à toute forme d'assistance.

« L'objectif de l'art de tous pour tous » est à prendre avec réserves. Certes, le programme Explorations est le plus permissif de tous, mais cela ne signifie nullement qu'il soit motivé par la volonté de favoriser l'art de/pour tous qui serait, en matière de théâtre, un véritable théâtre populaire. Disons que l'expérience montre plutôt qu'il se tourne vers les individus et groupes peu connus, auxquels les programmes plus importants ne sont pas ouverts.

Montant alloué — Organisme bénéficiaire

1973-74

$3 000 : Atelier Studio-Kaléidoscope
 2 400 : Centre du Théâtre d'Aujourd'hui
 2 925 : Fondation du Théâtre d'environnement intégral
 3 000 : Théâtre d'auteur, *Macbeth*, Montréal
 5 000 : Théâtre de la Commune

---

28. Il n'est pas superflu de mentionner que pour mener à terme la présente étude, j'ai bénéficié d'une bourse de cette nature.

1974-75

1 830 : Atelier de marionnettes d'Alma
5 000 : Atelier Studio-Kaléidoscope
4 450 : Beggar's Workshop Theatre
5 000 : Black Theatre Workshop
5 000 : Théâtre l'Eskabel
5 000 : Eve Memorial Productions
6 000 : Fondation du théâtre d'environnement intégral
6 000 : Théâtre La Veillée
4 000 : Théâtre national de mime du Québec
5 000 : Théâtre Parminou
2 500 : Théâtram

1975-76

2 500 : Marionnettes Mérinat
2 500 : Montreal Theatre Lab.
5 000 : Black Theatre Workshop
5 000 : Troupe La Rallonge
5 000 : Théâtre du Bonhomme sept-heures
5 000 : Théâtre dans l'œuf
5 000 : Théâtre expérimental de Montréal
2 500 : Théâtre Les Gens d'en bas
2 500 : Théâtre de l'œil
5 000 : Théâtre de l'Estèque
5 000 : Théâtre populaire d'Alma
5 000 : Les Voyagements

1976-77

5 000 : Atelier La Grosse Valise
5 000 : Théâtre Le Caroussel
5 000 : Les Enfants du Paradis
5 000 : La Gang des Autobus (Théâtre de l'Équinoxe)
3 950 : Théâtre de l'Abat-jour
5 000 : Théâtre du Clin d'œil
5 000 : Théâtre de la Gaspésie
5 000 : Théâtre Lacannerie

1977-78

5 000 : Théâtre en l'Air (Théâtre de quartier)
5 000 : Coopérative La Bascule
4 000 : Théâtre de la Commune
5 000 : Théâtre de l'Entrecorps

Une constatation s'impose: presque tous les praticiens regroupés dans ce programme ont continué de faire du théâtre après avoir reçu une aide d'Explorations et plusieurs d'entre eux, par la suite, ont bénéficié d'une assistance plus substantielle du principal canal du Conseil, le Service du théâtre. Tous ces organismes, sauf le Théâtre d'Aujourd'hui, appartiennent à ce que nous avons défini comme les trois catégories du Jeune théâtre:

UN PEU D'HISTOIRE...

LA FONDATION DE LA TROUPE REMONTE A L'ETE 73

1973: MÉDÉE, ADAPTATION D'UNE OEUVRE CLASSIQUE

1974: LES PORTEURS D'EAU,

PREMIERE CREATION COLLECTIVE, PRISE DE PAROLE SUR
LE THEME DU PAYS

1975: Les Marchands de Ballounes,

CREATION COLLECTIVE TRAITANT DU PEUPLEMENT ET DU DEPEUPLE-
MENT DE L'EST DU QUEBEC.

Drelin, Drelin, Noel s'en vient!,

COURT SPECTACLE SUR LA CONSOMMATION DU TEMPS DES FETES

1976: C'est la loi, au suivant!,

SPECTACLE MONTE EN COLLABORATION ET POUR L'UNION DES
ASSISTES SOCIAUX DE LA REGION

1979: On est parti pour rester.

Les Gens d'en Bas, une troupe de métier engagée et établie à Rimouski.

le théâtre de laboratoire, le théâtre pour enfants et le jeune théâtre pour adultes. Des quarante groupes mentionnés pour les cinq années du programme, quatre ont obtenu, à deux reprises, des fonds d'Explorations. Quatorze n'ont jamais bénéficié par la suite de l'aide du Service du théâtre. De ce nombre, la majorité continue d'être en activité créatrice et quelques-unes ont une existence récente. Enfin, huit maisons ont trouvé assistance au Service du théâtre à une occasion alors que les dix autres se sont vu aidés chaque année depuis l'attribution d'une première bourse Explorations.

Du côté provincial : Ministère québécois des Affaires culturelles*

Pendant ses dix-huit années d'existence, le Ministère des Affaires culturelles a vu ses sommes consacrées au théâtre passer de $120 940 en 1962-63 à $3 227 395 en 1978-79. Ces montants ont été distribués à 15 groupes au minimum (1961-62 et 1970-71) et à 101 au maximum (1978-79). Pour toute cette période, 600 subventions ont été octroyées à plus de 150 organismes différents. Certains ont reçu une assistance financière chaque année depuis le début alors que d'autres n'en ont bénéficié qu'une seule fois. La majorité a été subventionnée à quelques reprises, et ce essentiellement ces quatre dernières années.

La moyenne année-groupes se situe à 33,3. Ce chiffre ne doit cependant pas être pris de façon absolue. Seules les quatre années les plus récentes, de 1975-76 à 1978-79, ont dépassé cette ligne médiane. De fait, pour cette période uniquement, le MAC a rejoint plus de maisons de théâtre que dans les quatorze années qui ont précédé : 311 en comparaison de 289. C'est aussi à partir de cette période que le MAC a véritablement commencé de se renseigner sur ce qui existait en la matière et qu'il a entrepris de mettre sur pied un véritable service de théâtre.

Fait à signaler, c'est également dans la première de ces quatre saisons que le montant total alloué au théâtre a été doublé. Il est passé de $1 182 250 en 1974-75 à $2 069 700 en 1975-76. Cette année financière coïncide avec la parution en mai 1976 du Livre vert *Pour l'évolution d'une politique culturelle* de Jean-Paul l'Allier, alors ministre des Affaires culturelles. Par la suite, les hausses ont continué, avec la venue au pouvoir du Parti québécois, en novembre de la même année.

Fau-til parler de réforme ou simplement d'effort d'organisation véritable, laissant présager, dans ce second cas, que jamais l'action du Ministère par rapport au théâtre n'avait été vraiment structurée et sérieuse auparavant? La question est prématurée bien que certains éléments laissent présager une réponse affirmative : de la démission intempestive de Georges-Émile Lapalme en 1963 au poste de ministre des Affaires culturelles au constat plutôt négatif posé dans le Livre vert de mai 1976.

Une réserve nous semble toutefois devoir être énoncée immédiatement. À la lumière du tableau tiré du Livre vert mettant en parallèle le budget du Québec et celui du Ministère des Affaires culturelles (tableau repris plus tôt dans ce chapitre et complété de 1976 à 1980), il apparaît clairement que si les sommes investies dans les Affaires culturelles ont augmenté de façon importante durant la décennie soixante-dix, les pourcentages eux n'ont pas changé d'un iota. Ainsi en 1980 comme en 1960, le Ministère ne reçoit que 0.45% du budget de la province. Avec le recul, tous s'accordent pour dire qu'il devait se contenter de la part du pauvre. À l'heure actuelle, les taux étant les mêmes, la situation a-t-elle vraiment évolué?

En dix-huit ans, le MAC a versé $19 048 206 au théâtre pour une moyenne annuelle de $1 058 233. Le chiffre moyen de la subvention par saison et par groupe se situe donc à $31 778. Comme on le remarquait plus tôt dans le chapitre en exposant les données pour le Conseil canadien des arts, un tel montant est trompeur dans le mesure où l'on saisit qu'il constitue une moyenne à la fois véritable et fausse. En effet, une portion infime des organismes subventionnés jouit de sommes supérieures à la moyenne. Ce groupe restreint, dans la majorité des cas, reçoit des montants de beaucoup plus élevés que la moyenne. Pour la dernière année par exemple, seulement une quinzaine de maisons appartiennent à ce petit nombre.

Un rapide survol permet de constater que ces quinze compagnies ont accédé à ce petit nombre de privilégiés à des moments très différents: 1964-65, Théâtre du Nouveau Monde, Rideau-vert, Théâtre populaire du Québec et École nationale; 1966-67,

Nouvelle compagnie théâtrale; 1969-70, Trident et Association québécoise du Jeune théâtre; 1974-75, Patriote et Compagnie Jean Duceppe; 1975-76, Théâtre Les Pissenlits, Théâtre d'Aujourd'hui et de Quat'sous; 1976-77, Centaur; 1978-79, l'Atrium et le Saidye Bronfman. La plupart de ces institutions faisaient déjà partie des groupes les plus subventionnés du Conseil canadien des arts et appartiennent au théâtre institutionnel.

Comme je l'ai fait pour le Conseil canadien des arts, je veux isoler des tableaux généraux des subventions certains programmes spéciaux que le MAC a créés depuis deux ans. Je crois utile d'en livrer le détail même si, par la suite de l'étude, je ne distinguerai pratiquement pas les provenances des octrois étant donné que ces programmes spéciaux ne comptent que pour une proportion minime. Pour la saison 1978-79 par exemple, année où ces programmes commencent à se structurer tout à fait, le MAC a accordé $194 700 au théâtre en regard des $3 032 200 octroyé au programme général habituel.

Quatre nouveaux programmes ont été mis sur pied par le Ministère, les deux premiers en 1977-78 (Aide à la diffusion et aide aux immobilisations) et les deux autres en 1978-79 (Aide au développement du répertoire et aide aux échanges de service professionnel). Ces quatre nouveaux champs de subventions visent les projets spéciaux s'ajoutant aux activités habituelles des groupes de théâtre.

Aide à la diffusion

Mini-office des tournées, le programme a pour but de permettre la diffusion dans des centres autres que les plus importants, habituellement favorisés à ce chapitre, ou encore de rendre possible à une troupe la présentation d'activités à l'extérieur de son réseau normal.

Le Théâtre de l'Atrium

TOURNÉE DE LA SAISON 80-81

SAISON 80 - 81

AUTOMNE 80:

"Une journée dans la vie de Jacques Larivière",
Comédie en texte, chansons, chorégraphies
De: Yvon Lelièvre
Musique: Yves Labbé
Mise en scène: Robert Duparc

PRINTEMPS 81:

"Salut Galarneau!"
D'après le roman de Jacques Godbout
Adaptateur: Denis Chouinard
Musique: Yves Labbé
Mise en scène: Yvon Lelièvre

"Histoire d'une "date" entre Sylvie et Louis
un vendredi soir." de Yvon Lelièvre   Saison 79 - 80

Mme Corriveau de Victor Levy Beaulieu
Saison 78 - 79

Saison Jean Barbeau 79 - 80
"Le Théâtre de la Maintenance"

L'Atrium, une troupe de métier travaillant pour les adolescents.

1977-78

$ 1 200 : Les Gens d'en bas, Rimouski
54 700 : La Tournestrie, Sherbrooke (non uniquement centrée sur le théâtre)
15 300 : Compagnie de Quat'sous
 4 700 : Compagnie des Deux Chaises
 9 500 : Compagnie Jean Duceppe
 8 800 : Théâtre du Nouveau Monde

1978-79

 4 600 : Groupe Téâtram, Jonquière
27 000 : Centre du Théâtre d'Aujourd'hui
 4 500 : Compagnie Jean Duceppe

Cette courte liste amène à conclure que le programme d'aide à la diffusion n'en est encore qu'à ses débuts au MAC.

Aide aux immobilisations

L'objectif de ce programme est d'aider les organismes de théâtre à se doter de certains équipements techniques nécessaires à la production de leurs spectacles. Les possibilités sont vastes bien que les budgets restent limités. Les octrois sont accordés pour l'acquisition et l'aménagement d'un nouveau théâtre, aussi bien que pour le simple achat de matériel de scène. On se rappellera par exemple qu'au cours de l'exercice financier 1975-76, le ministère appuyait le projet d'achat du Théâtre Denise-Pelletier (ex-cinéma Granada) situé rue Sainte-Catherine, dans l'est de Montréal. Le montant déboursé alors s'élevait à $3 513 000 dollars, somme importante, haussée lors du dernier exercice financier 1978-79 de $165 000 en raison d'un surplus de dépenses par rappport au coût de $2 millions prévu originalement. La subvention est versée sur une période de plusieurs années, allant jusqu'en 1986-87.

Autre exemple d'importance ; l'État provincial a accordé une somme de $450 000 pour l'aménagement d'une nouvelle salle de spectacles pour le Centre culturel Le Patriote. La subvention a été versée au cours de l'exercice financier 1979-80.

1977-78

$ 2 500 : Troupe de théâtre La Gang des autobus (L'Équinoxe)
84 700 : Grand théâtre de Québec (non uniquement pour du théâtre)
10 000 : Troupe de l'Atelier, Sherbrooke
45 000 : Centre d'essai Le Conventum
351 300 : Nouvelle compagnie théâtrale (réparti sur plusieurs années)
7 900 : Centre du théâtre d'Aujourd'hui
4 400 : Théâtre de l'Oeil
4 500 : Société culturelle du Lys (La Dame de cœur)
23 000 : Théâtre de par chez-nous, Rouyn
18 000 : Théâtre du cuivre, Rouyn

1978-79

$50 000 : Théâtre du Bois de Coulonge, Québec
4 500 : Atelier de recherche théâtrale l'Eskabel
4 500 : Théâtre de carton, Longueuil
4 500 : Corporation du Théâtre Soleil, Boucherville
7 300 : Troupe de théâtre de l'Atrium, Montréal

Aide au développement du répertoire

Nouveau programme de l'exercice 1978-79 dont le but est de favoriser le développement de la dramaturgie québécoise, l'Aide au répertoire veut permettre aux organismes de se bâtir un fonds de recherche et de création dramatique. Pour la première année, le montant maximal de la subvention a été fixé à $4 500 et $54 200 dollars ont été consacrés au programme. Il s'agit d'une somme modeste. Seules les années à venir diront l'importance ou non et l'impact d'une telle forme d'assistance.

1978-79

$2 000 : Théâtre de l'Estèque, Beauceville-est
4 000 : Théâtre du Chiendent, Drummondville
2 000 : St-Francis Theatre Co., Lennoxville
4 200 : Théâtre du Cent neuf, Sherbrooke
4 500 : Centre du Théâtre d'Aujourd'hui, Montréal
4 500 : Théâtre tout court, Montréal
3 000 : Théâtre de l'Avant-pays, Montréal
4 000 : La Bascule, coopérative de théâtre, Montréal
4 500 : Compagnie de théâtre Le Carroussel, Greenfield Park
3 000 : Centre d'information et de théâtre Le Gyroscope, Montréal
4 500 : Théâtre de l'Oeil, Montréal
4 500 : Théâtre de quartier, Montréal
4 500 : Théâtre expérimental de Montréal
4 500 : Théâtre de la Grande réplique, Montréal

Aide aux échanges de services professionnels

Mis en place en même temps que le précédent, ce programme en est essentiellement un d'échanges entre grands et jeunes groupes professionnels, entre artisans de théâtre et avec des artistes de disciplines connexes pertinentes au fonctionnement d'une maison de théâtre. Ces échanges doivent constituer un apport pour l'ensemble du milieu et pour les formes théâtrales. Pour la première année d'opération, le MAC a consacré $33 575 à cette forme d'aide.

1978-79

$1 500 :	Le Groupe Taratapomme, Rimouski
1 500 :	Théâtre populaire d'Alma
2 500 :	Université du Québec à Chicoutimi
2 500 :	Théâtre du Trident, Québec
2 000 :	L'Aubergine de la Macédoine, Lorretville
2 500 :	Théâtre de l'Estèque, Beuceville-est
2 000 :	Productions pour enfants du Québec
2 000 :	Le Sakatou, Québec
2 500 :	Productions sous le cap, Québec
2 000 :	Théâtre de l'Équinoxe, Québec
2 000 :	Productions Bebelle, Sherbrooke
2 500 :	Théâtre de la Marmaille, Longueuil
550 :	Théâtre populaire du Québec, Montréal
1 325 :	Association québécoise du Jeune théâtre
2 500 :	Théâtres associés de l'Outaouais, Hull
2 500 :	Théâtre de Coppe, Rouyn
1 200 :	Comédiens de l'Anse, Hauterive

Du côté municipal : Conseil des arts de la région métropolitaine*

Pendant ses vingt-deux années d'activités, le Conseil métropolitain des arts a vu ses octrois consacrés au théâtre croître de $11 000 en 1957-58 à $506 500 en 1978-79. De même le nombre de compagnies touchées est passé de deux en 1957-58 à 19 en 1977-78, pour retomber à 16 en 1978-79. Pour toute cette période, 200 groupes auront reçu des subventions de la ville de

* Voir les chiffres détaillés à l'Annexe I, pages 281 à 386.

Marionnettes et artisans du Théâtre de l'Avant-pays pour la production *Il était une fois en Neuve-France*, dirigé par Michel Fréchette et Diane Bouchard.

Montréal pour une moyenne de 9.09 organismes par année. En tout, le Conseil montréalais des arts aura versé $3 710 583 au théâtre pour un déboursé annuel moyen de $168 662. Ainsi chaque maison subventionnée aura bénéficié annuellement de $18 554 d'aide.

En regard des moyennes calculées précédemment pour les gouvernements fédéral ($54 748) et provincial ($31 721), la statistique au niveau municipal apparaît plutôt modeste. De même, le nombre de groupes subventionnés par rapport aux 19,45 par an du fédéral et aux 33,3 du provincial. Pas étonnant dès lors de constater que l'apport montréalais au théâtre reste passablement minime en regard de ceux de ses homologues fédéral et provincial. Pour ses vingt-deux saisons d'exercice, le Conseil des arts de Montréal a versé $3 710 583. Ce n'est guère supérieur aux sommes accordées par les deux autres pour le seul exercice financier 1978-79: $3 128 500 au fédéral et $3 203 875

PREMIER TABLEAU — SYNTHÈSE
STATISTIQUES GÉNÉRALES
(toutes subventions)

Palier gouvernemental	Années d'opérations	Groupes touchés	Moyenne de groupes subventionnés par année	Montant versé	Moyenne versée annuellement	Moyenne versée annuellement par groupe subventionné
Conseil des Arts d'Ottawa-fédéral	22	428	19 45	23 560 315	1 070 468	55 088
Ministère des Affaires culturelles du Québec-provincial	18	600	33 3	19 047 206	1 058 233	31 778
Conseil des arts de Montréal-municipal	22	200	9 09	3 711 583	168 571	18 554

au provincial. La contribution de la ville de Montréal aux arts en général et au théâtre en particulier est peu importante et pourrait certainement être accrue. Rappelons toutefois que Montréal est la seule ville du Québec à s'être dotée d'un Conseil des arts.

Lors de la dernière saison 1978-79, neuf des seize groupes ayant reçu des octrois ont bénéficié de subventions supérieures à la moyenne, certains, tels le Théâtre du Nouveau-monde, le Rideau-vert et le Centaur touchant quatre fois plus que cette moyenne. Ces trois compagnies ont des subsides dépassant les $18 552 depuis plus de dix ans: depuis 1964-65 au Rideau-vert; depuis 1958-59 au TNM (avec une exception de 1961 à 1965); depuis 1968-69 au Centaur. Les autres appartiennent au groupe des plus subventionnés depuis beaucoup moins longtemps: 1974-75 à la Nouvelle compagnie théâtrale et à la Poudrière: 1976-77 à l'École nationale, la Compagnie Jean Duceppe, le Centre Saidye Bronfman et le Théâtre de Quat'sous.

Fait à noter, ces neuf maisons sont les mêmes que l'on retrouvait dans les groupes des plus subventionnés tant au Conseil canadien des Arts qu'au Ministère des Affaires culturelles. Groupe appelé institutionnel et examiné plus avant. Constater que les mêmes groupes sont subventionnés de semblable façon indique-t-il des politiques similaires? Voilà indiscutablement une hypo-thèse que je serai amené à examiner au prochain chapitre.

Une première conclusion s'impose à la lecture des tableaux généraux et à la lumière de quelques constats préliminaires. À quelque palier gouvernemental que ce soit, les répartitions des subventions semblent unanimes. Quelques compagnies, une dizai-ne tout au plus, reçoivent la majeure partie des fonds publics alloués au théâtre. Tous les autres organismes, beaucoup plus nombreux, doivent se diviser le reste. Cette conclusion sera exa-minée en détail au chapitre III, à la lumière de l'essai de catégo-risation des pratiques de théâtre du Québec (chapitre I).

CHAPITRE III

Le discours des chiffres

Que fait l'État par rapport aux diverses pratiques théâtrales ?

Deux séries de tableaux occupent les pages de cette troisième partie qui accorde une large place à l'analyse statistique. La première fournit une vue générale de la question selon les catégories de théâtre au Québec, telles que définies au précédent chapitre. La seconde s'attache au détail de l'assistance consentie par l'État à l'intérieur de chacune d'elles.

Si j'ai choisi d'y aller en premier lieu d'un portrait général à l'aide des synthèses annuelles dégageant subsides et pourcentages dévolus à chaque sorte de théâtre par chacun des trois niveaux de gouvernements, c'est parce que, outre le fait qu'il situe bien le sujet, il permet de nous rattacher directement à l'hypothèse qui coiffait le premier chapitre.

Par la suite, il devient plus facile d'explorer les répartitions individuelles et de saisir à l'intérieur de chaque catégorie observée, quelle(s) compagnie(s), quelle(s), troupe(s) se trouve(nt) privilégiée(s) par rapport aux autres et partant quel(s) théâtre(s) les pouvoirs publics ont-ils davantage promu à travers les années. En somme, la question est simple : quelle a été l'action de l'État et quelle(s) conséquence(s) a-t-elle eu sur le développement du théâtre et de la dramaturgie québécoises ?

Avant de commencer l'analyse, précisons que deux catégories supplémentaires apparaîtront afin d'isoler les organismes qui ne sont pas des maisons de création et de production (telles les compagnies, troupes coopératives, cellules autogérées, etc.).

Il s'agit pour un premier cas des associations et services. Les plus importants sont Le Centre d'essai des auteurs dramatiques (réunion d'auteurs dont l'objectif est de promouvoir et diffuser des textes de théâtre), l'Association québécoise du Jeune théâtre, autrefois l'Association canadienne de théâtre amateur (regroupement de troupes de Jeune théâtre pour enfants et adultes, en majorité de type parallèle depuis quelques années). diverses organisations de festivals ainsi que le Centre Canadien de théâtre établi à Toronto[1].

---

1. À l'origine, le Centre canadien de théâtre se voulait un centre de diffusion d'envergure nationale. Toutefois, son action ne fut jamais vraiment effective

Le second cas est celui des écoles de formation spécialisée. J'isole dans une section à part l'École nationale de théâtre en raison de l'importance des sommes qui lui sont versées, spécialement de la part du Conseil des arts (environ 30% du budget du Service du théâtre).

Un tableau comparatif viendra illustrer la différence des pourcentages octroyés aux catégories selon que l'on tienne compte ou non de la part allouée à cette école. La distinction (voir le chapitre précédent) ne saurait être laissée pour compte si l'on veut comparer adéquatement l'intervention fédérale à la provinciale. On sait que le Ministère des Affaires culturelles de son côté subventionne en totalité ses propres maisons d'enseignement spécialisé, soit les deux Conservatoires d'art dramatique. Les subsides répartis à ce chapitre se situent dans une section isolée, hors du Service du théâtre, contrairement à ce qui existe à Ottawa. D'où l'obligation de distinguer si l'on veut établir des lignes de comparaisons équitables entre les deux gouvernements.

Signalons également que je réunis en une seule les deux catégories de Jeune théâtre pour adultes (professionnel et parallèle) afin de faciliter le calcul alors qu'il m'avait semblé essentiel dans un premier temps de les distinguer, pour des raisons idéologiques en particulier. Dans la mesure où les politiques des pouvoirs publics se révèlent similaires pour l'un et l'autre, la décision de les regrouper ne pose aucun problème majeur.

Enfin, toujours en matière de Jeune théâtre, il m'arrivera à quelques reprises d'en regrouper toutes les catégories (Laboratoire, Enfants-jeunesse, Adultes) et de les placer globalement en relation avec le Théâtre institutionnel. Nous serons alors vraisemblablement en mesure de mieux saisir le fossé qui les sépare, en matière d'attribution de subventions [2].

---

au Québec. C'est pourquoi récemment, fin mars 1979, on créait un Centre du théâtre québécois.

2. *Note.* Il est attendu que certains classements peuvent être jugés discutables ou approximatifs. Dès que l'on recule dans le temps, même si nous avons affaire

Panorama général au fil des années

Vingt-deux saisons, vingt-deux tableaux (vingt-deux années aux Conseils des arts d'Ottawa et de Montréal, dix-huit au Ministère des Affaires culturelles), vingt-deux vues synthétiques, voilà qui illustre clairement l'évolution des interventions des pouvoirs publics en matière de théâtre. La lecture des tableaux laisse voir des écarts marqués entre les catégories de théâtre et, partant, des choix de l'État[3].

Ainsi donc de 1957 à 1979, le Conseil des arts d'Ottawa a versé entre $30 000 (1957-58) et $1 592 400 (1977-78) au seul Théâtre institutionnel. Il a alloué $13 268 350 en tout, soit 56,34% de ses ressources à l'aîné des groupes praticiens de théâtre au Québec. Seize compagnies ont reçu des octrois (de 1 à 11 annuellement pour une moyenne de 9,8) donnés en 158 subventions. Chaque maison a donc été assistée tous les 2,2 ans.

Au ministère québécois des Affaires culturelles, les statistiques sont comparables. De 1961 à 1979, entre $66 500 (1962-63)

---

ici à un passé récent, il devient plus difficile de trouver des informations suffisantes qui permettent de classer à coup sûr certains groupes, surtout ceux n'apparaissant qu'à une ou deux reprises comme bénéficiaires des subsides de l'État. Exemple: 1963-64, le Centre théâtre (une seule année d'opération regroupant de jeunes comédiens professionnels); 1966-67-68, Instant Theatre Productions, etc. Nous croyons néanmoins (renseignements pris auprès des diverses instances et des organismes gouvernementaux eux-mêmes qui les ont subventionnés) que les classements effectués sont la plupart du temps justes et logiques. Les quelques exceptions, sujettes à caution, s'appliquent toujours à des groupes peu importants que l'histoire du théâtre, quand elle existe, n'a pas retenu.

3.   Vingt-neuf tableaux composent le panorama général. Les 24 premiers correspondent aux 24 années d'activités de l'État. Les 5 autres s'attachent aux sommes de 22 années étudiées et ce, de divers points de vue:

Tableau A — Synthèse des 22 années;

Tableau B — Même synthèse, cette fois les trois catégories de Jeune théâtre réunies;

Tableau C — Même synthèse, sans la part versée à l'École nationale de théâtre;

Tableau D — Rapport entre le nombre de subventions versées et le nombre de groupes différents bénéficiaires;

Tableau E — Rapport entre le nombre d'années d'activités de chaque gouvernement et la fréquence moyenne de subvention par groupe afin de déterminer à quel rythme chaque groupe a été aidé dans les diverses catégories.

Les 24 tableaux des synthèses-annuelles sont reportés à la fin — Tableaux 1 à 24, pages 284 à 307. Les cinq autres sont conservés dans la suite du texte, pages 138 à 142.

et $1 891 050 (1978-79). Les $13 473 111 versés comptent pour
70,73 % des avoirs. Encore là, 16 compagnies en ont bénéficié
(de 5 à 11 annuellement pour une moyenne de 9,9) lors de 159
subventions. Chacune a été assistée à toutes les 1,8 saison.

Nombre de groupes similaires, montants équivalents, seuls
les pourcentages diffèrent substantiellement. L'explication est
simple, elle tient à la présence de l'École nationale de théâtre
à l'intérieur du Service du théâtre du Conseil canadien des arts.
J'ai signalé ce fait au début de ce chapitre. Les tableaux synthèses
B et C qui suivent illustrent l'importante variante suivant que l'on
inclut ou retranche la maison d'enseignement. La part allouée au
Théâtre institutionnel grimpe de 56,34 à 80,56 % une fois exclue
l'École nationale. Comparativement, lorsqu'est enlevée la subvention à l'École, tant au Ministère québécois qu'au Conseil métropolitain, la différence est négligeable: 2 % au provincial, de 70,73 à
72,56 %; 3 % au municipal, de 90,07 à 93,81 %.

Dès lors, on constate que le Conseil canadien des arts, tout
en ayant œuvré quatre années de plus que son homologue
provincial, s'est montré moins généreux à l'endroit du théâtre
au Québec; qu'en termes de pourcentages, il a privilégié
davantage le Théâtre institutionnel et qu'il a défavorisé d'autant
les autres catégories, spécialement le Jeune théâtre, quel qu'il soit.

Déjà à la fin de son analyse de l'action du Conseil des arts
lors de la décennie soixante, le professeur Pasquill concluait:

> «Si le Conseil n'est pas relevé de son obligation
> d'assister les entreprises nationales à même son
> budget régulier, de nombreux besoins, à d'autres
> niveaux et dans d'autres domaines, demeureront
> insatisfaits et les arts de la scène au Canada, en tant
> qu'éléments de culture n'atteindront pas leur plein
> épanouissement.» [4]

À la lumière de l'action des années soixante-dix, il semble
bien que la situation s'est encore détériorée. Ainsi non seulement
le Conseil des arts n'arrive pas à répondre aux besoins du théâtre
mais contraint qu'il est par des restrictions budgétaires de toutes
sortes, il ne peut même plus satisfaire adéquatement ces grandes
entreprises nationales dont il a dû geler les subventions.

Il n'assure pas la continuité nécessaire à ces maisons et se
montre impuissant à venir en aide aux voies nouvelles de création.
Faute de budget, faute également de la moindre remise en

4. Rapport Pasquill, page 5.

cause. Car au nom de quel(s) principe(s) une entreprise théâtrale, une fois devenue grande, ne peut-elle plus être ré-évaluée ? Au nom de quel(s) principe(s) l'ordre actuel doit-il apparaître comme indiscutable ? Au nom de quelle(s) idéologie(s) théâtrale(s) et/ou politique(s) ? sinon celle(s) du statu quo...

Toujours dans cette première section de théâtre, le troisième pouvoir public, le Conseil des arts de la région métropolitaine, donne la quasi totalité de ses ressources à ce groupe. De 1957 à 1979, il a versé entre $6 000 (1957-58) et $447 500 (1978-79) pour une somme de $3 343 463 comptant pour 90,08%. Quatorze maisons ont reçu des octrois (de 1 à 10 annuellement pour une moyenne de 9,5 subventions chacune) au rythme de toutes les 2, 3 saisons. Hors les montants investis et les proportions différentes, tout, au Conseil montréalais, s'inspire des modèles du fédéral.

Comparativement, les trois groupes de Jeune théâtre (Laboratoire, Enfants-jeunesse, Adultes) ont reçu pour les mêmes périodes beaucoup moins d'argent. À plusieurs reprises, ils n'ont tout bonnement pas été subventionnés. Globalement, les chiffres sont les suivants (je reprends essentiellement les données des tableaux cumulatifs A-B-C-D-E des pages 138 à 142 :

OTTAWA					
	Montant reçu	Pourcentage	Nombre de groupes touchés	Qte d'aide	Rythme d'aide
Laboratoire :	$278 350	1,18%	de 0 à 7	3,3	7,0
Enfants :	$426 740	1,81%	de 0 à 13	2,1	10,4
Adultes :	$899 567	3,89%	de 0 à 20	2,7	5,9
QUÉBEC					
Laboratoire :	$236 200	1,24%	de 0 à 7	2,7	6,6
Enfants :	$1 257 250	6,60%	de 0 à 28	2,6	6,9
Adultes :	$1 795 390	9,42%	de 1 à 41	2,3	7,8
MONTRÉAL					
Laboratoire :	$24 700	0,66%	de 0 à 2	4,0	5,5
Enfants :	$12 000	0,32%	de 0 à 2	1,5	14,6
Adultes :	$119 020	3,21%	de 0 à 5	2,1	10,4

Les chiffres se lisent comme suit : par exemple, le théâtre de laboratoire a reçu $278 350, comptant pour 1,18%. Annuelle-

Les Belles-Soeurs,
une famille de plusieurs générations...

Productions Professionnelles des Belles-Soeurs
mises en scène par André Brassard depuis la création

THÉÂTRE DU RIDEAU VERT

	1968 Montréal	1969 Montréal
GERMAINE LAUZON	Denise Proulx	Denise Proulx
LINDA LAUZON	Odette Gagnon	Odette Gagnon
ROSE OUIMET	Denise Filiatrault	Denise Filiatrault
GABRIELLE JODOIN	Lucille Bélair	Lucille Bélair
LISETTE DE COURVAL	Hélène Loiselle	Janine Sutto
MARIE-ANGE BROUILLETTE	Marthe Choquette	Marthe Choquette
YVETTE LONGPRE	Sylvie Heppel	Sylvie Heppel
DES-NEIGES VERRETTE	Denise de Jaguère	Denise de Jaguère
THERESE DUBUC	Germaine Giroux	Germâine Giroux
OLIVINE DUBUC	Nicole Leblanc	Carmen Tremblay
ANGELINE SAUVE	Anne-Marie Ducharme	Anne-Marie Ducharme
RHEAUNA BIBEAU	Germaine Lemyre	Germaine Lemyre
LISE PAQUETTE	Rita Lafontaine	Rita Lafontaine
GINETTE MENARD	Josée Beauregard	Josée Beauregard
PIERRETTE GUERIN	Luce Guilbeault	Luce Guilbeault

1968 — **Théâtre du Rideau Vert**
      Montréal: 28 août au 13 octobre: 40 représentations / 15,200 spectateurs

1969 — **Théâtre du Rideau Vert**
      Montréal: 20 août au 28 septembre: 35 représentations / 13,300 spectateurs

1971 — **Théâtre du Rideau Vert**
      Montréal: 20 mai au 19 juin   27 représentations / 10,260 spectateurs
      Québec: 21 au 23 juin: 3 représentations / 5,400 spectateurs
      Ottawa: 2 au 10 juillet: 10 représentations / 8,000 spectateurs

Les Belles-Sœurs de Michel Tremblay et ses premières distributions.

ment, entre 0 et 7 groupes ont été assisté par l'État fédéral. Chacun l'a été en moyenne 3,3 fois à tous les 7 ans.

Le bilan est d'une limpidité totale. En relation avec le Théâtre institutionnel, les trois sections de Jeune théâtre jouissent d'un pourcentage des ressources infime. Elles ont la part du pauvre. Elles ont été assistées par les Pouvoirs publics moins souvent, moins énergiquement et moins généreusement. Plus on recule dans le temps, plus les interventions de l'État se font rares. Est-ce à dire que le Jeune théâtre n'existait pas alors? Je tenterai plus loin de clarifier cette question.

Réunies, les trois catégories de Jeune théâtre n'auront donc compté que pour 6,8% à Ottawa (le chiffre monte à 9,74% une fois retirée l'École nationale), pour 17,26% à Québec (17,71 sans l'École), et 4,19% à Montréal (4,37 sans l'École). Voir tableaux B et C en pages 139 et 140 à ce sujet. J'ai expliqué déjà la pertinence du double calcul (avec/sans l'École nationale de théâtre).

Pour l'ensemble des années, en termes absolus, l'État a donc accordé au Jeune théâtre par rapport au théâtre institutionnel:
— 8 fois moins d'argent au Conseil canadien des arts;
— 4 fois moins d'argent au Ministère des Affaires culturelles;
— 21 fois moins d'argent au Conseil métropolitain des arts.

Le bilan est d'autant plus sombre que ces sommes ont été versées à un nombre de groupes beaucoup plus élevé au Jeune théâtre qu'à l'Institutionnel:
— 158 subventions à 16 compagnies en regard de 169 à 65 groupes à Ottawa;
— 159 à 16 en comparaison de 275 à 111 à Québec;
— 133 à 14 en comparaison de 36 à 15 à Montréal[5].

Beaucoup moins de subsides à la fois à beaucoup plus de monde pour le Jeune théâtre et beaucoup plus d'argent à beaucoup moins de monde pour l'Institutionnel.

Telle est la première conclusion fondamentale à analyser en observant l'intervention des Pouvoirs publics au sein de chacune des catégories. On vérifiera alors qu'au fil des ans, se dégage une tendance visant à réduire les écarts entre les groupes. Cet aspect est spécialement observable au Ministère des Affaires cul-

---

5. Une réserve à l'endroit de Montréal qui ne subventionne pas, à toutes fins pratiques, le Jeune théâtre, comme on peut le constater dans l'examen détaillé des subventions accordées à chacune des catégories de théâtre.

turelles. Mais précisons tout de suite qu'il demeure encore passablement insatisfaisant dans l'ensemble.

TABLEAU-SYNTHÈSE A

Catégories de théâtre	OTTAWA Conseil des arts		QUÉBEC Ministère des Affaires culturelles		MONTRÉAL Conseil des arts	
	$	%	$	%	$	%
1– Théâtre institutionnel	13 268 350 (16)	56,31/	13 473 111 (16)	70,73/	3 343 463 (14)	90,08
2– Théâtre de laboratoire	278 350 (9)	1,18	236 200 (9)	1,24	24 700 (3)	0,66
3– Théâtre pour enfants (jeunesse)	426 740 (22)	1,81	1 257 250 (38)	6,60	12 000 (2)	0,32
4– Jeune théâtre pour adultes (professionnel et parallèle)	899 567 (34)	3,81	1 795 390 (65)	9,42	119 020 (10)	3,2
5– Théâtre d'été	620 100 (8)	2,63	741 610 (17)	3,89		
6– Organismes et services	975 753 (7)	4,14	1 062 280 (16)	5,57	64 400 (4)	1,73
7– École nationale de théâtre	7 091 455 (1)	30,09	481 365 (2)	2,52	148 000 (1)	3,99
TOTAL :	23 560 315 (97)	99,99/	19 047 206 (163)	99,97!	3 711 583 (34)	99,97

Note : Les chiffres entre parenthèses indiquent le nombre de groupes touchés. Ce tableau et les quatre suivants s'arrêtent avec l'année 1978-1979. Les sommes ne comprennent donc pas les octrois de l'année 1979-1980.

TABLEAU-SYNTHÈSE B

Catégories de théâtre	OTTAWA Conseil des arts		QUÉBEC Ministère des Affaires culturelles		MONTRÉAL Conseil des arts	
	$	%	$	%	$	%
1– Théâtre institutionnel	13 268 350 (16)	56,31 /	13 473 111 (16)	70,73 /	3 343 463 (14)	90,08
2-3-4– Théâtre de laboratoire et Théâtre pour enfants (jeunesse) et Jeune théâtre pour adultes professionnel et parallèle)	1 604 657 (65)	6,81	3 288 840 (111)	17,26	155 720 (15)	4,19
5– Théâtre d'été	620 100 (8)	2,63	741 610 (17)	3,89		
6– Organismes et services	975 753 (7)	4,14	1 062 280 (16)	5,57	64 400 (4)	1,73
7– École nationale de théâtre	7 091 455 (1)	30,09	481 365 (2)	2,52	148 000 (1)	3,99
TOTAL :	23 560 315	99,99 /	19 047 206	100	3 711 583	100

Note. Les chiffres entre parenthèses indiquent le nombre de groupes différents touchés.

TABLEAU-SYNTHÈSE C

sans la catégorie (7) des Écoles

	OTTAWA Conseil des arts		QUÉBEC Ministère des Affaires culturelles		MONTRÉAL Conseil des arts	
Catégories de théâtre	$	%	$	%	$	%
1– Théâtre institutionnel	13 268 350 (16)	80,56	13 473 111 (16)	72,56	3 343 463 (14)	93,82
2-3-4– Théâtre de Laboratoire et Théâtre pour enfants (jeunesse) et Jeune théâtre pour adultes (professionnel et parallèle)	1 604 657 (65)	9,74	3 288 840 (111)	17,71	155 720 (15)	4,37
5– Théâtre d'été	620 100 (8)	3,76	741 610 (17)	3,99		
6– Organismes et services	975 753 (7)	5,92	1 062 280 (16)	5,72	64 400 (4)	1,8
TOTAL :	16 468 860 (96)	99,98	18 565 841 (160)	99,98	3 563 583 (33)	99,98

Note. Les chiffres entre parenthèses indiquent le nombre de groupes différents touchés.

TABLEAU-SYNTHÈSE D

Rapport: *Nombre de subventions accordées*
Nombre de groupes différents

Catégorie de théâtre	OTTAWA Conseil des arts		QUÉBEC Ministère des Affaires culturelles		MONTRÉAL Conseil des arts	
	$	%	$	%	$	%
1– Théâtre institutionnel	158 16	9,98	159 16	9,94	133 14	9,50
2– Théâtre de laboratoire	30 9	3,33	25 9	2,78	12 3	4,0
3– Théâtre pour enfants (jeunesse)	46 22	2,09	100 38	2,63	3 2	1,5
4– Jeune théâtre pour adultes (professionnel et parallèle)	93 34	2,74	150 65	2,31	21 10	2,1
5– Théâtre d'été	28 8	3,5	65 17	3,82		
6– Organismes et services	54 7	7,71	82 16	5,13	16 4	4,0
7– École nationale de théâtre	19 1	19,0	20 2	10,2	15 1	15,0
TOTAL:	428 97	4,4	600 163	3,6	200 34	5,8

Note. Rapport établi afin de déterminer la fréquence moyenne sur laquelle chaque groupe a reçu une subvention. Il permet de constater un éparpillement plus grand des octrois consacrés au théâtre. Aux MAC (plus de groupes touchés, un moins grand nombre de fois) comparativement aux deux autres paliers.

TABLEAU-SYNTHÈSE E

Rapport : *Années d'activités de l'État*
Fréquence moyenne où chaque groupe a reçu une subvention.

Catégories de théâtre	OTTAWA Conseil des arts		QUÉBEC Ministère des Affaires culturelles		MONTRÉAL Conseil des arts	
	$	%	$	%	$	%
1– Théâtre institutionnel	22 9,8	2,2	18 9,9	1,8	22 9,5	2,3
2– Théâtre de laboratoire	22 3,3	7,0	18 2,7	6,6	22 4	5,5
3– Théâtre pour enfants (jeunesse)	22 2,1	10,4	18 2,6	6,9	22 1,5	14,6
4– Jeune théâtre pour adultes (professionnel et parallèle)	22 2,7	5,9	18 2,3	7,8	22 2,1	10,4
5– Théâtre d'été	22 3,5	6,2	18 3,8	4,7		
6– Organismes et services	22 7,7	2,8	18 5,1	3,5	22 4,0	5,5
7– École nationale de théâtre	22 19	1,1	18 10	1,8	22 15	1,4
TOTAL :	22 4,4	5,0	18 3,6	5,0	22 5,8	3,7

Note. Afin de déterminer une périodicité, ce tableau complète le précédent. Exemple : Au théâtre institutionnel (1), chaque groupe (16) a reçu 9,8 subventions en moyenne depuis que le Conseil canadien des arts existe. Il a donc été aidé à toutes les 2,2 années.

«Liberté» c'est le cri que lance Microft Mixeudeim (Gilles Renaud) dans *La Charge de l'Orignal épormyable* de Claude Gauvreau au Théâtre du Nouveau Monde en mars 1974.

Répartitions individuelles à l'intérieur de chaque sous-groupe[6]

Théâtre institutionnel (Tableaux 25-26-27)

La compilation des données statistiques s'appliquant au Théâtre institutionnel fait ressortir certaines constantes : permanence des groupes concernés en nombre maximum de seize tant à Ottawa qu'à Québec et quatorze à Montréal et attitudes rela-

---

6. Tous les tableaux des subventions versées par chaque gouvernement à chaque sous-groupe se retrouvent à la fin du livre. Annexe I. Tableaux 25 à 41. Pages 308 à 386.

tivement semblables des trois niveaux de Pouvoirs publics à leur endroit.

Ces compagnies sont les mêmes d'un gouvernement à l'autre, à quelques variantes près. Par exemple, la Nouvelle Compagnie Théâtrale n'est pas assistée par le Conseil canadien des arts parce qu'elle se réclame d'une vocation éducatrice et que l'éducation est du ressort provincial. Autre différence : les maisons de la ville de Québec ne sont évidemment pas subventionnées par le Conseil métropolitain des arts. De plus, il importe de signaler que la plupart de ces organisations — précisément onze — sont encore toutes en activité et que, pour les plus anciennes, elles ont débuté avant même que les trois paliers de gouvernement ne mettent sur pied un système d'aide aux arts.

Le portrait détaillé est le suivant :

	Ottawa	*Québec*	*Montréal*
Les 16 groupes ont reçu	$ 13 268 350	$ 13 473 111	$ 3 343 463
Les montants représentent avec École nationale sans École nationale	56,31 % 80,56 %	70,73 % 72,56 %	90,08 % 93,82 %
Montant versé annuellement pour toute la catégorie	$ 603 106	$ 748 506	$ 151 975
Chaque compagnie a reçu en moyenne	$ 829 271	$ 842 069	$ 238 808
Chacune a été aidée x fois	9,8	9,9	9,5
Au rythme de tous les x ans	2,2	1,8	2,3
Subvention moyenne annuelle reçue par chaque compagnie	$ 84,619	$ 85 057	$ 25 138

Le plus frappant de ce tableau récapitulatif tient dans la similarité des résultats compilés pour chaque niveau des pouvoirs publics. Hors les pourcentages et les montants alloués, spécialement au Conseil des arts de Montréal dont la part est beaucoup plus modeste, tous les chiffres sont comparables et laissent voir des comportements apparentés des gouvernements à l'égard de cette première et plus subventionnée des catégories de théâtre.

De là à conclure, comme le fait Frank T. Pasquill, dans son rapport, que c'est le Conseil canadien des arts qui donne le ton, il n'y a qu'un pas...

À l'intérieur du Théâtre institutionnel, certaines maisons ont toujours obtenu plus d'assistance que les autres. Ce ne sont pas forcément les mêmes d'un gouvernement à l'autre. Là où les résultats globaux apparaissent pratiquement identiques, il est possible de constater des variantes individuelles majeures et parfois difficilement explicables.

Prenons le cas des deux compagnies établies depuis le plus longtemps: Le Théâtre du Nouveau monde et celui du Rideau-vert, les deux maisons qu'on s'accorde pour reconnaître comme les plus subventionnées. Elles ont obtenu, pour l'ensemble des années touchées, du Conseil canadien des arts: Le TNM, \$5 137 310 (38,7%); le Rideau-vert, \$2 838 500 (21,4%). Le total des deux s'élève à \$7 975 810, soit 60,1% de tout l'argent versé au Théâtre institutionnel. En regard de l'ensemble des montants investis au théâtre, cette somme compte pour 33,8%, si l'on inclut l'École nationale et 48,4% si on l'exclut. Elles ont obtenu du Ministère québécois des Affaires culturelles: Le TNM, \$1 873 800 (13,9%); le Rideau-vert, \$1 809 961 (13,4%). Le total se chiffre donc à \$3 683 761. Il compte pour 27,3% des montants dévolus aux maisons institutionnelles et 19,3% de tout l'argent consacré au théâtre. Ces maisons ont également obtenu du Conseil des arts de la région métropolitaine: Le TNM, \$862 000 (25,8%); le Rideau-vert, \$862 000 (25,8%). Le total est de \$1 724 000, soit 51,6% des octrois du Théâtre institutionnel et 46,5% de ceux accordés à tout le théâtre. La différence est minime.

Le Conseil des arts d'Ottawa a d'emblée placé ces deux compagnies comme les deux plus importantes de la province (position confirmée par Montréal mais non par Québec), non de manière nette au début mais de façon indiscutable dès 1967-68, année où il doublait ses subsides à ces deux groupes. La décision fut prise afin d'établir un équilibre entre ces deux maisons et les compagnies canadiennes-anglaises les plus importantes.[7]

Ce faisant, le Conseil canadien accentuait l'écart entre l'ensemble des compagnies québécoises subventionnées. Il choisissait de privilégier le TNM et le Rideau-vert qui, pendant les huit

---

7. Selon le rapport annuel 1967-68, on comparait alors le TNM à la compagnie de Stratford et le Rideau-vert à une deuxième catégorie de compagnies en importance. Cette échelle de valeur, comme l'indiquent les chiffres, semble avoir prévalu jusqu'à aujourd'hui.

années suivantes, allaient recevoir 70% des fonds alloués au Théâtre institutionnel.

L'évolution de ces deux compagnies a continué de progresser jusqu'à ces quatre dernières années (depuis 1975-76) alors qu'elles ont vu leurs octrois gelés. Les restrictions budgétaires ont amené le Conseil à prendre une telle décision. Lors d'une entrevue téléphonique, le mardi 30 janvier 1979, le directeur du service du théâtre, David Peacock, m'expliquait clairement le choix, précisant que «dorénavant, les nouveaux crédits allaient être accordés en priorité à la création».

Cette décision révélait une attitude contradictoire de l'État fédéral qui gelait au Conseil des arts les crédits aux plus anciennes maisons, reconnues comme les principales, d'une part et d'un autre côté permettait au Secrétariat d'État de former la compagnie bilingue de tournée du Centre national des arts en lui donnant des subsides presque illimités (j'ai déjà abondamment commenté ce cas étonnant, mais je rappelle simplement que les crédits en question comptent pour une somme équivalente à tout le budget du Service du théâtre du Conseil des arts). De plus, la décision forçait les compagnies canadiennes et québécoises les plus connues à réduire leurs dépenses et, obligatoirement, leur activité artistique.

Le choix du Conseil, dans les circonstances, apparaît louable, voire le meilleur de tous. Nous verrons plus loin que ces nouveaux crédits à la création n'ont constitué qu'une intervention timide. Dans l'immédiat, il importe de mesurer les conséquences entraînées par les restrictions à l'endroit des théâtres institutionnels.

Il n'a pas été sans leur créer de graves problèmes de fonctionnement. Ces groupes ont vu leur croissance freinée au point de devoir réduire leur production normale. Le cas le plus flagrant reste celui du TNM qui depuis 1972-73 a connu un accroissement de ses subventions fédérales (de $415 000 à $455 000) plus que lent en regard des hausses des saisons antérieures. Le gel des quatre dernières années a amené la compagnie à sabrer dans le nombre de comédiens engagés.

Elle s'est mise, et toutes les autres organisations canadiennes comparables à sa suite, à multiplier les productions à deux, trois ou quatre personnages. Elle a engagé 46 acteurs et actrices en 1979-80, soit à peu près le même nombre qu'en 1978-79 et la moitié d'il y a quatre ans, quand elle en retenait une centaine. L'économie forcée s'est effectuée aux dépens des comédiens plutôt que des décors... et/ou de la structure administrative[8].

Parallèlement, le Conseil des arts continuait de hausser ses versements à l'École nationale de théâtre, afin de former de plus en plus de comédiens qui allaient être de moins en moins engagés. Le Service de Théâtre versait 30 % de ses avoirs à une école de formation spécialisée et 33,8 % à deux compagnies qui n'étaient même pas en mesure de donner de l'emploi aux nouveaux comédiens. Il y a de quoi mettre sérieusement en doute l'efficacité des vingt-deux années d'activités de l'organisme gouvernemental fédéral.

Politique incohérente, il va sans dire... Une autre question surgit : est-il bien clair que ces deux compagnies et les autres institutionnelles ont été les plus actives à fournir du travail aux comédiens nouvellement formés par l'École nationale?[9] Déterminées par leur approche marchande à engager d'abord des têtes d'affiche connues du public, elles n'ont peut-être jamais été soucieuses de cette responsabilité. Pas plus qu'il ne leur est venu à l'esprit qu'elles pouvaient éduquer le public de telle sorte qu'il soit moins déterminé par cette approche.

Le développement du Jeune théâtre n'est pas étranger à ce phénomène négatif. S'ils voulaient jouer, les nouveaux comédiens étaient forcés de s'organiser eux-mêmes puisque les maisons en place ne s'acquittaient pas de leur rôle et que, de toute façon, ils étaient beaucoup trop nombreux pour être absorbés par ces dernières. Alors ils ont formé des troupes parallèles, parce que les institutions en place ne faisaient pas appel à eux et aussi parce que le théâtre qu'elles montaient ne convenait pas toujours aux jeunes acteurs. Alors ils ont travaillé à renouveler le théâtre de l'extérieur. Ce qui confirme le fait que toute évolution, recherche et changement en profondeur, n'émane habituellement pas des organismes en place.

De plus, si les compagnies les mieux nanties se mettent à multiplier les productions ordinairement montées par les petits

---

8. Ce qui n'a pas empêché le TNM, pendant la saison 1978-79, d'accumuler un déficit de $125 000, dont $10 000 ont été imputables aux coûts excessifs des décors d'un spectacle de Feydeau.

9. Je ne critique nullement ici l'École nationale de théâtre en sa qualité de maison de formation spécialisée. Je tiens même à préciser que, de toutes les écoles et de toutes les compagnies institutionnelles, l'ENT est sans doute celle qui a créé le plus de textes de dramaturges québécois et a exercé une action irremplaçable pour la dramaturgie d'ici. Outre le fait signalé qu'elle ne devrait pas apparaître au chapitre des subventions distribuées par le Service du théâtre fédéral, je fais état d'une incohérence dans le fonctionnement de ce même service.

théâtres, que présenteront ces derniers? Le public assistera-t-il à un même type de dramaturgie partout? Et qui sera en mesure d'assumer et d'assurer les grosses productions? Elles sont pourtant importantes dans toute dramaturgie d'envergure.

Une évaluation complète nous obligerait à scruter de plus près l'évolution des budgets d'une compagnie comme le TNM. L'analyse confirmerait peut-être alors la critique d'observateurs qui reprochent à la maison dirigée par Jean-Louis Roux de s'être enlisée dans une super-structure administrative au détriment même du théâtre. Non sans raison car, si l'on examine l'équipe du TNM, on constate que, exception faite de monsieur Roux lui-même, il ne s'y trouve aucun acteur. Toutes proportions gardées, le reproche vaudrait vraisemblablement pour la maison dirigée par Yvette Brind'Amour et Mercédes Palomino. Le simple fait que ces organisations soient des maisons de production et non des troupes ne suffit pas à justifier pareille absence.

Si Ottawa a accordé 60% de ses octrois consacrés au Théâtre institutionnel à deux seules maisons, Québec n'a, fort heureusement, pas emboîté le pas. Au Ministère des Affaires culturelles, depuis la saison 1970-71, le TNM et le Rideau-vert sont devancées par trois compagnies: Le Théâtre populaire du Québec, la Nouvelle Compagnie Théâtrale et le Trident qui, par la suite, bénéficient de subventions toujours plus élevées que les deux autres.

Ainsi, nous pouvons déjà avancer que le MAC est mieux parvenu que son homologue fédéral à répartir ses sommes d'argent au Théâtre institutionnel et qu'au lieu d'accorder près de 40% à une seule compagnie, il a préféré, sur une base plus égalitaire, donner entre 13 et 18% à cinq d'entre elles[10]. Ces maisons ont reçu:

Nouvelle compagnie théâtrale :	$2 460 750	— 18,2%
Trident	: $2 361 500	— 17,5%
Théâtre populaire du Québec :	$2 072 800	— 15,3%

Avec 13 et 14% des ressources, le TNM et le Rideau-vert suivent.

Au Conseil canadien des arts, la compagnie qui venait en troisième lieu, le Centaur, se situait loin derrière les deux plus subventionnées avec $1 171 000 pour 8,8%

---

10. Tout étant relatif, si j'emploie l'expression «base égalitaire», c'est dans un contexte précis et limité qui permet de noter que cinq compagnies reçoivent des octrois apparentés de la part du MAC, ce qui n'est pas le cas au Conseil des arts.

Pour attribuer leurs subventions, les Pouvoirs publics tentent, ou du moins, le prétendent-ils, de se garantir de toute ingérence des contenus en établissant des critères observables (nombre de productions, salle, spectateurs, etc.). On constatera dans le prochain chapitre sur la censure qu'il leur est impossible de ne pas effectuer des jugements de valeur. Déjà ce fait apparaît flagrant dans la décision d'assister tel groupe plutôt que tel autre.

Très souvent, il est difficile de justifier la répartition des subventions. Ainsi aux Affaires culturelles, si le cas de la NCT est clair (en raison de ses objectifs d'éducation, la maison pratique une politique de prix d'étudiants sur une base systématique, ce qui nécessite des octrois accrus), si celui du TPQ demande des budgets spéciaux du fait qu'il ne peut compter sur des rentrées au guichet équivalentes à celles des organisations sédentaires installées à Montréal et que la tournée encourre des frais de déplacements importants[11], il en va tout autrement du Trident.

La compagnie installée à Québec a vu sa barque menacée de naufrage à quelques reprises, particulièrement quand elle a voulu s'installer au Palais Montcalm qu'elle a entrepris de rénover à grands frais avec l'insuccès que l'on sait. Les difficultés sont survenues dès la saison 1974-75 et se sont amplifiées en 1975-76. Chaque fois, elle a été renflouée par un Pouvoir public (le MAC) à portée de la main. La maison a été privilégiée indûment par sa seule situation à proximité du ministère qui a justifié son intervention en disant qu'une capitale provinciale et une ville de la dimension de Québec se devait de posséder sa compagnie théâtrale d'envergure. Et comme le Trident était la seule, alors...

Il ne s'agit pas de juger de l'intérêt du théâtre présenté au Trident. Je crois même que c'est une compagnie qui a tenté de conserver un certain équilibre entre le théâtre québécois et le théâtre étranger dans ses programmations, ce que la plupart des maisons comparables de Montréal n'ont pas cherché à faire. Je signale seulement une incurie, une imprévoyance administrative, une incompétence qui a amené l'organisme près du gouffre. Cette inefficacité a été cautionnée par l'État qui a servi de bouée de sauvetage, ce qui n'est nullement son rôle, faisant preuve de laxisme incomparable. Un tel exemple montre, hors de tout doute, combien est grande l'absence de véritables critères de répartitions des fonds publics.

---

11. Encore que le TPQ a régulièrement fait état de déficits assez spectaculaires : $150 000 en 1978-79, signes d'une administration plutôt imprévoyante.

le théâtre de PINCE FARINE

Bulletin de Nouvelles
No.: 1   Avril 1980
La Martre de Gaspé

BONJOUR!

Pince-Farine vous présente aujourd'hui le premier numéro de son bulletin de nouvelles.

Depuis deux ans, nous avons beaucoup vécu, travaillé et appris. D'une équipe de quatre qui désirait créer un théâtre de métier en Gaspésie, mais sans trop savoir ce que ça impliquait, à une équipe de sept qui planifie son travail en fonction de sa région qu'elle commence à comprendre et à connaître...

La Gaspésie est multiple et sa population est disséminée sur un territoire très vaste... Tout le monde sait ça mais, en théâtre comme dans tous les domaines, ça prend du temps et des expériences pour savoir comment intervenir.

Nous espérons que Pince-Farine existera longtemps, qu'elle servira de mieux en mieux la Gaspésie et qu'elle réussira à toujours travailler avec les individus et les organismes du milieu plutôt que pour eux...

LA TOURNÉE DU PRINTEMPS

Le théâtre de Pince-Farine présentera sa nouvel création "Pis la journée fait seulement commencer!" du 25 avril au 31 mai dans le cadre d'une tournée de la Gaspésie. Le spectacle raconte l'histoire de Marie, une jeune femme de la Gaspésie, qui, à travers son cheminement quotidien, réfère à son passé et à celui de ses ancêtres. Le spectacle s'adresse aux adultes et aux adolescents/es.

Tous les individus et les organismes oeuvrant dans le milieu tant au niveau culturel que social qui seraient intéressés à recevoir la troupe ou obtenir plus de renseignements sont invités à communiquer avec les membres de la troupe.

Le Pince-Farine, troupe de métier œuvrant en Gaspésie.

Beaucoup plus logique a été l'assistance fédérale à l'endroit de ce même Trident. Tenant compte du fait que la compagnie produisait quatre spectacles en regard des six du Rideau-vert et des sept du TNM (réduits à six depuis 1978-79), elle y allait d'octrois beaucoup moins substantiels [12].

À l'inverse du Trident, objet de tolérance excessive de la part du MAC, se trouve la compagnie anglophone du Centaur, face à laquelle le gouvernement a fait montre d'une parcimonie extrême, sans raisons apparentes. Des trois paliers, le Centaur a reçu :

Ottawa   : $1 171 000   8,8 %
Québec   : $233 000   1,7 %
Montréal : $425 500   12,7 %

Comment expliquer ce faible pourcentage alors que le théâtre existe depuis près de quinze ans, qu'il est doté de deux salles depuis le début de 1975, qu'il exerce une activité de plus en plus nombreuse (en terme de spectacles-public)? Même le Conseil métropolitain des arts se montre plus généreux, ce qui s'avère exceptionnel compte tenu des ressources de ce dernier (cinq fois moindre que celles du MAC sur l'ensemble de leurs activités). Faut-il voir là un effet de racisme? Un fait de censure indubitable?

Au Conseil des arts de Montréal, les modes d'attribution des subventions semblent s'ajuster sur le modèle fédéral. L'ordre de grandeur (à une échelle plus modeste) y est rigoureusement identique. Ainsi, les deux compagnies du TNM et du Rideau-vert monopolisent à elles seules $1 724 000, soit la moitié des sommes accordées à cette première catégorie de théâtre et un peu plus de 45 % de toutes les ressources allouées au théâtre par l'État montréalais.

Au Théâtre institutionnel, les deux groupes qui se sont le plus adonnés à la création, de façon absolue, Le Théâtre d'Aujourd'hui et, plus imprévisible, le Quat'sous, sont pratiquement les moins subventionnés de leur catégorie. Entre eux et les mieux nantis, TNM et Rideau-vert en tête, l'écart est extrême. Pendant toute la durée des activités des trois niveaux de Pouvoirs publics

---

12. Si le critère du nombre de productions vaut dans le cas du théâtre institutionnel pour l'attribution des deniers publics, il ne tient pas pour le Jeune théâtre. Non fabriqué par des compagnies productrices, ce dernier est essentiellement le fait de troupes et de collectifs de création. Dans ce cas, le temps d'élaboration d'un spectacle est beaucoup plus long et, en conséquence, le nombre de productions beaucoup moins élevé.

dans le secteur du théâtre, le Théâtre d'Aujourd'hui, seule maison exclusivement consacrée à la création, restera la parent pauvre.[13] Seul un rattrapage sera effectué ces dernières années, exception faite de la part du Conseil montréalais qui persiste à ne lui verser que des miettes[14].

Ces deux compagnies ont reçu :

Quat'sous

Ottawa	:	$508 000	3,8 %
Québec	:	$439 700	3,2 %
Montréal:		$157 500	4,7 %

Théâtre d'Aujourd'hui

Ottawa	:	$361 400	2,7 %
Québec	:	$415 900	3,0 %
Montréal:		$39 000	1,1 %

Ces statistiques représentent des pourcentages dix fois moindres que ceux octroyés aux TNM et Rideau-vert réunis de la part du trésor fédéral.

L'écart peut-il se justifier par des normes pseudo ou réellement objectives ? Nous avons affaire à deux lieux d'une centaine de sièges en regard de théâtres pouvant accueillir au-delà de huit cents et trois cents spectateurs. Et il importe de ne pas oublier que l'écart a pu s'atténuer, particulièrement du côté du Théâtre d'Aujourd'hui depuis quatre ans, soit depuis que le gel des subventions a frappé les grosses maisons.

Les subventions accordées par Ottawa et Québec au théâtre dirigé par Jean-Claude Germain laissent voir un rattrapage imposant. Assisté presque symboliquement jusqu'en 1974-75, il a connu par la suite des hausses du double pour être enfin aidé adéquatement après cinq années de vaches maigres (voir les tableaux 25, 26 et 27 des subventions au Théâtre insitutionnel). En cinq ans, les crédits sont passés de $25 000 à $90 000 à Ottawa et de $19 500 à $131 500 à Québec.

---

13. Et que dire du fait que cette seule maison exclusivement vouée à la création ne possède qu'une salle de cent places ? Cette seule mention laisse bien voir à quel point l'État ne s'est jamais soucié de promouvoir, de quelque façon que ce soit, la création originale.

14. Miettes qui, en raison de la politique particulière du Conseil montréalais en regard des créations (politique à l'effet de n'accorder un octroi qu'après avoir lu le texte nouveau, ce que refusent la plupart des directeurs) n'ont même pas été versées en 78-79 et 79-80.

Cette hausse dénote sans doute le signe de la reconnaissance officielle de l'État. Il y avait urgence. Quant au Conseil métropolitain, il n'a pas suivi la politique de son homologue fédéral, contrairement à ses habitudes. Mais on sait son attitude méfiante à l'endroit de la création. Le problème est discuté longuement dans le chapitre IV sur la censure.

Malgré ce rattrapage à l'égard du théâtre d'Aujourd'hui, il demeure clair que l'État n'a jamais cherché à mettre de l'avant, de manière nette, des objectifs axés sur l'ouverture, la recherche et la création. l'Initiative du Ministère des Affaires culturelles de demander à chaque compagnie institutionnelle de faire au moins une création québécoise par saison demeure un geste d'une timidité navrante. Il ne saurait suffire à personne à se donner bonne conscience [15].

Les pouvoirs publics n'ont jamais avancé de projets clairs et orientés dans le sens de la création sous toutes ses formes. Ils ont été à la remorque des divers mouvements au lieu de chercher à stimuler les plus vivants. Leur méfiance à l'endroit de la maison dirigée par Jean-Claude Germain pendant les cinq premières années montre bien que tout à l'inverse, ils n'avancent qu'avec réserve dans les avenues plus audacieuses et préfèrent se contenter de rattrapage. Leur attitude à l'endroit de tout le Jeune théâtre semble à cet effet plus éloquente encore.

Ainsi donc, si le tableau d'ensemble du Théâtre institutionnel apparaît assez uniforme d'un Pouvoir public à l'autre, il contient des variantes majeures au chapitre des subsides versés à chacune des compagnies. Ces différences indiquent des évaluations dissemblables de part et d'autre et trahissent l'absence de critères de répartitions précis et le caractère aléatoire des subventions.

Des variantes mais aussi des constantes : moyennes versées, masse salariale, absence de projet culturel clair, aucun accent mis sur l'innovation et la créativité. L'État préfère prêter assistance à la production plutôt qu'à la création. La nuance est de taille, c'est l'approche marchande qui domine. Et la répartition

---

15. Voir sur ce sujet le document de mars 1977 du Ministère intitulé « Attitude du MAC concernant l'aide financière au théâtre : premier groupe, Théâtre institutionnel » qui explique que dorénavant le Ministère entend faire une priorité de la dramaturgie québécoise. Cette priorié est expliquée comme suit : pour être subventionnée, chaque compagnie devra produire au moins une création québécoise. Au moins une pourra-t-on constater !

des subventions lors des dernières saisons observées, 1978-79 et 1979-80, ne permet pas de déceler des signes de changement[16].

Autant d'éléments qui expliquent pourquoi le Théâtre institutionnel le plus attendu a toujours été le plus subventionné et en contrepartie, le Jeune théâtre, moins connu, le moins aidé financièrement.

Jeune théâtre[17]

Le tableau des sommes dévolues aux diverses sections du Jeune théâtre présente une disparité extrême entre les bénéficiaires. Autant les fonds publics étaient concentrés entre les mains d'un nombre infime au Théâtre institutionnel, autant ils sont éparpillés entre une multitude au Jeune théâtre. C'est dire, dès le départ et compte tenu des pourcentages accordés à la première catégorie, que les groupes de Jeune théâtre n'ont jamais reçu des subventions très élevées. Le portrait détaillé se lit comme suit :

	Ottawa	*Québec*	*Montréal*
x nombre de groupes	65	111	15
lors de x subventions	169	275	36
ont reçu des montants de	$1 604 657	$3 288 840	$155 720
Ces sommes représentent avec l'École nationale sans l'École nationale	6,81 % 9,74 %	17,26 % 17,71 %	4,19 % 4,37 %
Montant versé annuellement pour tout le Jeune théâtre	$72 938	$182 713	$7 078
Chaque groupe a reçu en moyenne	$24 687	$29 629	$10 381
Chacun a été aidé x fois	2,6	2,4	2,4
au rythme de tous les x ans	8,4	7,5	9,1
Subvention moyenne annuelle reçue par chaque troupe	9 495	11 959	4 325

16. Je renvoie à un article que j'ai signé dans JEU 12, *Vers les années 80*, «Subventions 1978-79 : un bilan toujours insatisfaisant», novembre 1979.
17. Voir à la fin du livre pour le détail des subventions versées annuellement à chaque catégorie de Jeune théâtre (Tableaux 38 à 36).

Le tableau global est explicite. Les résultats ne sont pas du même ordre de grandeur que ceux précédemment calculés pour le Théâtre institutionnel. Si l'écart est aussi prononcé c'est en raison du fait que le Jeune théâtre québécois est un phénomène récent mais aussi parce que les Pouvoirs publics ne s'y sont pas intéressés d'emblée.

On peut d'ores et déjà avancer que la difficulté de développement du Jeune théâtre québécois est en partie attribuable à la non-assistance de l'État lors des premières années et au retard de l'intervention qui a suivi. Les gouvernements d'Ottawa et de Québec ont commencé à venir en aide au Jeune théâtre à partir de la saison 1973-74 seulement. Jusque là, il n'en avait pas été question.

Ainsi donc, de la même façon que l'État ne s'est pas soucié de susciter la création et le renouvellement des formes au sein du Théâtre institutionnel, il ignorait un théâtre qui offrait la particularité de chercher à être différent. Encore une fois, cette attitude traduit et trahit une absence de projet culturel clair dont un des principes moteurs serait la créativité.

Le Jeune théâtre québécois a dû se développer, timidement d'abord puis avec de plus en plus d'assurance et en nombre toujours croissant, sans l'aide des Pouvoirs publics.

Au Conseil canadien des arts en seize années, de 1957 à 1973, le Jeune théâtre n'est pour ainsi dire pas apparu dans la colonne des groupes subventionnés. Le Théâtre de laboratoire n'a été aidé qu'en deux occasions en 1962-63 et en 1966-67. Chaque fois, le groupe touché était les Apprentis-sorciers et il recevait des sommes minimes : $1 000 et $3 000.

Le Théâtre pour enfants (jeunesse) a connu un sort plus misérable encore. Une seule subvention en 1961-62 de $4 000 pour les Marionnettes de Montréal de Micheline Legendre.

Enfin le Jeune théâtre pour adultes (parallèle et professionnel) n'a pas été beaucoup moins oublié. Quatre subventions au début de la décennie soixante pour le Théâtre universitaire canadien, un groupe de théâtre non-professionnel et non spécifiquement rattaché au Québec. Autant dire néant jusqu'en 1970. Par la suite, deux maisons anglophones, le Playwright Workshop [18]

---

18. Ce n'est qu'avec réserves que nous insérons le Playwright Workshop dans la section Jeune théâtre pour adultes. Cet organisme, dont le dynamisme a semblé de moins en moins évident au fil des années soixante-dix, aurait peut-être dû être inscrit dans la catégorie «Organismes et services» en ce qu'il s'apparente par certains côtés au Centre d'essai des auteurs dramatiques.

et le Revue Théâtre, bénéficieront des octrois fédéraux avant que tout ne démarre vraiment en 1973-74. Il est à noter que cette dernière organisation montréalaise aurait pu être classée dans la catégorie du Théâtre institutionnel tout autant que dans la présente, compte tenu des productions qu'elle a proposées (comédiens professionnels une fois sur deux, théâtre de répertoire régulièrement, etc.).

Au Ministère québécois des Affaires culturelles, la situation apparaît légèrement moins sombre. Tant les sommes versées que le nombre de groupes touchés que le pourcentage alloué au Jeune théâtre sont pratiquement le double de ceux du Conseil des arts d'Ottawa. Cela dit, si on recule au fil des dix-huit années d'activités du MAC, on se rend rapidement compte qu'il n'a pas évolué différemment de son homologue fédéral, malgré une fréquence d'intervention supérieure.

Pendant douze ans, de 1961 à 1973, le Théâtre de laboratoire a été assisté la moitié du temps. Sept subventions ont été versées. Six d'entre elles sont allées aux Apprentis-sorciers, l'autre aux Saltimbanques. Après, plus rien, de 1968 à 1975.

Même constat négatif au Théâtre pour enfants (jeunesse) où seulement cinq saisons sur treize, jusqu'en 1973-74, ont fait une petite place à cette voie théâtrale. Place symbolique puisque $23 350 ont été répartis entre quatre groupes sur une période de cinq ans. Vingt-trois mille dollars en sept versements, cela se passe de commentaires. Ce n'est qu'en 1974-75 qu'il y aura véritable démarrage.

Enfin, mieux nanti que ses deux pairs, plus abondant aussi, le Jeune théâtre pour adultes a toujours, année après année, bénéficié des octrois provinciaux. Sur ce plan, le Québec a été et demeure beaucoup plus actif que son homologue fédéral. L'intervention toutefois demeure modeste : 35 subventions à 16 groupes différents pendant 13 ans.

Pas une de ces organisations de théâtre n'a obtenu des fonds sur une longue période. Aucune continuité, ce qui traduit aussi bien la fragilité du Jeune théâtre que l'incapacité de l'État à y permettre une certaine permanence et un développement relatif. Aucune sauf deux maisons, le Playwright et le Théâtre de l'Atelier de Sherbrooke, n'a été assistée à plusieurs reprises. Quant aux deux nommées, elles sont réapparues depuis 1970-71 et 1967-68.

Et, faut-il le rappeler, ces deux compagnies appartiennent de bien près l'une aux organismes de service, l'autre au Théâtre institutionnel. Je prends pour exemple l'Atelier que dirige Pierre

Au bois lacté de Dylan Thomas, par La Manufacture au Centre d'Essai de l'Université de Montréal en mai 1977. De gauche à droite: Claude Maher, Jean-Denis Leduc, Louise Gamache, Vincent Bilodeau, Anouk Simard, Aubert Pallascio, Christiane Raymond, Louise Laprade.

Gobeil depuis une quinzaine d'années. Si la maison ne se caractérise ni par le fonctionnement hiérarchique ni en présentant un répertoire éclectique comme le font par exemple le TNM et le Rideau-vert, elle s'inscrit néanmoins dans les mêmes structures d'approche marchande et offre une programmation qui va de la création collective au vaudeville.

Un mot du Conseil des arts de la région métropolitaine. Un mot suffit dans la mesure où, pour la ville de Montréal, le Jeune théâtre, quel qu'il soit, n'existe pratiquement pas. Une somme de $155 720 répartie sur vingt-deux années, c'est bien près de l'absence. L'analyste ne peut ici que signaler un vide, manque incompréhensible et fait de censure scandaleux. Prétexter un manque de ressources ne saurait tout expliquer.

Aucune politique ne se dégage chez le Conseil montréalais, si ce n'est celle du refus. Impossible de noter une quelconque mise en branle d'un processus de subvention à l'endroit du Jeune théâtre depuis la saison 1973-74 comme c'est le cas aux paliers fédéral et provincial. Dans le passé, le Conseil a assisté les mêmes groupes de Théâtre de laboratoire, Les Apprentis-sorciers et Les Saltimbanques, que les autres gouvernements. Mais depuis 1969, il n'est plus intervenu, sauf en une occasion pour le Théâtre sans fil, en 1978-79.

Au Théâtre pour enfants, la situation se résume plus aisément encore : quasi néant. D'ailleurs le Conseil métropolitain faisait savoir en juin 1978 (lors du Festival de théâtre pour enfants tenu au Théâtre Denise-Pelletier de Montréal) qu'il ne subventionnait pas cette catégorie de théâtre pour justifier son refus de prêter son concours à la manifestation. Dans les circonstances, il est permis de se demander pourquoi, depuis deux ans, le Conseil est venu en aide au Youtheatre et au Théâtre des Pissenlits... Erreur ? Incohérence ?

Côté Jeune théâtre pour adultes, quelques interventions sporadiques ces dernières années pour des maisons mi-institutionnelles, mi-jeune théâtre (Playwright Workshop, Revue Theatre) ou à des producteurs (Le Patriote). À des praticiens de Jeune théâtre comme tels (troupes, coopératives, cellules auto-gérées...), le Conseil n'a rien accordé. Aucun praticien de la création collective n'apparaît. De la même manière qu'il se montrait avare à l'égard du Théâtre d'Aujourd'hui, le Conseil métropolitain s'abstenait pour tout le Jeune théâtre. Aucune perspective nouvelle ne se dessine.

L'attitude du gouvernement municipal paraît fort surprenante. On saisira mieux sa politique à la lumière du chapitre IV sur *La Censure*. Il révèle la position méfiante du Conseil montréalais face à la création théâtrale. En attendant, on peut se demander si, selon toute logique, un organisme municipal ne devrait pas en premier lieu s'attacher aux maisons dont le rayon d'action est d'abord circonscrit à la cité ou à la région qu'il dirige ?

Dans le triple palier gouvernemental, le réseau municipal n'est-il pas le mieux placé pour œuvrer à l'échelle d'une ville, de ses quartiers, de ses citoyens ? Comparativement, le réseau provincial pourrait centrer son action sur les régions, assister les besoins provinciaux et régionaux alors que le fédéral s'intéresserait plutôt aux grandes maisons d'envergure nationale... Les praticiens de théâtre seraient-ils mieux servis de la sorte ? Qui peut le dire avec certitude ?

Actuellement, chacun des trois gouvernements privilégie les mêmes groupes. Dans la mesure où chacun, dans des proportions assez apparentées, effectue le même travail d'assistance, aucune spécificité nationale, provinciale ou municipale n'est véritablement envisagée et l'assistance des Pouvoirs publics au théâtre n'est pas ce qu'elle devrait être. Montréal est un cas particulier dira-t-on puisqu'elle regroupe un haut pourcentage de la population de la province et constitue une manière de centre culturel aussi bien que d'affaires, de sorte qu'elle ne ressemble pas à une ville moyenne. La précision, bien que juste, ne change rien au problème.

Les six dernières années

J'ai précisé que le Jeune théâtre était véritablement apparu dans le paysage des subventions à la saison 1973-74. Il aura fallu attendre tout ce temps pour que les gouvernements d'Ottawa et de Québec prennent en considération ce groupe théâtral. Il existait pourtant déjà depuis plusieurs années et son effervescence allait grandissant : naissance du Théâtre d'Aujourd'hui en 1969-70, du Centre d'essai des auteurs dramatiques en 1965, du Grand Cirque Ordinaire en 1968, du Théâtre d'Environnement de Demers en 1971, du Théâtre Euh! en 1971, etc. L'Association canadienne du théâtre amateur était devenue l'Association québécoise du Jeune théâtre en 1970.

Il aura fallu plus de cinq ans pour que l'État reconnaisse, bien timidement au début, l'existence d'un autre théâtre (théâtre différent du répertoire éclectique et international imposé depuis les Compagnons de Saint-Laurent du père Émile Legault), plus jeune, parfois imitant l'aîné, tentant le plus souvent de s'en distinguer.

L'attitude attentiste des Pouvoirs publics n'allait pas contribuer au développement de ce théâtre, pas plus qu'à celui d'une dramaturgie renouvelée. Elle dénotait une tendance fâcheuse à nier, en ne voyant pas ce qui se passait ailleurs que dans les lieux théâtraux conventionnels et familiers. L'État était impuissant à aller au-devant des choses. Et cela ne l'intéressait pas. Suivant le mot de Paul-Émile Lapalme, premier ministre québécois des Affaires culturelles, dans sa lettre de démission de 1963, il ne considérait pas la culture autrement que comme une simple « coquetterie ».

Dans les circonstances, il devenait inévitable que le Théâtre d'Aujourd'hui reste le paria, pendant longtemps, des théâtres établis à Montréal tout comme le Grand Cirque Ordinaire qui connut son essor grâce à l'encadrement du Théâtre populaire du Québec de septembre 1969 à mars 1971. En effet, c'est le directeur artistique du TPQ d'alors, Albert Millaire, qui avait invité le groupe coopératif à s'intégrer dans la programmation de la compagnie. Cette intégration créa de multiples problèmes et entraîna le renvoi de Millaire lui-même. L'expérience n'avait évidemment rien de bien orthodoxe... (Voir *JEU 5*, dossier sur le groupe coopératif.) Le Grand Cirque Ordinaire ne fut subventionné que plus tard en 1974-75 par Ottawa et en 1975-76 par Québec, au moment où son travail avait perdu presque toute sa vitalité et sa ferveur. Pourtant, rarement troupe aura-t-elle eu autant d'influence sur le développement du Jeune théâtre québécois. Encore là, l'État n'a pas su faire acte d'innovation et s'est contenté de rester à la remorque des choses.

Pour les trois catégories réunies (Laboratoire, Enfants, Adultes), le taux de croissance des subventions est des plus éclairants (sauf indications contraires, l'analyse ne tient pas compte des données de 1979-80. La raison en est simple : elle a été effectuée avant qu'ils ne soient disponibles) :

Année	Ottawa	Québec
1973-74	2,72%	1,04%
1974-75	5,82	8,61
1975-76	8,25	14,90
1976-77	11,68	25,27
1977-78	13,00	30,60
1978-79	13,82	32,24
1979-80	17,62	36,61

À la lumière de ce calcul des parts allouées au Jeune théâtre, il apparaît clairement que le MAC tend non seulement à réduire l'écart entre Jeune théâtre et Théâtre institutionnel mais encore qu'il semble se diriger vers une répartition quasi égalitaire. Position confirmée par le *Livre blanc* de 1978 dont une des idées maîtresses demeure le maintien de l'aide aux grands organismes et l'augmentation de celle destinée aux jeunes :

> «L'appui donné aux grands organismes ne saurait être maintenu au détriment des jeunes organismes. Ce fut pourtant largement le cas jusqu'à présent...» [19]

19.   Livre blanc, pages 297-298.

Il reste toutefois du chemin à parcourir. Du côté du Conseil canadien des arts, encore bien davantage. L'écart reste extrême, même si l'année 1979-80 marque un net progrès.

Si la hausse est significative, spécialement de la part de Québec, la distorsion demeure. Il ne faut pas oublier que le point de départ était le degré zéro. Il suffit de mettre en parallèle Jeune théâtre et Théâtre Institutionnel une nouvelle fois en tenant compte des subsides versés à chacun ainsi que du nombre de groupes qui les ont reçu, sans oublier les pourcentages que ces sommes représentent.

QUÉBEC						
Année	Nombre de groupes		Montants accordés		Pourcentage	
	J. Th.	Th. I.	J. Th.	Th. I.	J. Th.	Th. I.
1973-74	2	9	9 000	780 000	1,04%	90,44
1974-75	10	11	102 000	976 250	8,62	82,57
1975-76	30	11	320 000	1 594 000	15,39	76,53
1976-77	46	11	647 600	1 622 000	25,60	64,13
1977-78	63	11	964 700	1 849 000	30,82	59,08
1978-79	77	10	1 050 000	1 891 050	32,53	58,59
1979-80	83	10	1 249 490	1 904 500	36,61	55,84

Note. Je n'isole pas ici l'École nationale de théâtre. De la sorte, les pourcentages qui apparaissent sont les moins élevés. De toute manière, inclue ou exclue, l'analyse présente demeure inchangée.
J. Th. — Jeune théâtre.
Th. I. — Théâtre institutionnel.

OTTAWA						
Année	Nombre de groupes		Montants accordés		Pourcentage	
	J. Th.	Th. I.	J. Th.	Th. I.	J. Th.	Th. I.
1973-74	7	9	$ 43 342	$ 970 130	2,74	61,33
1974-75	17	9	113 530	1 072 500	6,08	57,46
1975-76	24	11	209 500	1 406 810	8,26	55,47
1976-77	31	10	336 150	1 542 000	11,35	52,07
1977-78	38	11	408 135	1 586 806	13,07	51,07
1978-79	38	10	436 000	1 522 000	13,92	48,61
1979-80	41	9	591 000	1 545 000	17,62	46,09

Deux pièces de Barbeau au Théâtre du Vieux Québec en 1978.

Outre le fait que le double tableau indique clairement que l'action provinciale a été beaucoup plus énergique que celle du fédéral, il révèle une contradiction majeure chez cette dernière. Une critique sévère à l'endroit du Conseil canadien des arts s'impose ici. Ce dernier, depuis les quatre plus récentes saisons, a gelé les octrois aux grandes compagnies canadiennes comme en témoignent les subventions versées depuis 1975-76. Le geste a été posé en raison d'un choix clair, que nous avons déjà signalé antérieurement : dorénavant les nouveaux crédits vont en totalité à la création. Nous avons vu que ce choix, entre autres, a permis à une maison comme le Théâtre d'Aujourd'hui d'effectuer un rattrapage nécessaire.

Ce même choix a fait passer les investissements dans le Jeune théâtre de 8,26 à 13,92%. Il s'agit là d'une croissance très modeste, spécialement en regard de celle observée au MAC : de 15,39 à 32,53%. Ce qui nous amène à mettre sérieusement en doute l'énoncé lançant la nouvelle politique. N'était-ce qu'un prétexte, une raison noble donnée à une question de restriction budgétaire pure et simple ? Il est permis de se le demander. Ce n'est qu'en 1979-80, hausse à 17,62%, qu'on en voit des effets sensibles.

Les agents du Conseil canadien avaient-ils le choix ? Ils n'ont aucun pouvoir de décision sur la masse salariale dont ils disposent. Leur marge de manœuvre est restreinte. Si le principe qu'ils avancent donne à penser qu'ils effectuent le pari de la création en regard du répertoire, l'analyse des moyennes en dollars versés annuellement à chaque groupe de Jeune théâtre démontre le contraire. Depuis trois ans, la politique du gel semble avoir été appliquée ici aussi. Peut-on parler de progression quand les moyennes par groupe se sont haussées de $11 220 à $11 394, que les sommes totales sont passées de $347 850 à $405 135 et $433 000, et qu'elles ont compté pour des pourcentages de 11,68 à 13,82% ?

Un regard plus précis aux moyennes de subventions accordées à chaque groupe confirme l'absence de hausse véritablement significative à ce chapitre. Absence vérifiable également du côté du Ministère québécois des Affaires culturelles, en dépit d'une augmentation considérable des crédits. Pire : à la légère diminution de 78-79 succède une baisse plus sensible en 79-80, tandis que l'on constate des signes encourageants de hausse du côté fédéral.

Année	Ottawa	Québec
1974-75	6 384	10 200
1975-76	8 729	10 256
1976-77	11 220	13 876
1977-78	10 661	15 216
1978-79	11 394	13 793
1979-80	14 414	12 493

Ainsi donc, si l'on constate qu'en termes absolus (argent, nombre de groupes, fréquence de subventions...) c'est au MAC que l'on trouve les données les plus encourageantes, les moyennes par groupe-année laissent voir des résultats plus limités. Et si l'on s'aventure à comparer ces moyennes à celle du Théâtre institutionnel, les performances, à quelque niveau que ce soit, sont tout bonnement désolantes.

Année	Ottawa		Québec	
	Jeune théâtre	Théâtre institutionnel	Jeune théâtre	Théâtre institutionnel
1973-74	$ 6 191	$107 681	$ 4 500	$ 78 000
1974-75	6 384	119 166	10 200	88 750
1975-76	8 729	127 800	10 256	144 909
1976-77	11 220	154 200	13 876	147 909
1977-78	10 661	144 254	15 216	168 045
1978-79	11 394	152 200	13 793	189 105
1979-80	14 414	171 666	12 493	190 450

Bilan : une troupe de Jeune théâtre reçoit douze fois moins d'argent qu'une compagnie institutionnelle au MAC et treize fois moins au Conseil canadien (sans tenir compte de la saison 79-80). La différence demeure énorme et difficilement justifiable. L'écart entre les deux ne s'est guère réduit puisqu'en 1975-76, aux deux niveaux des Pouvoirs publics, une troupe de Jeune théâtre recevait quatorze fois moins d'argent. Devant une amélioration aussi insignifiante, de quatorze à treize ou douze en quatre ans, il n'y a pas lieu de parler de réduction d'écart.

L'appréciation relativement favorable de l'action provinciale par rapport à la fédérale demande à être nuancée. Il est fort exact de noter que le pourcentage alloué au Jeune théâtre est passé de 1 à 32% de 1973-74 à 1978-79 alors qu'il ne progressait que de 2 à 13% pour la même période à Ottawa. La même vérification est possible au plan des sommes totales allouées de même qu'à celui du nombre de groupes touchés. Ainsi, le pourcentage est 32 fois plus amélioré par le MAC (versus 6,5 fois par Ottawa), pour 38 fois plus de groupes (versus 5,4 fois) et 115 fois plus d'argent (versus à peine 10 fois). Mais la moyenne des sommes obtenues par chaque groupe sur la même période n'est passée que de $4 500 à $13 799, soit seulement 3,2 fois plus (versus à peine 2 fois plus au Conseil des arts). Et cette moyenne a chuté à $12 493 en 1979-80, alors!...

Enfin si la masse salariale monopolisée par l'État québécois au profit du Jeune théâtre est pratiquement du double de celle de son homologue fédéral ($3 288 840 en regard de $1 604 657), c'est qu'il vient en aide à près du double de maisons : 111 par rapport à 65, et qu'il verse un nombre de subventions beaucoup plus élevé : 275 comparativement à 169. Entre les moyennes accordées, l'écart se révèle beaucoup moins important, tant par groupe pour les six années ($29 629 à Québec et $24 687 à Ottawa) que par subvention moyenne : $11 959 et $9 495. Ainsi donc, pour une troupe-type, l'action des deux niveaux de gouvernements s'avère relativement apparentée.

Les trois catégories de Jeune théâtre

Théâtre de laboratoire [20] : rien de spécifique à signaler si ce n'est que tant à Québec qu'à Ottawa, les chiffres sont en tous points comparables. À une variante près (Les Saltimbanques au MAC et la Fondation du théâtre d'environnement au Conseil canadien), les neuf troupes ou ateliers de cette section sont les mêmes. Le tableau est explicite :

	Ottawa	*Québec*
Montants versés	$278 350	$236 200
Pourcentages	1,18%	1,24%
Nombre de groupes	9	9
Moyenne versée par groupe	$30 927	$26 244
Nombre de subventions	30	25
Moyenne par subvention	$9 278	$9 448

20. Pour plus de détails, voir tableaux 28-29-30.

Théâtre pour enfants (jeunesse) [21]

Tableau général

	Ottawa	Québec
Montants versés	$426 740	$1 257 250
Pourcentages	1,81%	6,60%
Nombre de groupes	22	38
Moyenne versée	$19 397	$33 098
Nombre de subventions	46	100
Moyenne versée	$9 277	$12 577

Plus que pour toute autre pratique théâtrale de Jeune théâtre, les chiffres confirment ici le caractère plus soutenu et énergique de l'action provinciale. De fait, pour la seule saison de 1978-79, le MAC a accordé autant de subsides ($447 500) que le Conseil canadien en vingt-deux années d'activités : ($426 740). Je n'inclus pas ici la saison 1979-80.

Une observation essentielle dans ce secteur concerne le Théâtre des Pissenlits qui, un temps, s'est fait appeler le Théâtre national pour enfants Les Pissenlits. À lui seul, il monopolise le tiers des sommes octroyées : $125 575 d'Ottawa pour 33,98%, et $360 000 de Québec pour 34,93%. Ce traitement en fait la maison privilégiée de sa catégorie, ce qui lui attire de nombreuses critiques de la part de ses pairs. Il est très difficile de comprendre la raison de ce statut particulier, outre le fait que la maison ait derrière elle un nombre d'années d'existence supérieur aux autres (Les Pissenlits sont nés en 1967-68). Cela dit, il leur a fallu attendre plusieurs années avant d'obtenir une première subvention car on sait qu'avant 1974-75, le Théâtre pour enfants ne semblait pas exister aux yeux de l'État.

Les autres groupes, principalement assistés, jouissent de subventions bien inférieures à celles des Pissenlits :

---

21.   Pour plus de détails, voir les tableaux 31, 32, 33.

Groupe	Ottawa		Québec	
	$	%	$	%
L'Atrium	35 135	8,2	89 800	7,1
Théâtre Soleil	25 000	5,8	79 500	6,3
La Marmaille	39 500	9,2	65 000	5,2
Youtheatre	52 000	12,1	43 000	3,4

On voit que 70% des octrois vont à cinq groupes au Conseil canadien alors que les 30 restant sont répartis entre les 18 autres groupes. Encore ici, il est de mise de parler de distorsion, des mieux nantis peu nombreux et des moins garnis majoritaires[22]. Au MAC, la situation est moins claire, une fois isolé l'inexplicable cas des Pissenlits. Les quatres troupes nommées plus haut bénéficient de 22% des subventions en regard de 35% à Ottawa.

Jeune théâtre pour adultes[23]

Tableau général

	Ottawa	Québec	Montréal
Montants versés	$889 567	$1 769 390	$119 020
Pourcentages	3,81%	9,42%	3,20%
Nombre de groupes	34	65	10
Moyenne versée	$26 163	$27 621	$11 902
Nombre de subventions	93	150	21
Moyenne versée	$9 565	$11 969	$5 667

22. Il est clair, par ailleurs, qu'un système de subventions ne saurait se satisfaire de seuls critères de quantité, prétendument objectifs. Il arrive toujours un temps où le bailleur de fonds doit privilégier l'un ou l'autre des groupes. (L'axiome du chapitre IV sur la censure pose clairement le problème du «qui choisit exclut».) On peut avancer que le mécanisme idéal serait apte à sauvegarder un équilibre entre qualité et quantité. Subventionner le plus grand nombre est souhaitable mais il faut également permettre à la qualité de se développer et d'accroître son rayonnement. Cela suppose une évaluation. Elle existe de toutes manières. Ici, il convient de la définir clairement afin de la rendre la plus juste possible. Il appert qu'un mécanisme de jurys décisionnels formés de gens du milieu constitue une des formules les plus satisfaisantes pour y arriver.
23. Pour plus de détails, voir Ottawa, Québec, Montréal (tableaux 34, 35, 36).

Les remarques à propos de l'action plus grande à Québec qu'aux autres échelons de gouvernement valent encore indubitablement. J'inclus les chiffres du Conseil montréalais (contrairement aux deux précédentes catégories où son action était pratiquement nulle) parce qu'ils sont comparables au plan des pourcentages à ceux d'Ottawa. Ici, comme dans les autres sections, s'établit une certaine forme de hiérarchie, non à l'abri de toute critique, dans l'attribution des deniers publics. La liste des cinq groupes les plus subventionnés par chaque État permet de la dégager.

Ottawa	Revue Theatre	—	$139 500	— 15,4%
	Le Parminou	—	$ 85 000	— 9,3%
	Playwright W.	—	$ 79 500	— 8,7%
	L'Atelier	—	$ 79 000	— 8,7%
	Grand Cirque O.	—	$ 58 000	— 6,4%
	TOTAL		$441 000	48,5%
Québec	Le Patriote	—	$340 000	— 18,9%
	L'Atelier	—	$114 000	— 6,3%
	La Manufacture	—	$ 80 000	— 4,4%
	Th. du Vieux Q.	—	$ 77 500	— 4,3%
	Le Parminou	—	$ 72 500	— 4,0%
	TOTAL		$684 000	37,9%
Montréal	Revue Theatre	—	$ 33 000	— 27,7%
	Le Patriote	—	$ 26 000	— 21,8%
	Th. nat. de mime	—	$ 15 000	12,6%
	La Manufacture	—	$ 12 500	— 10,5%
	Mtl. Theatre lab.	—	$ 3 000	— 2,5%
	TOTAL		$ 89 500	75,1%

Cinq groupes sur 34, 65 et 10 ont obtenu respectivement 30, 29 et 15 des 93, 150 et 21 subventions accordées au Jeune théâtre pour adultes.

Quelques observations : j'ai déjà signalé que le Playwright Workshop était un cas à part; le Revue Theatre vient en tête de liste au fédéral et au municipal; le Théâtre de l'Atelier est une compagnie relativement apparentée aux institutionnelles; le Patriote est assisté de façon étonnamment élevée par les Affaires culturelles. Sans doute les propriétaires de la maison reçoivent-ils plus d'octrois parce qu'ils offrent leur salle à plusieurs groupes différents dans une saison?

L'équipe de La Marmaille pour la production de *La Vie à trois étages*, inaugurant le Théâtre Denise-Pelletier à l'automne 1977.

En théorie, la position se défend mais en pratique, dès qu'on questionne la nature (de piètre qualité ces dernières saisons [24] du théâtre présenté et que l'on tient compte de la réticence des troupes à s'y produire, on constate sans peine que nous sommes en présence d'une subvention donnée selon un ordre de quantité, sans souci de la qualité. Surtout si on songe que le Patriote n'a guère été autre chose qu'un «garage» disponible à un minimum de frais et de services. Une semblable attitude demeure extrêmement déplorable.

---

24. Il est éclairant à ce propos de signaler que pour la saison 1979-80, deux jurys différents (l'un au Conseil canadien des arts, l'autre au MAC) ont refusé toute subvention au Patriote en dépit du fait que les Pouvoirs publics avaient recommandé de généreux octrois d'immobilisation pour la construction d'une nouvelle salle. La situation est paradoxale. L'État accorde d'un côté pour «Immobilisation»; de l'autre, deux jurys refusent pour «Fonctionnement», suite à une évaluation négative de l'activité du Patriote. Pris en souricière de la sorte, les propriétaires, avec une certaine habileté, ont formé une direction artistique avec des praticiens du milieu (soient Jeannine Sutto, Gaétan Labrèche et Yvan Ponton). Mais alors qu'ils prétendent œuvrer dans le secteur du Jeune théâtre, ils font appel à des praticiens travaillant plutôt du côté de l'Institutionnel. Doublement paradoxal.

Autre observation : exception faite du Parminou, aucun organisme de Jeune théâtre parallèle ne se retrouve dans la liste des cinq mieux nantis. Doit-on y voir le résultat d'un choix idéologique de la part des Pouvoirs publics ou une simple question de circonstances, voire même une combinaison des deux facteurs? Les mieux garnis du Jeune théâtre pour adultes seraient-ils les plus conventionnels de tous, outre le fait qu'ils en sont habituellement les plus âgés? Question épineuse dont la réponse tend bien davantage vers l'affirmative que la négative.

J'ai parlé précédemment des exemples de l'Atelier, du Revue et du Playwright Workshop. Tout commentaire supplémentaire à propos du Patriote serait superflu. Il reste donc, en plus du Parminou, le Grand Cirque (subventionné après avoir donné le meilleur de lui-même et aujourd'hui pratiquement disparu), le Théâtre du Vieux Québec (mené par des professionnels déjà bien expérimentés) et La Manufacture (formée au départ de comédiens également connus du milieu).

Un groupe pratiquement disparu (Le Grand Cirque), une maison active (Le Vieux Québec) tant comme groupe de création que comme lieu disponible pour d'autres groupes, et une compagnie (La Manufacture) qui n'est pas une véritable troupe. Dans une perspective de renouvellement des formes théâtrales et de création artistique, les présents groupes, à des degrés divers, ne sont ni nécessairement les plus efficaces, ni les plus actifs, ni les plus audacieux. Il est même possible de se demander s'ils ne sont pas les mieux subventionnés simplement parce que les plus connus et vus? Cercle vicieux encore et toujours que celui qui veut que le plus âgé et le plus connu soit le plus aidé, etc., même au Jeune théâtre.

Absence de politique claire, disons-nous une nouvelle fois. Il faut toutefois noter qu'avec les trois dernières saisons, les choses se sont passablement améliorées, surtout aux Affaires culturelles. Au Conseil canadien des arts, tout évolue beaucoup moins rapidement. Quant au Conseil métropolitain des arts, il se signale, je l'ai déjà dit, par le vide, l'ignorance la plus absolue de tout ce qui a nom Jeune théâtre. L'organisme semble sclérosé à tout jamais. Mais même au palier provincial, on est encore loin d'une politique véritable et satisfaisante.

Théâtre d'été[25]

Un mot au passage sur cette cinquième catégorie. Peu d'énergies de la part des Pouvoirs publics ont été dépensées de ce côté, avec raison si l'on considère le fait que le divertissement et l'activité sociale de vacances y prennent nettement le pas sur la création artistique et théâtrale et que la majorité de ces théâtres sont des compagnies à but lucratif, contrairement aux groupes des autres pratiques. Notons au passage que Montréal n'intervient pas dans ce secteur. Voici le tableau général :

	Ottawa	*Québec*
Montants versés	$620 100	$741 610
Pourcentages	2,63%	3,89%
Nombre de groupes	8	17
Moyenne versée	77 512	$43 624
Nombre de subventions	28	65
Moyenne versée	$22 146	$11 409

Ottawa n'a pratiquement pas assisté les théâtres d'été, abstraction faite de l'aide allouée au Festival de Lennoxville qui compte pour $476 000 des $620 100, soit 76,6%. Suit le Théâtre de la Marjolaine avec $94 500, soit 15,2%. Et déjà on peut dire que c'en est fait de l'action fédérale en la matière.

Québec a davantage réparti ses crédits. Ici, comme partout ailleurs, les compagnies les plus favorisées sont les plus anciennes : La Marjolaine à $184 500 pour 24,8% ; La Fenière à $116 610 pour 15,7%.

Si La Marjolaine, qui fêtait ses vingt ans à l'été 1979, a toujours œuvré dans une veine originale (la comédie musicale québécoise), faisant figure de pionnier en la matière, et a été en conséquence subventionnée à juste titre, il n'est pas possible d'en dire autant de La Fenière. En effet, la grange de Georges

25. Pour plus de détails, voir les tableaux 37 et 38.

Delisle s'est complue dans les boulevards, vaudevilles et autres divertissements de même nature, tous peu signifiants, retenus aux seules fins d'amusements sans égards à une quelconque qualité artistique ou autre. Entreprise à succès dont le mode de gestion correspond à l'approche marchande, La Fenière n'aurait jamais dû recevoir l'aide de l'État.

Si ce genre de maison n'arrive pas à faire ses frais elle-même, l'État n'a pas à lui prêter secours. L'expérience illustre d'ailleurs, et la prolifération des théâtres d'été ces dernières années le démontre, qu'un tel mode de spectacle estival rencontre la faveur d'un public nombreux.

Les choix du MAC laissent voir, encore pour cette catégorie de théâtre, une incohérence flagrante, une incapacité ou une non-volonté d'ordonner ses modes d'attribution.

Organismes et services [26]

Tableau général

	Ottawa	Québec	Montréal
Montants versés	$975 753	$1 062 280	$64 000
Pourcentages	4,14%	5,57%	1,72%
Nombre de groupes	7	16	4
Moyenne versée	$139 393	$66 392	$16 000
Nombre de subventions	54	82	16
Moyenne versée	$18 069	$12 954	4 000

Le Centre canadien de théâtre, aidé jusqu'en 1969 et 1970 par Ottawa et Québec n'étant pas un organisme spécifiquement attaché au Québec, la totalité des sommes d'argent investie par le fédéral depuis dix ans, est toutefois peu élevée, et est allé à deux associations : Le Centre d'essai des auteurs dramatiques et

---

26.   Pour plus de détails, voir les tableaux 39, 40, 41.

l'Association québécoise du Jeune théâtre. Ces deux organismes ont touché respectivement 22,8% et 9,8%. Une seule exception en dix saisons : Le Festival dramatique du Canada en 1976-77.

Pour les mêmes périodes, le MAC est venu en aide (en plus des deux regroupements mentionnés avec 15,9 et 44,6%) au Festival de théâtre étudiant et au Québec Drama Festival de Verdun. Quelques groupes s'ajoutent avec l'année 1977-78. Il est normal que les deux associations CEAD et AQJT soient subventionnées, puisqu'elles participent au développement du théâtre au Québec de façon importante. Nul doute que leurs subsides devraient être accrus. On est justifié de s'étonner de constater qu'encore une fois, Montréal n'assiste pas ces deux organismes.

Conclusion

La présente analyse (je devrais dire : le présent déblayage) aura tenté de mesurer avec précision les écarts entre les diverses catégories de théâtre au Québec. Existent les mieux pourvus et les autres. De plus, chaque section possède ses riches et ses pauvres. Les Pouvoirs publics n'effectuent pas toujours leurs versements en raison de critères limpides. Toutes sortes de failles sont décelables : incohérence, laxisme, sévérité incompréhensible, le tout en raison de l'absence d'une politique claire. À défaut de celle-ci, l'État agit un peu au hasard des demandes et surtout en conformité avec la tradition. Il apparaît coincé par une «pseudo-volonté» (pseudo parce qu'irréalisable de toute façon) de non-ingérence dans les contenus qui équivaut la plupart du temps à l'inaction.

Plusieurs conclusions s'imposent à ce stade de notre étude : l'État doit certes réduire les écarts, mais pour y arriver il lui incombe de se définir et non de se contenter de discours éloquents ou de vœux pieux comme il l'a souvent fait jusqu'à maintenant [27].

---

27. On verra au dernier chapitre, lors de l'analyse du discours de l'État, que derrière une apparente ligne de pensée continue se cache une imprécision constante entre le passage d'un principe théorique à son application pratique.

L'équipe du Parminou, une troupe de métier établie dans les Bois-Francs, en 1977.

Réduire les écarts, c'est assister le plus grand nombre tout en permettant à la qualité de prendre un véritable essor. Voilà qui ne saurait aller sans une augmentation considérable des subsides dévolus au théâtre et sans un changement majeur de la façon de le faire.

Seul le pari de la modernité amènera l'État à exercer une action véritablement stimulante. Cette gageure doit nécessairement s'accomplir au détriment, dans une bonne mesure à tout le moins, de ce que d'aucuns nomment le grand art ou l'art tout court. Je fais référence à ceux qui ne reconnaissent comme art que ce qui correspond aux canons traditionnels, à leurs canons traditionnels. Le problème est de taille puisque, bien souvent, ces gens sont les détenteurs du ou des pouvoirs, tant en matière politique que théâtrale. Ce sont eux qui véhiculent les idéologies dominantes.

Le pari de la modernité tient d'abord à une chose: privilégier la création (la subventionner en priorité) sous toutes ses formes et non l'approche marchande ou encore souvent celle qui, tout en ne se donnant pas pour telle, n'en obéit pas moins à ses règles. La plupart des compagnies ou troupes de théâtre sont dotées de chartes de maisons à but non lucratif. En pratique toutefois, plusieurs procèdent comme si elles étaient des entreprises marchandes. Leur publicité et leurs slogans ne laissent guère de doute là-dessus.

Faire preuve d'audace pour l'État, c'est tout mettre en œuvre pour que le théâtre devienne le ferment actif de la collectivité qu'il doit être (avec les dangers que cela comporte pour l'État lui-même, sinon le pari n'est pas tenu). Alors et alors seulement, l'État sera peut-être devenu un ferment actif pour le théâtre.

La situation actuelle n'a rien de réjouissant. Depuis les dernières années, les crédits alloués au théâtre ont peu changé, après avoir connu des hausses importantes: jusqu'en 1976-77 à Québec et 1975-76 à Ottawa. Depuis, dans un cas comme dans l'autre, les augmentations ont été modestes, comblant à peine la hausse du coût de la vie. De plus, elles n'ont pas atteint également toutes les pratiques théâtrales. Le bilan présent reste donc terriblement insatisfaisant.

Une évidence saute aux yeux: l'État doit délier les cordons de sa bourse à l'endroit du secteur culturel. Je le redirai souvent plus loin. Du côté du milieu théâtral, on commence à se serrer les coudes. Les praticiens de toutes catégories réclament une augmentation des subsides. Il s'agit moins, entend-on de plus en plus aujourd'hui, d'enlever à l'un pour donner à l'autre. Et tous ont bien raison. Il importe donc que les artisans du théâtre cessent de réclamer les privilèges du voisin, au-delà de la traditionnelle perspective dualiste: théâtre institutionnel-grands organismes/jeune théâtre-petits organismes. Le Jeune théâtre l'est de moins en moins et, parfois, s'il ne fonctionne pas selon les mêmes critères de production que l'institutionnel, c'est faute d'en avoir les moyens. En effet dans plusieurs cas, tant au plan des contenus que de l'esthétique, il ne s'en éloigne pas toujours.

Le théâtre au Québec fait donc face à un sérieux problème de croissance. Comment l'État va-t-il répondre à la demande? Il se refuse à limiter le développement des grands organismes (cf. *Livre Blanc*, on y reviendra plus loin) pour faciliter celui des plus jeunes. Dans les faits, tant qu'il n'accroît pas ses crédits, ce sont les jeunes organismes qui apparaissent les plus pénalisés, empêchés de grandir normalement. D'un autre côté, les grandes compagnies, en raison des restrictions surtout fédérales mais, dans une moindre mesure, aussi provinciales, se voient limitées. Le cas du TNM est exemplaire. Celui de Stratford en Ontario paraît plus dramatique encore.

Que faire ?

Augmenter les crédits certes mais, en même temps, réévaluer la situation sous tous ses angles. Tant les compagnies institutionnelles que les groupes de jeune théâtre sont des organismes privés subventionnés ou aspirant à l'être. Il est étonnant de ne voir des compagnies privées non-subventionnées que l'été. Ne devrait-il pas exister des maisons œuvrant sur une base annuelle, à but lucratif et proposant un théâtre commercial de «qualité». Rien de tel au Québec, sauf exceptions: le Théâtre des Variétés ou l'expérience récente de la *La Cage aux folles* (je m'abstiendrai d'aborder la question de la «qualité» pour les deux exemples que je cite). Le Québec est-il un milieu trop petit pour que soient viables de telles organisations ?

À quoi servent les subventions ? À favoriser la création et la production de spectacles de théâtre ou à maintenir les prix des billets artificiellement bas pour n'importe quelle sorte de représentations théâtrales ? Faut-il souhaiter une hausse du coût des billets ? Il coûte généralement bien meilleur marché d'aller au théâtre à Montréal qu'à Paris ou New York. Est-ce normal ? Le théâtre sera-t-il davantage réservé à une élite si les places deviennent plus chères ? Peut-être mais le maintien du prix des billets à un niveau le plus bas possible n'est pas la seule garantie pour rejoindre un plus large public. Il faut compter avec le lieu, sa situation géographique, ses connotations physiques et sociales et culturelles, le type de théâtre offert, etc. Le problème est épineux, il devra être débattu. Il ne suffit pas de se définir un statut de compagnie à but non lucratif pour avoir droit à une subvention. Pourtant, à l'heure actuelle...

Une des pièces au dossier concerne l'intervention des municipalités et de l'industrie privée, et également des individus. Les municipalités n'ont pas été suffisamment actives jusqu'à maintenant. Déjà le Rapport Pasquill le signalait au début des années soixante-dix. À défaut d'accorder des subventions directes, les villes devront au moins accroître leur assistance au théâtre en offrant locaux et services. L'industrie privée devra intervenir de manière plus constante et non seulement lors de manifestations de prestige. Il s'agit pour elle d'un canal de publicité qui, par

Trois et sept le numéro magique, par la troupe de femmes du même nom à l'automne 1977.

surcroît, lui offre des avantages fiscaux en retour de son aide. Quant aux individus, tout est à faire, il leur faudra se départir d'une certaine irresponsabilité en la matière. Ce n'est pas parce que l'État assume une responsabilité qui lui incombe (de façon fort incomplète on l'a vu) que l'individu s'en trouve d'office libéré.

Il ne faudrait pas oublier non plus une question fondamentale, celle de la politique culturelle. Le chapitre V tente de dégager les attitudes des Pouvoirs publics en ce sens. Quand elle existe, même à l'état embryonnaire, elle reste imparfaite et souvent l'énoncé de principe n'a guère de suites dans la pratique, de sorte qu'il ressemble fort à un vœu pieux. Une politique culturelle en matière de théâtre devra-t-elle venir du milieu? Il a sûrement un rôle déterminant à jouer ici. Saura-t-il le remplir, au-delà des antagonismes normaux et nécessaires, tant à l'intérieur qu'à l'extérieur? Le défi est de taille.

CHAPITRE IV

Conséquence des rapports entre l'État et le théâtre : la censure

Toute décision de communiquer quelque chose est, en même temps, une décision d'exclure tout le reste. Tel est, de manière générale, le fonctionnement binaire de la censure. Qui choisit, exclut. Tous les autres phénomènes de censure (déformation, substitution, adjonction, conjonction, etc.) sont les résultantes, les effets et/ou les réactions, du principe de base Augmentation-Réduction. S'il est une réalité manichéenne, c'est bien celle de la censure et du censeur, lequel s'est toujours défini comme le garant de la morale du goût, en un mot : du bien en regard du mal.

Tout organisme, privé ou public, dont le rôle est de prêter assistance aux divers champs culturels, exerce (tantôt subtilement, tantôt grossièrement, tantôt inconsciemment) une censure. À partir du moment où une institution, ou le plus souvent l'État édicte les règles du jeu, elle pose des jugements de valeur, à tout le moins implicites. L'énoncé vaut tant pour les pays à régime totalitaire[1] où la censure est spécialement rigide, que pour ceux à régime de démocratie capitaliste. Dans ce cas, la liberté d'expression, affirmée en principe, se voit régulièrement contrée ou limitée dans les faits.

Mais comment subventionner et aider la culture sans juger, en dernier ressort, de ce qui fait le contenu même de cette culture ? Est-il seulement possible d'y arriver ?

La censure moderne s'est développée parallèlement aux moyens de communication de masse. Il est significatif en ce sens de constater que les arts d'avant-garde sont très peu censurés, étant donné qu'ils ne rejoignent habituellement qu'un petit nombre d'initiés ; alors que la culture de masse l'est vigoureusement, car c'est à l'intérieur de celle-ci que sont entretenues les idées reçues et l'idéologie en place.

---

1. En Russie, par exemple, il existe deux littératures : la dissidente, publiée à l'ouest, et la conformiste, distribuée à l'intérieur du pays, en quelque sorte étatisée. Cela ne va pas sans créer des remous. Telle l'action récente de vingt-trois écrivains soviétiques « officiels » contre la censure, et réclamant une véritable liberté d'expression. Le fait est rapporté dans le journal *Le Devoir* du 24 janvier 1979.

« Aujourd'hui chacun — même le plus critique à l'égard de l'économie du marché — juge juste et normal de pouvoir librement s'exprimer, de pouvoir librement choisir et consommer les types de signes qu'il désire, et en général de jouir, sur le plan culturel, de tous les avantages liés à la constitution d'un marché (...) Au contraire, toute entrave à la liberté du marché culturel est ressentie comme une oppression surtout par les couches sociales les plus « cultivées » c'est-à-dire celles qui ont l'usage le plus diversifié et le plus complexe des possibilités offertes par le marché culturel[2]. »

Il est un phénomène reconnu que les intellectuels prennent régulièrement parti contre les appareils de pouvoir, que lorsqu'ils n'en détiennent pas les postes de commande, ils les combattent souvent ouvertement. L'attitude se vérifie plus aisément encore du côté des artistes.

La censure ne s'intéresse pas aux informations comme telles mais bien à leurs effets, à leurs connotations, à leur symbolisme expressif. C'est pourquoi elle se préoccupe autant de l'art qui, régulièrement sinon dans son essence même, est retour aux choses, effort pour se débarrasser des codes. Une parenthèse explicative s'impose ici : à travers les âges, l'art a multiplié ses propres codes esthétiques de la même façon que les sociétés ont développé leurs codes politiques, moraux et thématiques. L'art est forcément le microcosme de cette société.

D'une part, il obéit à ses propres codes esthétiques, est relativement autonome, est dominé par l'idéologie de l'Institution littéraire et artistique. De l'autre, il s'inscrit toujours en rapport avec une société (qui en détermine les conditions d'opérations très souvent) dotée de codes moraux, esthétiques et politiques maintenus par l'Appareil politique. L'art oscille toujours entre le microcosme et la mimésie parfaite.

Dans l'alternative, l'art propose un double courant, tant en matière esthétique que politique et sociale : celui des choses en place (l'idéologie[3] dominante aux valeurs de permanence, de stabi-

---

2. Olivier Burgelin, « Censure et société » in Revue *Communication*, no 9 page 123.

3. On peut définir l'idéologie, d'après Althusser, comme « la façon dont les hommes vivent leurs rapports à leurs conditions d'existence ». Les idéologies pratiques comme des « formations complexes de montages, de notions, de représentations d'images d'une part, et de montages de comportements, attitudes,

lité et de sécurité) et celui à inventer (se définissant presque toujours contre le premier). Le théâtre, parce qu'il est art collectif dans sa fabrication aussi bien que dans sa communication, a tendance à rester plus proche (que certains autres arts) de la société dans laquelle il évolue.

Parce qu'il est à la fois divertissement et éducation, parce qu'il est plaisir (notre société a longtemps entretenu la notion de «plaisir défendu[4]») et question, parce qu'il cherche souvent à modifier les structures sociales et humaines, parce qu'il est régulièrement critique, parce qu'il est politique, cet art éphémère du théâtre est une cible privilégiée de la censure.

La censure, «c'est l'interdiction avant publication de tout ce qui pourrait troubler l'ordre, menacer les institutions, répandre de fausses nouvelles, corrompre les esprits» (Robinet). La censure n'a donc d'autre fonction que de protéger la paix, de sauvegarder la morale et de maintenir en place les gens qui s'y trouvent, leurs institutions et leurs idéaux, qui devront être partagés par tous. Si l'idéologie est «la façon dont les hommes vivent leurs rapports à leurs conditions d'existence» (Althusser), l'idéologie dominante est la façon... proposée et maintenue par ceux qui détiennent le pouvoir. Leur position n'est jamais étrangère à une position de censure. Il s'agit de protéger leur paix, leur morale, leurs idéaux, etc.

«Interdire avant publication» en matière de théâtre doit se lire de deux points de vue majeurs: 1. Interdiction d'une œuvre théâtrale sur seul jugement du texte sans égards au spectacle ultérieur. L'évolution du langage dramatique est telle aujourd'hui qu'il n'est plus possible de juger l'un sans l'autre. Le théâtre moderne s'est détaché en bonne part de la littérature, de sorte que l'écrit a perdu de son importance, et surtout de sa primauté.

---

gestes d'autre part; l'ensemble fonctionnant comme des normes pratiques qui gouvernent l'attitude et la prise de position concrète des hommes à l'égard des objets réels de leur existence sociale et individuelle et de leur histoire.» Cité par Régine Robin, in *Histoire et linguistique*, A.-Colin, 1973, p. 101-102.

4. Au Québec, historiquement, il n'est que de voir sur ce plan les condamnations répétées du clergé à l'endroit du théâtre en général, et spécialement de la comédie pour se convaincre de cette dimension. Une étude récente (1979), *L'Église et le théâtre au Québec* de Jean Laflamme et Rémi Tourangeau, relate bien cette question. Quant à la notion de «plaisir», le metteur en scène italien Giorgo Strehler (à la suite de Bertolt Brecht) l'explique fort justement: «Le plaisir que l'on prend au théâtre naît de la représentation des rapports de l'homme et de la société, naît de voir ces rapports qui, pour beaucoup d'entre nous, sont difficiles ou résolus, ou posés de façon plus claire qu'on ne peut le faire dans la vie.» In *Notre Théâtre*, Revue Théâtre populaire, no 33, 1959.

LE PAYS THÉÂTRAL

vol. 2 — numéro 1

théâtre d'aujourd'hui   revue de théâtre — saison 78-79

"le conseil
se réserve le droit
de reviser, s'il le juge à propos,
toute subvention
même déjà recommandée"

"le texte
de toute création
ou adaptation destinée à la scène
devra accompagner
la demande de subvention"

LA POLITIQUE DU CONSEIL
DES ARTS DE MONTRÉAL

Il tend à n'être que la partition verbale d'une production de sens où le visuel prend place prépondérante[5]. Le livret peut être porteur d'une signification riche, il est toujours plus ou moins littéraire et il ne possède parfois qu'une valeur relative en regard de l'ensemble des signes qui composent la représentation. Interdire avant représentation, c'est non seulement faire acte de censure, mais encore poser cet acte à l'endroit d'une communication non achevée.

    2. Interdire avant publication implique nécessité de s'attacher aux mécanismes mêmes des subventions, aux règles administratives et autres, qui en régissent l'attribution. Dans les nations où l'État, c'est le cas du Québec, est le principal bailleur de fonds, étudier le fonctionnement de son assistance à l'endroit du théâtre, c'est se pencher sur le point de vue du pouvoir.

    Cette seconde interdiction trouve des exemples éloquents. Quand, pour un, le Conseil des arts de la région métropolitaine a édicté son fameux règlement de 1970 (voir Annexe, page suivante), il établissait des normes strictes. Rien là de surprenant, au contraire; tout organisme public se doit d'établir des règles précises s'il veut éviter l'arbitraire et l'incohérence, cet arbitraire qui a trop souvent été la loi, comme l'ont reconnu les responsables du Service du théâtre au Ministère des Affaires culturelles en mars 1977 :

> « Le Ministère des Affaires culturelles n'a jamais fait connaître les normes et critères en vertu desquels il établit le montant de ses subventions. Il en résulte que, pour les compagnies de théâtre, la quête d'une

---

    5. Je fais référence ici à l'étude de Patrice Pavis, *Problèmes de sémiologie théâtrale* publiée en 1976 aux Presses de l'Université du Québec où il explique les différentes dimensions du signe théâtral. Il met en valeur les relations entre les signifiants textuels et visuels en plus de montrer que dans une présentation théâtrale, tous les éléments (décor, éclairage, accessoire, gestualité, mimique, mouvement, costume, bruit, musique, texte, ton...) sont porteurs de sens et composent l'œuvre complète. De même Anne Ubersfeld, dans *Lire le théâtre*, définit le message théâtral dans une formule claire $M = T + P$, qui synthétise les explications de Pavis. (M = message, T = texte, P = présentation). Nous parlons en théâtre de production intentionnelle de sens déterminée par les deux grands axes T et P. En réalité la représentation P est la somme de T (texte du scripteur-auteur qui à travers dialogues et didascalies fournit des indications de P) et de T (mise en signes du metteur en scène et de tous les autres artisans d'une production théâtrale).

subvention devient une sorte de plongée dans le vide dont on ne peut prévoir les résultats[6]. »

Le Conseil des arts de Montréal exigeait alors de prendre connaissance de tout texte de création avant de lui octroyer une aide quelconque. Ce faisant, il formule des contraintes pour une catégorie de dramaturgie et non pour l'autre. Sa politique est discriminatoire, elle favorise l'un (le répertoire) et se montre méfiante envers l'autre (la création). Dans les circonstances, son action — théoriquement du moins — incitera les compagnies de théâtre à faire davantage place à la dramaturgie favorisée (phénomène d'augmentation), au détriment de la création (phénomène de réduction). Cette dernière devra obéir, si elle veut être subventionnée, à certaines normes morales du Conseil.

---

6.   «L'Aide financière au Théâtre institutionnel», Ministère des Affaires culturelles, mars 1977, Québec.

ANNEXE

CONSEIL DES ARTS DE LA RÉGION MÉTROPOLITAINE DE MONTRÉAL
THE GREATER MONTREAL COUNCIL OF ARTS

Avis aux directeurs de théâtre
Règlements pour les compagnies de théâtre

1. Le Conseil des Arts de la région métropolitaine ne considère comme éligibles à des subventions de production que les pièces du répertoire.

2. Les créations ne seront éligibles à des subventions de production que si le texte existe et peut être lu avant que la subvention ne soit accordée.

   > Le Conseil des Arts prend pour acquis que les directeurs de théâtre savent qu'il existe à Ottawa et à Québec, au Conseil des Arts du Canada et au Ministère des Affaires culturelles, des bourses appréciables pour aider les auteurs.

3. Le Conseil des Arts de la région métropolitaine de Montréal se réserve le droit de refuser une subvention à la production d'une ou plusieurs pièces qu'il considère comme:
   a) non conforme aux conditions des paragraphes 1 et 2;
   b) étant d'une nature telle qu'elles comportent un trop grand risque financier;
   c) d'un caractère purement commercial et capable de faire ses frais sans l'aide de subvention;
   d) pouvant plus avantageusement être présentées par une autre compagnie.

4. Le Conseil se réserve le droit de vérifier ou de faire vérifier l'état des revenus et dépenses d'administration et de production.

5. Après la fin des représentations de chaque pièce la compagnie devra nous présenter dans le plus bref délai possible un rapport détaillé des recettes et des dépenses selon les divers postes du budget et des résultats de l'assistance selon le nombre de billets payés, non payés et à prix réduits.

Une simple mention de quelques œuvres jugées peu orthodoxes par le Conseil illustre ce point de vue moral qui est le sien : *Faut jeter la vieille*, *Gens de Noël Tremblez*, *Ti-Jésus Bonjour*, *Les Fées ont soif*.

Si donc, une compagnie de théâtre veut bénéficier des octrois du Conseil métropolitain, elle doit se conformer à ses points de vue. « Refuser de subventionner n'est pas censurer » a-t-on entendu à plusieurs reprises lors de la polémique entourant la pièce *Les Fées ont soif*, durant la seconde moitié de l'année 1978. Sans doute, à la condition que ce refus n'entraîne pas un empêchement pur et simple de la production elle-même. Il importe peu que l'interdit tienne à un manque de fonds ou à une action en justice, du point de vue du résultat. Et nul n'ignore que, dans une collectivité comme la nôtre, une compagnie ou une troupe de théâtre ne peut subsister sans l'aide des Pouvoirs publics.

De plus, on reconnaîtra aisément qu'une semblable attitude déroge complètement à la politique usuelle d'attibution d'octrois de la part de gouvernements à l'endroit du théâtre. Les compagnies, spécialement les plus importantes mais aussi les autres, ont traditionnellement été subventionnées pour l'ensemble de leurs activités et non pour chaque production en particulier, encore moins sur examen de l'orthodoxie ou non du contenu de chaque création. Il en est toujours allé ainsi au Conseil des Arts d'Ottawa ainsi qu'au Ministère des Affaires culturelles du Québec, les deux plus importantes sources de financement. On sait par ailleurs que le fonctionnement diffère au cinéma où des subventions sont accordées pour chaque projet particulier, et non pour un ensemble d'activités. La comparaison reste toutefois boiteuse, puisqu'il n'existe pas au cinéma de maisons qui proposent un programme annuel comme cela se fait au théâtre.

« Refuser de subventionner n'est pas censurer. » L'assertion a été lancée par André Naud, professeur à la Faculté de théologie de l'Université de Montréal, dans le journal *Le Devoir* du 7 octobre 1978, au beau milieu de la polémique des *Fées ont soif*. Le même argument fut repris le 4 décembre suivant par l'éditorialiste et rédacteur en chef du même quotidien, Michel Roy, lequel se refusera à parler de censure jusqu'à ce qu'une injonction interlocutoire, interdisant la diffusion du texte, soit accordée le même jour par le Juge Paul Reeves. Voici la fin du texte de l'éditorial :

> « La vérité oblige encore à dissiper certains malentendus. Ni l'archevêque de Montréal ni le Conseil

les ptits enfants laliberté
présente

DIGUIDI DIGUIDI HA! HA! HA!

Au Théâtre d'Aujourd'hui en janvier 1973.

des Arts de la région n'ont proposé de «censurer» ou «d'interdire» la pièce. Cela justement, eût été inacceptable dans une société pluraliste. (...) Quant au Conseil des Arts que préside le Juge Vadeboncoeur, il a refusé de subventionner cette pièce en particulier, ce que font tous les autres Conseils des arts à l'égard des œuvres qu'ils n'approuvent pas pour diverses raisons. On souhaiterait que le Conseil montréalais se dote de règlements plus clairs et plus réalistes, qu'il n'intervienne pas de cette manière dans le choix des pièces. Mais il n'a pas, Dieu merci, le pouvoir de censurer. À preuve: Les Fées... font salle comble tous les soirs [7]. »

Nier au Conseil des Arts de Montréal ou à tout autre Pouvoir public la capacité de censurer, c'est considérer la situation d'un point de vue théorique seulement. Rappelons-le, le théâtre ne saurait vivre sans subventions. Cela est vrai en général et plus encore en ce qui concerne les créations, toujours plus risquées par leur nature même de nouveauté.

7. *Le Devoir*, 4 décembre 1978.

Refuser de subventionner une création n'est pas évidemment en interdire la réalisation. Ce refus a néanmoins pour conséquence de la rendre beaucoup plus malaisée. Il est facile d'imaginer qu'une compagnie qui offrirait un trop grand nombre de créations jugées peu orthodoxes et donc non subventionnées par le Conseil montréalais se verrait, à toutes fins pratiques, dans l'impossibilité de fonctionner. Le scénario est théorique certes! Il permet néanmoins de voir combien une telle politique pourrait avoir des conséquences désastreuses sur la naissance d'une nouvelle dramaturgie. Il aurait alors l'effet d'une censure brutale.

De plus, il est hasardeux d'avancer que tous les Conseils des Arts refusent de subventionner des œuvres qu'ils n'approuvent pas pour diverses raisons, comme l'a fait celui de Montréal pour cette pièce en particulier. Les gouvernements d'Ottawa et de Québec n'ont édicté aucun règlement similaire à celui des autorités municipales de Montréal. Nous verrons plus loin que le Conseil fédéral et le Ministère québécois ne sont pas exempts de toute forme de censure, au contraire, mais que jamais elle ne prend la forme d'une évaluation de l'orthodoxie des contenus.

En traitant de la sorte l'attitude du Conseil montréalais, l'éditorialiste, sans aller jusqu'à endosser l'action présente, ignore le fait de censure et se borne à reprocher à l'organisme la non-clarté et l'irréalisme de ses règles. Enfin, lorsque Michel Roy termine en rappelant que le Conseil n'a pas le pouvoir de censure («À preuve: *Les Fées* font salle comble tous les soirs»), il illustre le caractère paradoxal et l'inefficacité de toute censure dans ce qu'il avance, à tort, comme preuve de non-censure.

D'ailleurs, l'évolution lente de la dramaturgie québécoise n'est pas étrangère à l'action-inaction des Pouvoirs publics à son endroit. Bien plus que les maisons institutionnelles, ce sont les groupes de Jeune théâtre qui se sont majoritairement consacrés à la création. Or, ce sont ces groupes qui ont été mal assistés par l'État; pratiquement rien avant 1973, comme nous l'avons vu antérieurement, et pour l'ensemble, 9% au Conseil des arts d'Ottawa, près de 18% au Ministère des Affaires culturelles et 4% au Conseil des arts de Montréal. La politique de censure brutale du Conseil des arts n'en devient-elle pas une de censure sournoise aux autres paliers gouvernementaux? Le Jeune théâtre n'est pas sous-subventionné parce qu'il fait de la création, sauf peut-être au Conseil des arts de Montréal, mais néanmoins...

Toute censure est paradoxale et porteuse d'un scandale en soi. Elle déclenche, chaque fois qu'elle entre en jeu, un scandale

Affiche du Festival de Théâtre pour Enfants, organisé par l'Association québécoise du Jeune théâtre.

LE 7ᵉ FESTIVAL
QUÉBÉCOIS DE
THÉÂTRE POUR ENFANTS

AU PARC LAFONTAINE DU 22 AU 28 AOÛT 1980
RENSEIGNEMENTS: (514) 526-5967

plus grand encore que celui qu'elle prétendait éviter. Référons-nous encore aux *Fées ont soif*[8]. Ne pas les subventionner, pour le Conseil, signifiait ne pas les endosser et, à tout le moins protester, à défaut de pouvoir les réduire au silence, ce que, semble-t-il, on aurait souhaité faire.

L'intervention largement ébruitée par le Théâtre du Nouveau-Monde, passé maître dans l'art de se faire une publicité efficace, (c'est lui qui avait mis la pièce à son programme) provoqua un émoi extrême. Elle suscita autour du texte un remous tel qu'elle en fit un événement doté d'un retentissement incomparable, qui n'aurait jamais atteint une telle ampleur sans la protestation originelle. Certes, la pièce aurait probablement permis une polémique animée, mais elle serait demeurée dans le cadre, à peine plus large que d'habitude, du public abonné au théâtre qui la créait.

L'action du Conseil montréalais a provoqué l'effet contraire à celui désiré; elle a entraîné un impact publicitaire énorme, attiré des gens qui, en temps normal, ne se seraient absolument pas intéressés à cette œuvre théâtrale. C'est ce qui s'appelle rater la cible. Et il en est presque toujours ainsi dans les cas de censure ouverte.

De même que l'action du Conseil des arts de Montréal à l'endroit des *Fées ont soif* est un fait de censure pur et simple, de même son président, le Juge Vadeboncoeur, fait figure de censeur par excellence. Lors de sa nomination à la présidence, en juin 1977, il précisait ne pas voir son rôle comme «président d'un comité de censure» mais par ailleurs il conseillait à ses membres d'être «très vigilants». Il mettait aussi en garde les membres du Conseil contre la mauvaise utilisation des fonds publics qui encouragerait la diffusion de «pièces subversives» qui viseraient «à détruire l'ordre établi, démolir l'édifice social par la base en se moquant de l'autorité et en ridiculisant les principes[9]».

En véritable censeur, il s'arrogeait le droit exclusif d'avoir raison contre tous, de tout voir pour légiférer et subventionner,

---

8.   Je fais abondamment référence à l'affaire *Les Fées ont soif* pour deux raisons: d'une part, en raison du caractère très récent de l'événement, de l'autre, et principalement, à cause de la valeur d'illustration exemplaire de la censure fondamentale qu'elle constitue.

9.   Propos rapportés par la journaliste Angèle Dagenais dans le quotidien *Le Devoir* du 13 juin 1978, dans un article intitulé «La Ligue des droits de l'homme condamne toute censure artistique». Je reviendrai sur ce discours du Juge Vadeboncœur dans le chapitre qui suit.

se réclamant responsable de l'utilisation des fonds publics. Les termes utilisés («vigilants, ordre établi, édifice social, autorité, principes») illustrent bien la position du censeur, et la censure comme mécanisme de défense d'une culture, dont le rôle serait de filtrer le «barbare», le «sale», «l'obscène», «l'hostile».

Traditionnellement, l'idée de censure a toujours été liée à celle d'un public coupé en deux : les gens éclairés d'une part (incluant les plus virulents critiques de la censure) et le monde ordinaire. Le censeur agit et légalise ou assume son propre système ; ce faisant, il filtre et maintient l'autre dans l'ignorance et dans l'impuissance.

Outre le fait d'un abus de pouvoir inadmissible par un groupe social sur l'autre, un tel fait de censure apparaît totalement arbitraire et dénué d'un fondement véritable. Qui peut définir les bonnes mœurs de façon positive autrement qu'en prônant le bien contraire au mal, le beau contraire au laid, le bon contraire au méchant?

Quant au critère de qualité, il n'est pas plus aisé de le définir. Comment déterminer un seuil minimum de qualité? L'acte de censure du Conseil montréalais éclaire parfaitement le fonctionnement de la censure fondamentale, celle qui s'attache aux connotations, au symbolisme expressif. Elle veut veiller au respect des valeurs ou aux normes de conformité, morales ou autres. Elle agit toujours en fonction d'un modèle culturel en vue de son institutionnalisation par la société tout entière. Le syllogisme du Conseil des arts est le suivant : nous subventionnons ceci et non pas cela, parce que nous croyons que ceci est bon et non pas cela. Et la suite demeure implicite : donc, appréciez ceci et non pas cela. Et cette censure est soutenue par les groupes censurants (ligues familiales, de moralité, églises, etc.) quand elle n'est pas pure action de pouvoir de l'État.

La censure se justifie comme la défenderesse de la continuité de la culture commune ; commune au censeur et au destinataire du message. Le pouvoir politique se couvre alors sous le manteau de la morale. Il détourne la censure vers l'intérêt d'un seul ou d'un groupe unique, au détriment de la liberté de tous.

> «Mais notre culture se trouve précisément incapable de dire ce qu'elle risque puisque les catégories uniformes qui lui permettent de marquer les frontières de toute barbarie lui interdisent du même coup de les franchir. Ce sont des catégories opaques qui prises telles quelles n'ont d'autre contenu que le méca-

nisme d'exclusion par lequel une culture se ferme et enferme tout uniment ce qui n'est pas elle et ce qu'elle ne veut pas être [10]. »

Il est intéressant d'envisager cette question du modèle culturel du point de vue de la langue utilisée au théâtre québécois. Si on remonte dans un passé récent, on constate que la naissance d'une dramaturgie québécoise est liée à l'utilisation d'une langue d'usage autre que celle traditionnellement proposée — et imposée — par le modèle normatif français international. Cette naissance ne pouvait survenir qu'à partir du moment où l'expression de la réalité trouverait, on tenterait de trouver, son adéquation dans le langage. Pour ce, il lui fallait se détacher du modèle étranger.

Il eût été impensable qu'en 1953, Marcel Dubé, un de nos plus importants dramaturges, se serve du véritable parler populaire montréalais pour écrire *Zone*, alors qu'aujourd'hui cela va de plus en plus de soi. Il lui fallait composer avec le temps, atténuer en quelque sorte. Il pratiquait une forme d'auto-censure [11]. Comme elle était partagée par tous, le public vit audace là où, aujourd'hui, il décèle des traits d'atténuation nombreux.

Ce n'est qu'avec la création des *Belles-sœurs* de Michel Tremblay et la multiplication des créations collectives à la suite du Grand Cirque Ordinaire que les normes du langage ont éclaté. Le bouleversement a entraîné une polémique qui, dix ans après, n'est pas complètement disparue.

Encore là, la querelle s'est engagée sur un plan moral en plus du culturel. Elle s'est résolument alignée sur la dichotomie manichéenne du bien ou du mal parler, du riche et du pauvre langage, du beau et du laid, de l'artistique ou du vulgaire. Les tenants du modèle culturel international résumaient bien souvent les expériences dramatiques de créations (qui faisaient appel à toutes sortes de catégories de langages selon les lieux et milieux mis en action, langages toujours différents du modèle) au *joual* qu'ils qualifiaient de pauvre, d'impur, de barbare. Monsieur Guy Frégault, sous-ministre des Affaires culturelles pendant quatorze ans, ne considérait pas le joual autrement que comme une «pollution de la langue».

10. Revue *Communications*, no 9, André Glucksmann, «La Métacensure», p. 83.
11. Auto-censure inconsciente la plupart du temps aussi bien chez l'écrivain que pour le public. Je reparlerai plus loin de ce phénomène qui est pratiquement toujours une des conséquences, la plus lourde et la plus invérifiable, de la censure.

Il était fatal dans les circonstances que le développement du théâtre québécois, dont une majorité optait pour un parler proche des gens mis en scène, ne soit pas le plus favorisé par les Pouvoirs publics. De là à parler de censure, il n'y a qu'un pas. Quel était le modèle culturel du ministre Jean-Noël Tremblay qui refusait, au début des années soixante-dix, de subventionner les *Belles-sœurs* pour une tournée européenne? Quel était celui du Conseil métropolitain quand il retenait l'argent accordé au TNM après avoir vu le spectacle *Ti-Jésus, Bonjour*? Autant de jugements de valeur, autant d'indicatifs de censure.

L'action du censeur, dont le poids est d'autant plus lourd que dans un cas comme celui des *Fées...* il est juge, s'est vu promptement endossée par tous les groupes censurants: Les Jeunes canadiens pour une civilisation chrétienne, le Conseil des Chevaliers de Colomb, l'Association des parents catholiques, les Cercles des fermières, le mouvement des Cursillos, Famille du Sacré-coeur de Jésus, Fédération nationale des communautés chrétiennes. Tous ces groupes, dont le nombre étonne dans une société qui se croyait libérée d'un certain mode de censure fondamentale que d'aucuns qualifient de moyenne-âgeuse, intenteront une action en justice qui se révèlera efficace, au moins temporairement.

La censure, d'abord exercée par un appareil culturel, le Conseil des arts de Montréal, formé par les autorités politiques, est appuyée par l'appareil juridique qui, accordant une injonction provisoire, juge la cause digne d'être entendue. Maintenue et confirmée pendant un certain temps, l'interdiction est finalement levée pour des motifs de procédures. «Vous n'avez pas d'intérêt légal dans cette affaire» dira le Juge aux groupes censurants. Ce qui frappe ici, c'est la collusion entre les différents appareils d'État[12], la complicité entre l'appareil politique d'une part, et les appareils idéologiques d'État, religieux, juridique et culturel.

Il apparaît clairement que jamais la question de fond ne sera abordée, ni surtout tranchée par l'appareil juridique. On se heurte à l'impossible et à l'absurde: qui peut définir les bonnes mœurs de façon positive? Comment déterminer un seuil minimum de

---

12. Je veux compléter la note 3, page 182, et page 196, rappeler que j'utilise ici les études de Louis Althusser pour une définition des Appareils qu'il répartit en deux catégories: l'Appareil répressif d'État d'une part et les Appareils idéologiques de l'autre. «Aucune classe, précise Althusser, ne peut durablement détenir le Pouvoir d'État sans exercer en même temps son hégémonie sur les Appareils idéologiques d'État.» (*Positions* page 86).

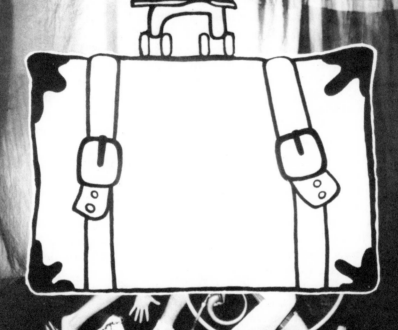

La Grosse Valise, troupe de métier installée à Joliette.

qualité? Quand une œuvre est-elle blasphématoire? Et en fonction de quels principes? Enfin, l'art ne l'est-il pas dans son essence même?

Revenons au point de départ: l'Appareil culturel, quand il dresse des méthodes de subventions, prévoit automatiquement diverses formes de sélection, d'exclusion et donc de sanction. Il censure.

Quand les divers paliers de gouvernement accordent les deux tiers, les trois quarts ou la totalité de leurs subsides dévolus au théâtre pour une seule catégorie, soit l'Institutionnelle (revoir le chapitre III pour les statistiques détaillées)[13], ils interviennent vigoureusement, privilégient et censurent. Le jugement est sans équivoque au Ministère des Affaires culturelles quand il affirme: «Ces dernières (les onze compagnies Institutionnelles) qu'on le veuille ou non, constituent l'élément le plus actif et le plus représentatif de la culture québécoise actuelle» (Document de mars 1977, sur le Théâtre Institutionnel). On est devant un jugement de valeur.

Cette appréciation est vraisemblablement également partagée par le Conseil des arts d'Ottawa, bien qu'on ne l'y trouve pas imprimée noir sur blanc. L'analyse des attributions des octrois allant au Théâtre institutionnel dans des proportions plus élevées encore, suffit à nous en convaincre. Quant au Conseil métropolitain, le jugement y est d'autant plus évident que, sauf de rares exceptions, le théâtre institutionnel est la seule catégorie de théâtre à laquelle il vient en aide.

Point n'est besoin d'évaluer le fondement de cette assertion, il suffit d'en prendre connaissance comme d'un choix qui implique obligatoirement une sélection et une exclusion, soit les deux volets qui sont à la base de toute censure. L'écart a beau s'être amenuisé ces récentes années entre ce groupe favorisé et tous les autres, aucun renversement n'a été véritablement opéré, de sorte que le modèle culturel privilégié est demeuré sensiblement le même.

Quelles sont les valeurs retenues alors? Le passé et l'expérience, l'apport d'hier garant de ceux d'aujourd'hui et de demain, toutes notions qui, bien que de la plus haute qualité, sont peu porteuses de renouveau; toutes notions qui tendent à faire du

---

13. Un simple rappel me semble utile: les Pouvoirs publics accordent respectivement 80,56% (Conseil des arts d'Ottawa), 72,56% (Ministère des Affaires culturelles) et 93,82% (Conseil des arts de Montréal) de leurs subventions au Théâtre institutionnel.

théâtre un simple reflet et miroir de la collectivité plutôt qu'un ferment actif de celle-ci (ce n'est pas là que l'art est le plus évolutif).

L'intervention du Ministère des Affaires culturelles de janvier 1979, en regard de l'affaire des *Fées ont soif*, met en lumière la position ambiguë de tout Pouvoir public responsable d'aide aux arts. Le ministre Denis Vaugeois est venu appuyer la compagnie du Nouveau Monde: pour la liberté de création et contre la censure de la part de tout organisme accordant une aide financière aux arts. Ses propos nous sont rapportés dans un communiqué officiel du TNM, en date du 1er février 1979.

> «...Monsieur Vaugeois a tenu à préciser qu'il n'appartient pas au ministre des Affaires culturelles de contester de quelque façon que ce soit les causes de ce genre lorsqu'elles sont devant les tribunaux de même qu'il n'entend user d'aucun moyen propre à restreindre plus encore la diffusion de cette œuvre. À cet égard, Monsieur Vaugeois rappelle que le rôle du Ministère des Affaires culturelles consiste essentiellement à favoriser la création et la diffusion de la création sans ingérence aucune dans le contenu des œuvres créées et qu'il ne lui appartient pas de se prononcer sur la valeur morale des œuvres offertes aux citoyens du Québec.
>
> Monsieur Vaugeois a tenu enfin à souligner que le Ministère des Affaires culturelles s'efforçait d'ailleurs de plus en plus dans l'élaboration et la mise en œuvre de ses programmes d'aide et de subvention, à mettre en place des mécanismes excluant toute possibilité d'ingérence dans les contenus des œuvres et de contrôle dans leur diffusion.»

L'affirmation d'une volonté de non-ingérence dans les contenus est sans équivoque. Confrontée au jugement de mars 1977, elle nous place cependant en pleine contradiction.

Le jugement de mars 1977 en était un de valeur. Il définissait les maisons institutionnelles comme entités culturelles théâtrales non seulement méritantes (chose indubitable) mais encore les plus méritantes (ce qui ne saurait aller sans une évaluation comparative préalable). Se prononçant de la sorte, le Ministère validait implicitement les contenus particuliers véhiculés par ces compagnies. Non ingérence des contenus au sens strict, mais appréciation favorable confirmant la position privilégiée des grou-

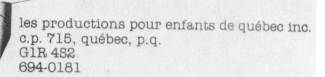

les productions pour enfants de québec inc.
c.p. 715, québec, p.q.
G1R 4S2
694-0181

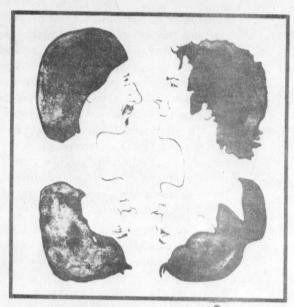

IMAGE À 4

Guide d'animation no: 6

pes concernés. Rien de comparable à un verdict moral mais établissement d'une hiérarchie qui place les autres catégories bien au-dessous.

Et quand cette évaluation s'efface au profit d'un favoritisme pur et simple... que dire? C'est pourtant le cas de la subvention d'immobilisation accordée au Patriote (soit $900 000: $450 000 par le MAC et $450 000 par le Secrétariat d'État). Aucun évaluateur, le moindrement informé, ne pouvait tracer un bilan positif de l'activité théâtrale du Patriote. Seul le mécanisme d'une certaine partisannerie a pu jouer.

Cette situation paradoxale nous ramène une fois de plus à l'assertion initiale: l'ingérence, à quelque niveau qu'elle se manifeste, existe et paraît inévitable. Toute décision de subventionner est en même temps choix de ne pas favoriser, sinon d'exclure. L'ingérence apparaît comme un obligatoire pis-aller à l'arbitraire, synonyme d'anarchie.

Le traditionnel mode de répartition des subsides de l'État révèle un autre trait de censure. Tant du côté des Conseils des arts d'Ottawa et de Montréal que de celui des Affaires culturelles, le critère de base est le fonctionnement des maisons de théâtre en leur qualité de compagnies essentiellement productrices de spectacles. La règle prévaut depuis que les gouvernements se sont dotés d'organismes de subventions. Elle est mathématique, procède d'un ordre quantitatif: plus une compagnie est grosse, plus elle produit de spectacles, plus elle rejoint un large public, plus elle doit être assistée. Et l'on est tenté d'ajouter: plus elle grossit derechef.

En termes absolus, le critère est irréprochable. Il évite, entre autres, l'ingérence dans les contenus. Il comporte toutefois des dangers très réels en ce qu'il instaure le principe de produire pour produire, ou pour conserver ses privilèges des subventions inchangées. Une compagnie pourrait alors choisir de monter une production qu'elle sait médiocre plutôt que de risquer de voir diminuer ses octrois. L'observateur attentif de la scène théâtrale des cinq dernières années s'est peut-être demandé en quelques occasions s'il ne se trouvait pas devant l'un de ces spectacles.

Comment procéder autrement? Ne risquerait-on pas de tomber dans le jugement constant en essayant d'avoir une approche qualitative tout autant que quantitative comme c'est le cas maintenant? Fausse question car il existe de toute façon un mode qualitatif, même lorsqu'un Pouvoir public se défend de le pratiquer. Il naît d'une conjugaison des deux modes d'appréciation, la quantité tenant régulièrement pour gage de qualité.

Il ne faudrait pas sous-estimer le poids d'une certaine violence administrative propre à l'Appareil répressif d'État et à ses appareils idéologiques [14]. L'État technocratique moderne, pour se justifier a souvent tendance à multiplier les règles, les formules, les intermédiaires. Cette violence existe ici et, s'il est difficile d'en mesurer les effets censurants, il demeure impossible d'en nier l'existence. Ces effets n'atteignent pas les troupes institutionnelles et les autres maisons de quelqu'importance, rompues aux modalités administratives et toutes dotées de comptables et d'administrateurs compétents. Ils accablent les troupes plus jeunes, spécialement celles qui commencent, et qui sont malhabiles à s'y retrouver. Il n'est pas rare d'entendre des groupes se plaindre : d'une part de la complexité des formulaires à remplir ; d'autre part de leur inadéquation par rapport à leur travail théâtral.

La lecture des formulaires de demande d'assistance financière ne laisse aucun doute quant à la complexité du travail. On imagine sans peine le sentiment d'impuissance d'une jeune troupe face à ce document à remplir. Un réel effort de la part des Pouvoirs publics fédéral et provincial a toutefois été entrepris récemment. Les formulaires de demande de subventions s'uniformisent progressivement. En 1979-80, on a même permis au MAC qu'une troupe utilise le formulaire fédéral pour adresser une demande au provincial. De plus, les agents des services du théâtre sont toujours à la disposition des groupes afin de les aider dans cette tâche. Enfin, signalons que des praticiens ne sont pas des analphabètes en matière de chiffres (contrairement à l'image dévalorisante constamment entretenue qui veut qu'ils soient des rêveurs), et qu'ils deviennent de plus en plus conscients de la nécessité de s'armer sur ce plan. C'est en ce sens que l'AQJT, à ses Festivals de 1977 et 1978, organisait des ateliers pratiques sur les diverses questions administratives nécessaires dans le fonctionnement d'une troupe de métier.

Voilà que depuis les dix dernières années se sont multipliées les petites compagnies, les troupes et coopératives dont l'activité ne s'est pas limitée à la production d'œuvres d'auteurs

---

14. L'argument est de Louis Althusser. Il me paraît applicable au Québec en raison du grossissement de la bureaucratie administrative ces dernières années. Rien de comparable cependant à ce qui se passe dans des états technocratiques plus anciens, la France par exemple, beaucoup plus compartimentée dans des structures infiniment plus complexes et figées.

mais s'est partagée également entre la création de pièces, souvent collectives, la recherche (du moins elles s'en réclamaient) et l'animation, ateliers et interventions de toutes sortes. La règle d'usage : subventions en fonction du nombre de productions et non de celui des activités, a desservi grandement ces jeunes maisons. Elle était discriminatoire.

Au Québec, plusieurs raisons viennent expliquer pourquoi le Jeune théâtre a traditionnellement, c'est-à-dire depuis une dizaine d'années, été peu subventionné : premièrement, sa jeunesse : il doit d'abord faire ses preuves, montrer de quoi il est capable. Produisez d'abord, on vous aidera ensuite, se voient répondre les groupes qui commencent. Il lui faut acquérir de l'expérience, valeur maîtresse de notre société. C'est, en somme, lui reprocher sa nature même. Deuxièmement, son travail : partageant son temps entre la création, la recherche et l'animation, il diffère des organismes traditionnels qui ont plutôt tendance à limiter leur activité à la seule production de spectacles. Ce n'est pas le cas de tous les groupes de Jeune théâtre mais d'un bon nombre seulement et souvent des plus dynamiques. Face à un nouveau travail théâtral, les critères habituels (quand ils existaient) d'attribution des subventions convenaient peu ou pas du tout. Ainsi ils se sont trouvés défavorisés. Troisièmement, son fonctionnement collectif plutôt que hiérarchique constitue également une variante fondamentale. Le Jeune théâtre, dans plusieurs cas, tente de rejoindre des publics nouveaux, plus populaires, ce qui l'amène à se produire dans des circuits parallèles. Ce fonctionnement s'accompagne parfois d'une option politique autre que celle en place. Autant de variantes qui obligent à modifier les modes traditionnels de distribution des subventions. Dans le cas contraire, ces éléments nouveaux sont susceptibles d'entraîner des effets de censure.

En matière de changement majeur, la création collective en regard de celle d'auteur fournit une illustration éloquente. Alors qu'une compagnie consacre habituellement six semaines pour monter la création d'un dramaturge, une troupe doit toujours passer plusieurs mois à élaborer collectivement un spectacle théâtral. On s'accorde à dire qu'il faut jusqu'à six mois pour mettre sur pied une création collective de qualité. Au plan des subventions, accordées selon le mode habituel, les effets sont plus que sensibles. Dans quelle mesure alors un groupe ne sera-t-il pas poussé à accélérer le processus de sa création collective et ce, au détriment de l'art théâtral ? On retrouve le même écueil du

Une grange, lieu typique des théâtres d'été. Ici : La Marjolaine.

«produire pour produire» signalé précédemment pour le Théâtre institutionnel.

Le bilan est peu reluisant. Il force à conclure que la majeure partie de l'assistance financière des Pouvoirs publics au théâtre est allée aux producteurs (le chapitre III le démontrait clairement). Tant la recherche que la création et l'animation ont été laissées pour compte jusqu'à ces dernières années. En privilégiant les maisons établies sur une base quantitative, l'État a peut-être évité une ingérence des contenus trop flagrante (encore que dès que la quantité fait office de qualité le problème reste entier), mais il traduisait du même coup le manque de projet culturel clair, nouveau, axé sur la création et, devrait-on dire, au sens plus large, sur la créativité.

Au Québec particulièrement, le gouvernement provincial a multiplié les déclarations, les discours éloquents pendant que les politiques d'application traditionnelles restaient la règle et que la culture était maintenue en zone grise. Manque de projet culturel clair à Ottawa également où à défaut de pouvoir parler de culture canadienne, le gouvernement, sous la direction du premier ministre Trudeau depuis 1968, a avancé des politiques de multiculturalisme. Politiques dénoncées vigoureusement par le sociologue Guy Rocher, lors de la Deuxième conférence sur le multiculturalisme, tenue à Ottawa en février 1976:

> «Si le multiculturalisme est valable sociologiquement, disait-il, il ne l'est pas politiquement au Canada. Jamais ce concept ne peut constituer le fondement d'une nation. La politique de Pierre Trudeau a échoué et, pour la communauté canadienne-française, la politique multiculturelle est un immense pas en arrière [15]».

Ce n'est que récemment que les règles du jeu ont commencé à changer. Ainsi le Conseil des arts d'Ottawa, depuis trois ans, considère le nombre de représentations d'un spectacle comme facteur d'importance sur les activités d'un organisme. Quand on sait que nombre de troupes se promènent dans les écoles et dans les centres de loisirs, présentent jusqu'à deux cent fois une même pièce, il y a là introduction d'un élément fondamental.

---

15. Je tenterai dans le chapitre suivant de suivre diachroniquement le discours des gouvernements afin d'en dégager les lignes directrices depuis une vingtaine d'années.

Depuis trois ans, toujours au Conseil des arts d'Ottawa, les nouveaux crédits dévolus au théâtre ont été majoritairement accordés à la création et au Jeune théâtre. Mais ils étaient très restreints. De leur côté, les maisons institutionnelles ont vu leurs crédits gelés, ce qu'elles n'apprécient guère, est-il besoin de le signaler. De nouveaux programmes ont vu le jour, pour tenter de venir en aide aux groupes naissants qui ne sont pas éligibles aux octrois du Service du théâtre et aux individus: programmes Explorations et Office des tournées pour œuvrer à la diffusion de façon plus manifeste. Enfin, l'établissement de bureaux régionaux devrait favoriser les initiatives locales et la décentralisation.

À un niveau légèrement moindre, la même tendance se vérifie du côté du Ministère des Affaires culturelles. S'il n'a pas gelé les montants d'argent consacrés aux maisons les plus importantes, il n'en a pas moins tenté de réduire l'écart entre ces organismes et le Jeune théâtre après avoir rappelé que les grands organismes étaient les meilleurs (Lire l'annexe qui suit). Parce qu'il a vu ses crédits haussés de façon appréciable, il a pu quitter la zone grise. (Je renvoie ici encore au chapitre III pour plus de détails sur les statistiques). Le Ministère a également mis de l'avant de nouveaux programmes d'aide au répertoire québécois, d'encouragement à la création, de décentralisation et de régionalisation tout en mettant sur pied une infrastructure régionale de plus en plus organisée. Cela dit, toutes ces initiatives, si elles contribuent à améliorer la situation, ne constituent pas une véritable transformation. Pas plus que, du point de vue de la censure, elles ne permettent de la contrer de quelque manière que ce soit. Outre qu'elles comportent un danger certain: celui d'alourdir l'État technocratique en multipliant ses structures.

ANNEXE

Extraits du *Livre blanc* sur le développement culturel concernant l'intervention du ministère des Affaires culturelles, dans le secteur du théâtre en particulier.

Le ministère des Affaires culturelles a accordé un soutien important aux grands organismes. Il continuera en ce sens, car il doit leur assurer des moyens suffisants pour qu'ils puissent se maintenir à un niveau de qualité élevé. (...)

L'appui donné aux grands organismes ne saurait être maintenu au détriment des jeunes organismes. Ce fut pourtant largement le cas jusqu'à présent, faute de disponibilités financières suffisantes et par crainte de gaspiller des ressources limitées dans des entreprises dont la réussite n'était pas acquise. Il ne s'agit pas de retirer aux uns ce qu'on accordera aux autres ; il faut simplement reconnaître que, chez les jeunes organismes des explorations de voies nouvelles, des recherches indispensables valent d'être encouragées. Il est nécessaire qu'y soit affectée une plus large partie des nouveaux crédits.

(Cf./*La Politique québécoise du développement culturel*, volume 2, Les trois dimensions d'une politique : genres de vie, création, éducation, pages 297-298, Éditeur officiel, Québec, 1978).

L'effet le plus grave de la censure, le plus invérifiable également, naît de sa portée stérilisante pour la pensée et l'art. Nous avons vu que l'établissement de certains critères d'attribution de subventions pouvaient avoir des effets néfastes sur l'art. Ces règlements avaient une portée censurante. Ils rejoignaient une des conséquences les plus lourdes de la censure: l'auto-censure.

La censure fait peser une menace sur la conscience des créateurs et des producteurs, menace dont ils ne se rendent pas compte bien souvent. Songeons au cas de *Zone* de Marcel Dubé.

L'auteur d'*Un Simple soldat* n'est toutefois pas un cas unique. À la même époque et dans les années qui suivent, plusieurs dramaturges apparaissent: les Languirand, Thériault, Dufresne, Loranger (dans certaines de ses pièces), Jasmin, Morin, Gauthier, Duchesne et autres, tous plus canadiens-français que québécois pour parodier la formule de Jacques Cotnam dans son essai *Le Théâtre québécois: instrument de contestation sociale et politique*. Dans quelle mesure n'ont-ils pas tous, à des degrés divers et selon les sujets abordés, été soumis aux normes d'alors? Qu'ils en aient été conscients ou non importe peu. C'est à l'arrivée des Tremblay, Sauvageau, Grand Cirque Ordinaire, Germain, etc. que l'on prendra vraiment conscience du changement opéré.

La censure provoque un étouffement de la pensée et de la parole par l'extérieur (les règlements des Pouvoirs publics, les lois morales d'une société) et par l'intérieur (l'influence des uns et des autres sur le créateur).

Quelle compagnie institutionnelle n'est pas déterminée dans ses choix de textes de créations par le règlement de 1970 du Conseil des arts de Montréal?

Quel auteur qui aspire à être monté dans une des onze compagnies institutionnelles n'est pas influencé, consciemment ou inconsciemment, par ce règlement?

Quelle troupe de théâtre, compte tenu des habitudes de subventions des Pouvoirs publics, n'est pas tentée de devenir un simple organisme de production de spectacles et de laisser choir l'animation et/ou la recherche?

Quelle compagnie institutionnelle, en raisons du gel des subventions du Conseil fédéral à son endroit, n'est pas amenée à choisir des pièces avec peu de personnages afin d'équilibrer son budget et de continuer à monter le même nombre de spectacles?

Quelle jeune compagnie, quelle troupe a les moyens de monter des productions élaborées, avec beaucoup de comédiens et d'éléments techniques?

Quel dramaturge, pour être créé, n'est pas amené à se plier à cette contrainte?

Qui, dans les circonstances, présentera de telles œuvres? À quelle fréquence? Qui les écrira?

Voilà autant de questions susceptibles de modifier les actes de créations théâtrales et le développement d'une dramaturgie. Autant d'effets contraignants, autant de faits de censure stérilisatrice, autant d'auto-censure. Le créateur se trouve placé devant l'éternel choix: dire ou ne pas dire. C'est l'expression première de tout discours. C'est l'objet visé par la censure.

Mais la censure ne s'arrête pas là. Que dire des troupes militantes et didactiques qui prônent leur vérité comme seule valable? À l'inverse d'un organisme de censure de droite (tel le Conseil de Montréal), ils apparaissent comme tout aussi contraignants et censeurs dans leur comportement. Je fais référence aux Festivals de l'AQJT de 1974 (Rimouski) et 1975 (Sherbrooke) durant lesquels certains groupes se sont comportés comme tels.

En décembre 1975, les signataires du Manifeste *Pour un théâtre au service du peuple*, le Théâtre Euh!, la Galoche, le Tic tac boom, Les Gens d'en bas et le comité de direction de l'AQJT d'alors ont tous exercé une pression en ce sens. Pression qui devait jeter l'Association par terre au point que dans les années qui ont suivi, elle ne réunissait plus qu'une quinzaine de troupes (cette censure avait semblé s'exercer aussi bien sur les troupes de métier, non-engagées, que sur l'ensemble du théâtre d'amateurs et/ou de loisir). Réduite à presque rien par une censure de gauche, il aura fallu trois, quatre ans à l'AQJT pour s'en remettre et ce n'est qu'en 1978 qu'elle se ré-ouvrira à l'ensemble du Jeune théâtre[16].

Faut-il abolir toute forme de censure ainsi que le réclamaient Jean-Louis Roux, le directeur artistique du TNM, la Ligue des droits de l'homme et de nombreux organismes et individus tout au long de la polémique des *Fées ont soif*? Sans doute, si la chose était possible... Position utopique toutefois car dès que l'État intervient pour subventionner le théâtre ou toute autre forme d'expression culturelle, il détermine des règles et fait acte de censure. Plus les contraintes et règlementations se multiplient, plus la censure est forte.

---

16. On peut lire le Manifeste dans *Chroniques*, no 14, février 1976, pages 6 à 19.

210 LE THÉÂTRE ET L'ÉTAT AU QUÉBEC

Quand le Conseil des arts de Montréal avance qu'il ne peut aider le cinquième Festival de théâtre pour enfants (tenu en juin 1978 au Théâtre Denise-Pelletier) parce qu'il ne subventionne pas le théâtre pour enfants, il fait état d'un choix pur et simple, arbitrire et non inscrit dans ses règlements. En pratique, il étend cette option, ce rejet devrait-on dire, à tout le Jeune théâtre. Le mécanisme de la censure (augmentation/réduction) joue pleinement. L'assisté financièrement va pouvoir croître beaucoup plus aisément que celui qui ne l'est pas. La pratique vaut également aux Affaires culturelles et au Conseil des arts d'Ottawa puisque dans chaque cas, c'est la même catégorie de théâtre qui se trouve favorisée.

S'il est illusoire d'espérer l'abolition de toute forme de censure, il l'est probablement tout autant de vouloir référer tout jugement au seul public. «Laissons le peuple juger de la qualité des œuvres culturelles[17]». L'argument revient sans cesse lors de l'affaire des *Fées*.

Théoriquement, un sujet est toujours libre d'aller voir ou non un spectacle de théâtre. Nul n'ignore cependant que la publicité, de même que les circonstances, exercent un pouvoir d'attraction d'une force inestimable, de sorte que la liberté du public, et des individus, reste fortement encadrée, déterminée. À la limite, il ne serait pas superflu de poser la question : qui décide pour qui ? De plus, l'expérience démontre que :

> «Livrés à eux-mêmes, les gens préfèrent généralement un contenu facile plutôt que difficile à absorber. Cette préférence ressort à l'évidence de la dimension relativement modeste des publics attirés par la culture supérieure quand les réseaux publics de radio ou de télévision programment une de ses œuvres en même temps qu'une œuvre de la culture populaire dominante, donc la mettent en libre compétition avec une émission vulgaire ou banale. La voix du peuple n'est pas toujours la voix de Dieu...[18]»

Cette seconde solution apparaît tout aussi insatisfaisante et irréaliste que l'abolition totale. Le problème est épineux : faut-il tout laisser entre les mains de l'État ?

17. Jean-Paul L'Allier, Journal *Le Devoir*, 27 septembre 1978.
18. Revue *Communications*, no 14, Léo Bogart, «Le Contrôle des mass média», page 106. Un commentaire : la vogue des théâtres d'été apparaît fort éclairante sur cette habitude du public à opter pour un divertissement théâtral léger.

Quelques compagnies de théâtre du groupe «institutionnel».

Il incombe aux Pouvoirs publics de mettre sur pied des mécanismes efficaces qui permettent l'exercice d'une véritable démocratie. Ces solutions résident essentiellement dans la constitution d'organismes de participation souples et bien structurés. Il va de soi que ces comités ou organismes doivent être décisionnels et non simplement consultatifs. Trop de comités de ce dernier type ne tiennent bien souvent lieu que de pseudo-démocratie.

« Les Pouvoirs publics et les organismes qui en dépendent, œuvrant à partir de fonds publics, ne sont
là que pour favoriser l'existence et le développement
vigoureux de la vie culturelle de la collectivité à
laquelle ils se doivent [19]. »

Comment favoriser mieux l'existence et le développement de
la vie culturelle qu'en s'associant aussi bien les gens du milieu
(fabricants du message) que le public (destinataire du message)
pour définir et mettre en application des politiques précises
d'assistance de l'État au théâtre ou à toute autre expression
culturelle?

Des initiatives tracent déjà la voie dans cette direction. À
Ottawa, au Conseil des arts, l'année 1978-1979 a vu la formation
de jurys chargés de déterminer les subventions pour tous les
groupes recevant $25 000 et moins. Déjà, depuis un peu
plus longtemps, le système prévalait pour le programme Explorations et, en 1977-1978, pour tous les nouveaux groupes. D'ailleurs,
au Conseil des arts, le principe d'intégration des gens du métier
sinon aux décisions, du moins à l'établissement des politiques,
a été instauré dès le début. Timidement d'abord et sur un plan
essentiellement consultatif, mais de plus en plus avec les années.

Dès les premières années de son existence, le Conseil a
voulu s'associer le milieu (en multipliant les groupes consultatifs
et par la suite les jurys) pour déterminer les politiques à suivre.
Le comité le plus important est sans doute la Commission consultative des arts au Conseil des arts. Composé d'artistes reconnus et choisis dans un peu toutes les disciplines, la Commission
a pour fonction de donner au Conseil l'avis des artistes eux-
mêmes sur ses orientations et programmes.

Nous parlons ici d'organes consultatifs. Les jurys n'ont que
la possibilité d'émettre des recommandations. La nuance doit
être rappelée même si, dans la pratique, il semble que les avis
des jurys soient habituellement suivis par le Conseil.

Ces organes ne sont pas toujours consultés d'ailleurs. Ainsi
en 1977, les agents du Conseil publièrent un document de travail
Vingt et cinq se penchant sur l'avenir du Conseil des arts sans
l'avis de la Commission. Cette dernière, insatisfaite du document, décida d'y aller d'une réponse circonstanciée publiée à
l'automne 1978 : *À Propos de l'avenir du Conseil des arts*. Nous nous

---

19. Jean-Paul L'Allier, *Le Devoir*, 27 septembre 1978.

Le Carroussel en spectacle, une troupe de métier s'adressant aux enfants.

pencherons au chapitre suivant sur ces deux documents. Pour l'instant, nous voulons signaler le caractère aléatoire dans la consultation du milieu effectuée par l'organisme fédéral.

Ceci m'amène à me pencher sur la composition aussi bien d'organes comme la Commission Consultative des arts que des jurys. J'en donne quelques exemples en page ci-contre.

Au ministère des Affaires culturelles, on a décidé d'imiter le Conseil fédéral pour la saison 1979-1980. Le système des deux jurys (Adultes — Enfants) ne s'étend pas toutefois à toutes les pratiques théâtrales mais uniquement au Jeune théâtre. La limitation fédérale était formulée différemment : groupes de 25 000 et moins, mais cela revenait au même.

Une question se pose : pourquoi permettre au milieu de se prononcer dans le cas du Jeune théâtre et non dans celui de l'institutionnel ? Deux seules explications possibles : ou bien le choix reste imputable à l'existence récente de ces modes de subventions et on peut logiquement prévoir une extension éventuelle du système à tous les groupes ; ou bien il confirme un choix culturel que nous avons déjà clairement dégagé : pour les Pouvoirs publics, les grands organismes sont habituellement « l'élément le plus actif et le plus représentatif de la culture théâtrale ». Je m'abstiens de me prononcer sur la question, mais dans l'affirmative s'il s'agit d'une évidence, d'une doxa, d'une vérité reconnue de tous, pourquoi la soustraire à un jury qui, de toute manière, ne pourrait que la confirmer ?

Dans le cas contraire, il risque de bouleverser l'ordre des valeurs de l'Appareil politique. Il pourrait alors devenir passablement embêtant. En somme, l'État consent à multiplier les formules de participation mais à l'intérieur de certaines limites, fixées par lui-même. L'État accepte de jouer le jeu à condition de le contrôler le plus possible. Voilà qui rejoint parfaitement la position de pouvoir de l'État moderne, celle qui admet une contestation contrôlée.

La formule de participation semble souvent effrayer les Pouvoirs publics. Forts de leur statut « d'élus du peuple », ils ont tendance à croire que la participation a été faite au moment où ils ont été élus. C'est pourquoi ils n'y consentent qu'à l'intérieur de balises extrêmement précises. Le système des jurys, dans la mesure où il vaut de façon sélective seulement, reste une de ces limites.

Même étendue à tous, la formule des jurys est loin d'être une panacée. Elle comporte toutes sortes de dangers. Elle présente, entre autres, la menace d'une collusion entre l'État et ses appareils culturels. Cette accentuation des rapports est nécessaire afin de rendre possible la prise des décisions par le milieu lui-même ; elle est également dangereuse pour peu que la représentativité des participants soit sujette à caution. En effet, un problème se pose : qui sera nommé sur ces comités et jurys ? Et qui nommera ces personnes? Si le soin en est confié aux Pouvoirs publics, on risque, une fois de plus, de ne jouer le jeu que partiellement.

Une brève consultation de la liste des personnes du milieu sur les divers comités de participation-consultation du Conseil canadien des arts fait voir, sans ambiguité, que l'organisme fédéral a tendance à solliciter les artistes «reconnus» qui se trouvent souvent à être les plus âgés, les plus impliqués dans les diverses compagnies institutionnelles. Ces personnes sont-elles toujours bien éclairées, bien au fait des individus et des groupes qu'elles doivent évaluer, surtout lorsqu'ils n'évoluent pas dans le même secteur qu'elles? Ce n'est pas sûr. Dans les circonstances, ces personnes, même bien informées et intentionnées, ne risquent-elles pas de favoriser au premier chef les individus et les groupes qui leur ressemblent? Il est permis de le craindre.

De manière toute paradoxale, le Conseil fédéral forme des jurys pour octroyer les subventions à une catégorie de théâtre (au sens large, le Jeune théâtre) avec des praticiens appartenant à une autre section (l'institutionnelle). La formule gagnerait certainement à être polie.

Mais avant tout, les Pouvoirs publics doivent établir un projet culturel clair, au-dessus de toute thématique trop restrictive, nationale, sociale ou autre qui passe par l'affirmation suivie de la mise en application d'une politique de la créativité. La réflexion du cinquième et dernier chapitre qui suit tente de saisir ce qui a fait l'essentiel de la politique de chacun des paliers gouvernementaux ces vingt dernières années. On peut déjà avancer que cet établissement d'un projet culturel est loin d'être chose accomplie.

CHAPITRE V

Le discours du Pouvoir sur l'Institution théâtrale

1. Le discours fédéral : l'impossible pari de la culture canadienne

Conseil canadien des arts

« Le Conseil des arts, dispenseur de l'aide fédérale à la culture, n'échappe pas aux conflits qui menacent l'avenir du Canada. Personne, en 1957, ne mettait en doute la noblesse du geste que faisait le gouvernement fédéral en créant un organisme culturel ; mais, aujourd'hui, toute initiative fédérale est suspecte. On prête au Conseil un air de centralisme, au moment même où la « régionalisation » préoccuppe tout le monde. Les provinces, par ailleurs, ne cachent pas leur volonté d'auto-détermination dans certains secteurs, d'où des conflits avec le fédéral. Le Conseil des Arts a toujours essayé de rester en dehors de tels conflits mais, à l'occasion, il s'en est trouvé la victime [1]. »

L'objectif général du Bill 47, loi constitutive du Conseil des arts du Canada votée suite au projet C-26, était clair :

---

1. « À propos de l'avenir du Conseil des arts », rapport de la Commission consultative des arts au Conseil des arts du Canada, décembre 1978, page 5. Je ferai régulièrement référence à ce document émanant du milieu, lequel constitue une réponse à un document antérieur : *Vingt et cinq*, novembre 1977, instrument de travail interne se penchant sur le rôle du Conseil des arts dans l'avenir, à la lumière des vingt années d'activités de l'organisme. La Commission consultative des arts n'ayant pas été consultée pour l'élaboration de *Vingt et cinq*, à son grand étonnement, décida de lui fournir une réponse circonstanciée.

> «Le Conseil vise à développer et favoriser l'étude
> et la jouissance des arts, des humanités et des scien-
> ces sociales, de même que la production d'œuvres
> s'y rattachant[2].»

Il convient de s'arrêter sur le choix du terme «jouissance»
qui draine la notion de plaisir profond. Il charge un énoncé
prescriptif à valeur légale d'une envergure et d'une ouverture
manifestes. Habituellement, le législateur a tendance à privilégier
les énonciations beaucoup plus neutres. Aucune ambiguïté dans
la formule de l'organisme dont la fonction principale était et
demeure de «dispenser argent et avis», comme nous le rappel-
lent régulièrement les rapports annuels. Cela dit, l'énoncé exige
une explication supplémentaire pour peu que l'on doive le situer
dans la perspective fédérale.

Les précisions requises à cette fin sont formulées dans le
discours inaugural du Père Georges-Henri Lévesque, premier
vice-président du Conseil en 1957 :

> «Ainsi donc travailler à l'avancement des Arts, des
> Humanités et des Sciences sociales au Canada, ce
> sera du même coup fournir à *nos canadiens* plus
> d'occasions d'*échanger leurs valeurs* culturelles respec-
> tives et de *communier aux mêmes œuvres*. Ce sera col-
> laborer puissamment à l'œuvre essentielle de *l'unité
> nationale*[3].»

L'allocution place d'emblée le nouveau Conseil des Arts
sous l'emblème de l'unité canadienne. J'ai souligné les éléments
du passage explicites en ce sens : *Nos canadiens, échanger leurs
valeurs, communier aux mêmes œuvres, l'unité nationale.*

Le langage humaniste du père Lévesque se loge à l'enseigne
de l'ouverture et de l'optimisme. Comme il se doit... Nous sommes
en mai 1957, le Conseil des Arts vient d'être créé, l'énonciateur
participe à l'aventure à titre de vice-président, l'heure est à l'en-
thousiasme, d'autant plus que l'initiative politique est noble.
Toutefois, le discours apparaît assez loin de la réalité bi-culturelle
que constitue le Canada. Le père Lévesque ne tient pas compte
de l'histoire passée et présente du pays, pas plus qu'il ne fait

---

2. «Le Conseil des Arts du Canada», Inauguration, Ottawa, mai 1957, brochure gouvernementale, page 27. C'est moi qui souligne.

3. «Le Conseil des Arts», page 21, le texte cité est la conclusion du discours
prononcé alors par le Père Lévesque. C'est moi qui souligne.

montre d'intuition pour celle à venir, laquelle a toujours illustré la difficulté du pari formulé.

Depuis ce temps, le Québec a vécu une révolution dite tranquille au début des années soixante, révolution qui l'a amené à revendiquer de plus en plus fermement des pouvoirs. L'évolution de la situation politique s'est doublée d'une mutation des mentalités et d'une montée de l'idéologie nationale. De cela, la culture, de mieux en mieux affirmée, a rendu compte. De la sorte, il est apparu qu'il s'agissait d'un pari impossible.

Le déséquilibre des deux cultures est devenu de plus en plus manifeste : d'un côté la canadienne-française (dite québécoise aux fins de dissociation nominale d'avec le Canada) de mieux en mieux affirmée et autonome ; de l'autre la canadienne-anglaise dont l'existence reste encore douteuse et déniée par plusieurs. Ainsi, ni l'échange (seuls quelques échanges occasionnels furent fructueux), ni la communion, ni l'unité nationale souhaitée par le père Lévesque ne se sont réalisés[4].

Après ses dix premières années d'activités, le Conseil canadien traçait un bilan positif de son action tout en reconnaissant qu'elle n'avait pas permis qu'existât un théâtre canadien. Il confirmait par là son échec dans la réalisation d'un des objectifs du rapport Massey : l'encouragement au théâtre canadien. Le texte du rapport annuel 1966-67 est clair :

---

4. Prenons pour exemple récent le fiasco culturel organisé au coût d'un million de dollars lors des Jeux Olympiques de Montréal en 1976. Super-échange national, l'événement a permis à des artistes canadiens de tout le pays de se rendre à Montréal pour une fête culturelle dont le projet était de doubler la fête olympique. La réalité fut tout autre et l'échange n'eut pas lieu, pas plus avec le milieu qu'avec le grand public. La plupart des artistes québécois avaient déserté la ville, comme à tous les étés, peu motivés par l'événement olympique. Quant au public, il bouda les manifestations culturelles qui, placées en situation concurrentielle avec les Jeux, eux-mêmes logés à l'enseigne du gigantisme, ne furent jamais de taille à supporter la comparaison. L'État avait gaspillé inutilement un million de dollars.

Que dire également des fonds pour l'Unité nationale mis à la disposition du Conseil des Arts par le pouvoir politique dès 1977-78 pour un montant impressionnant de $1 715 000, somme accrue en 1978-79 ? De toute évidence, ces gestes marquent l'intrusion du Pouvoir politique dans la fonction du Conseil. Je reviendrai plus loin sur cette épineuse question.

Enfin, n'est-ce pas dans la même perspective qu'il faut voir l'évolution du Centre National des Arts et ses compagnies, anglaises et françaises, de tournées en matière de théâtre ?

«En l'espace de dix ans ont surgi autour de nous toutes sortes d'entreprises artistiques nouvelles dont la qualité nous honore, et en second lieu, que celles qui existaient déjà atteignent à une excellence et à une originalité qui, en 1957, devaient paraître inatteignables[5].»

Bilan on ne peut plus positif! Le rapport multiplie les exemples: la troupe du Festival de Stratford montant Shakespeare; le National Ballet présentant *Le Lac des Cygnes;* la Vancouver Opera Association y allant de l'opéra *Lucia di Lammermoor;* le Vancouver Playhouse offrant une comédie musicale de Cole Porter, *Anything goes;* l'Orchestre symphonique de la même ville interprétant le *War requiem* de Benjamin Britten et, enfin, le Théâtre du Nouveau Monde jouant *Le Bourgeois gentilhomme* de Molière, etc. De tous ces exemples prestigieux marquant la croissance des arts au pays, pas un n'est totalement canadien. Le bilan est positif certes, mais il s'avère impossible de nommer une seule œuvre canadienne parmi les réalisations les plus pertinentes. Qu'en est-il en théâtre? N'existe-t-il rien qui soit spécifiquement d'ici qui vaille d'être mentionné? La fondation du Centre d'Essai des auteurs dramatiques, en 1965, ne constituait-elle pas un signe de l'émergence d'une dramaturgie originale au Québec? Pourquoi le Conseil n'en souffle-t-il mot?

L'évaluation positive du Conseil des Arts s'appuie essentiellement sur des manifestations de prestige. Ce choix apparaît révélateur de l'orientation de l'organisme fédéral: privilégier les groupes importants, c'est-à-dire au rayonnement potentiel sur tout le Canada. La priorité, outre qu'elle se révèle discutable dans le contexte particulier du Canada, aboutit à une négation d'importance:

«S'il n'existe pas encore un théâtre canadien nettement différencié, il existe certainement, en effet, un milieu théâtral canadien. (...) Les échanges qui ont eu lieu en matière de théâtre entre nos deux cultures sont une importante manifestation de cette attitude. Empressement des gens de théâtre a travailler et à construire ensemble, à partager les ressources aussi bien qu'à rivaliser[6].»

---

5. Rapport annuel 1966-67, Conseil des Arts du Canada, pages 3 et 4.
6. Rapport annuel 1966-67, page 22.

Premier hiatus fondamental: le Conseil fait mention de «nos deux cultures» alors qu'il a, préalablement, énuméré des exemples d'œuvres étrangères montées par des gens d'ici et qu'il conclut à l'absence d'un théâtre canadien nettement différencié. Ne perdons pas de vue la position de l'énoncé: il s'inscrit dans le cadre d'un bilan de travail d'une première décennie. Or, le constat négatif, quant à une dramaturgie canadienne, est d'évidence ambigu, voire discutable. Pour le Québec, seule une méconnaissance de ce qui s'y joue et de l'effervescence de plus en plus manifeste qui y apparaît, le rend possible.

En 1967, nous sommes à l'aube de la dramaturgie québécoise qui jusqu'alors n'avait été le fait que de marginaux isolés, tels Gratien Gélinas et Marcel Dubé. Au moment de la fondation du Centre d'Essai des auteurs dramatiques, en 1965:

> «Les troupes professionnelles puisaient inlassablement au répertoire universel sans être trop préoccupées par l'émergence souhaitable d'une dramaturgie ambiante; même les groupes d'amateurs, y compris les Apprentis Sorciers et les Saltimbanques, en tant qu'avant-garde, avaient davantage au programme des œuvres étrangères que du cru. La scène, à l'image de notre culture, était colonisée[7].»

Mais voilà que les faits s'additionnent à un rythme accéléré, qui tous concourent à une naissance véritable. 1965: le Dominion Drama Festival est consacré à la jeune dramaturgie québécoise. À sa suite fut créé le Centre d'Essai des auteurs dramatiques par Jacques Duchesne, Roger Dumas, Robert Gauthier, Robert Gurik, Jean-Pierre Morin et Denis Saint-Denis, tous dramaturges et québécois. Michel Tremblay écrivait ses *Belles Sœurs*. Depuis quelques années, Gratien Gélinas proposait, sans trop de succès, des œuvres d'ici à la Comédie canadienne; ce que firent également Jacques Duchesne brièvement au petit Théâtre de la Place et Françoise Berd, plus longuement à l'Égrégore. Un courant est né, dont la vigueur ne cesse de croître:

> «En 1965 et en 1966, années fastes peut-être, on a joué ou lu sur scène à Montréal trente-et-une pièces québécoises, de dramaturges qui se nomment

---

7. *Centre d'Essai des auteurs dramatiques, 1965-75*, Gilbert David (texte et interviews), Claude Deslandes (documentation et répertoire) et Marie-Francine Deslandes (conception graphique et mise en page), C.E.A.D. Inc., 1975, page 11.

Sixième Festival du Jeune théâtre québécois, mai 1972.

Dubé, Loranger, Perreault, Languirand... C'est dire que nous avons enfin un théâtre vivant : non seulement des comédiens et des metteurs en scène compétents présentant un répertoire étranger, mais également un nombre appréciable de bons dramaturges créant des pièces qui expriment notre milieu[8]. »

Cette dernière appréciation, signée Jean-Cléo Godin, contredit singulièrement celle du Conseil fédéral, pour le Québec à tout le moins. Une conclusion se dégage dès maintenant : si l'assertion du Conseil vaut pour le Canada anglais, elle ne tient pas pour le Québec. C'est peut-être en raison de ce fait que le Rapport aborde la question des théâtres régionaux. Il explique :

« qu'un théâtre canadien, pour être vraiment national, devait atteindre un public national, même s'il fallait en pratique fractionner ce public en plusieurs publics régionaux. Cette idée ayant recueilli l'assentiment général, nous avons avec toute la prudence voulue appuyé les initiatives orientées vers la mise en place d'un réseau de théâtres régionaux[9]. »

L'énoncé, à valeur indubitable et prescriptif pose une relation curieuse. Un théâtre canadien sera national s'il atteint un public national ? Que signifie exactement pareille formulation ? Qu'entend-t-on par théâtre canadien ? En 1967, le Conseil des Arts serait sans doute bien en peine de le dire puisqu'il en nie l'existence. Comment peut-il alors, paradoxalement, encourager la multiplication des échanges dont il ne précise jamais la nature ? Tout nous laisse croire que les exemples signalés au début du rapport constituent une réponse à la question. Réponse toute critiquable.

Un théâtre canadien est celui qui exprime le milieu canadien, celui monté — après avoir été écrit — par des gens d'ici. Il s'agit là d'une lapalissade. Pourtant en 1967, à la veille de la création du Centre national des Arts, le Conseil canadien des Arts, tout en admettant l'existence de deux cultures, se révèle impuissant à définir les composantes d'un théâtre canadien qu'il ne reconnaît pas. Pour la bonne raison qu'il n'existe pas. Pas de façon

---

8. *Le Théâtre québécois*, « Introduction à dix dramaturges », Jean-Cléo Godin et Laurent Mailhot, Hurtubise HMH, 1970, page 27.
9. Rapport annuel 1966-67, page 23.

unique. Et comme le Conseil ne pousse pas le raisonnement logique suivant: à deux cultures doivent correspondre deux théâtres, il se trouve devant une question insoluble. Escamotant l'investigation essentielle, le Conseil n'a d'autre issue que la négation. L'avenir dévoilera de plus en plus clairement cette impossibilité dans la perspective canadienne.

C'est sans doute une des raisons pour laquelle le Conseil n'appuie la mise en place d'un réseau de théâtres régionaux qu'avec prudence, dans une attitude plus attentiste que dynamique. Il ne lui reste donc que la possibilité d'énoncés doxéiques, peu engageants en somme:

> « Notre programme de développement des arts de la scène continuera, nous l'espérons, à permettre des déplacements entre nos troupes de théâtre si éloignées les unes des autres, à offrir aux nouveaux auteurs dramatiques des encouragements plus conformes à leurs besoins, à favoriser la formation de nouveaux administrateurs et à augmenter le nombre de nos techniciens de théâtre [10]. »

Ces échanges s'inscrivent en filiation directe avec les objectifs initiaux du Conseil, tels qu'exprimés par le père Lévesque en 1957. Ils seront de plus en plus encouragés par la suite, non seulement par le Conseil qui mettra sur pied en 1973-1974 son Office des tournées, mais également par le Centre National des Arts, le Secrétariat d'État et le Ministère des Affaires étrangères. Rapidement sur ce plan, les interventions des organismes politiques, non forcément motivées par des objectifs d'ordre artistique et théâtral, dameront le pion à celles du Conseil des Arts. En 1978, la Commission consultative des arts du Conseil posera un jugement très sombre sur l'intervention du ministère des Affaires extérieures:

> « Les créateurs considèrent que la participation des Affaires extérieures au développement de la culture canadienne a longtemps relevé de la comédie pure. En organisant des tournées à l'étranger, les Affaires extérieures n'ont jamais été véritablement préoccupées par le rôle des créateurs, ni par les suites à donner aux échanges avec les étrangers. Ainsi, on envoie des artistes en Chine parce qu'on a du blé à

---

10.   Rapport annuel 1966-67, page 27.

vendre. Cette équivoque persiste malgré la présence de représentants du Conseil des Arts à un comité des Affaires extérieures. En fin de compte, les créateurs et leurs œuvres sont devenus des marchandises servant à faire vendre d'autres marchandises [11]. »

Outre qu'il fait ressortir des priorités équivoques, ce jugement m'amène à constater que l'accroissement des interventions des Pouvoirs politiques sera inversement proportionnel à la baisse ou à l'érosion du pouvoir du Conseil des Arts. La Commission consultative des Arts est explicite sur le sujet. J'en reparlerai plus loin.

Le rapport de 1967 se faisait plus clairvoyant dans ses conclusions en réclamant plus d'argent, en soulignant les retards et en rappelant le caractère essentiel de la culture :

> « Nous pensons que l'apport des pouvoirs publics devra augmenter encore très sensiblement, puisque notre vie artistique est encore bien en retard sur l'ensemble de l'économie nationale. Il faut dire aussi que les activités d'ordre culturel ne sauraient être pleinement rentables. Nous sommes ici dans le domaine par excellence du service public. Mais c'est précisément parce que nous sommes convaincus que la société doit avoir toute occasion d'apprécier le caractère exceptionnel de ce service que nous tenons à ce qu'il soit étroitement intégré à l'ensemble de nos autres activités nationales [12]. »

La fondation et le développement ultérieur du Centre national des Arts, créé en prévision des Fêtes du Centenaire de la Confédération, ne seront pas étrangers à cette perte d'importance au profit de d'autres organismes que subira le Conseil des Arts. Rappelons que le Rapport Massey avait recommandé de mettre un tel Centre sur pied. Il en avait défini les priorités en termes d'encouragement aux arts de la scène *canadiens*. Ce choix du législateur me paraît fort significatif. Il est à relier avec l'inaptitude du Conseil des Arts à définir un théâtre. C'est le pari impossible. Il en résultera, au C.N.A., une compagnie théâtrale hybride.

---

11. Commission consultative des Arts, 1978, page 7.
12. Rapport annuel 1966-1967, page 42.

Le Centre voyait le jour au moment où Pierre Elliot Trudeau devenait Premier ministre du Canada en 1968. Ce dernier choisissait d'interpréter le pays dans un sens multiculturel, fidèle à l'idéologie citélibriste des années cinquante. De la fameuse formule B-B (Commission Laurendeau-Dunton 1963, rapport 1967) bilinguisme et biculturalisme, il ne retenait que le bilinguisme électoralement rentable et substituait au biculturalisme un multiculturalisme, moins dangereux car essentiellement émiettant. À défaut de culture canadienne unifiée qu'il cherchait en vain, ce gouvernement libéral prônait un multiculturalisme tout aussi insignifiant que dangereux [13].

Au fil des ans, les priorités du Conseil canadien des Arts demeureront inchangées cependant que ses budgets seront de plus en plus parcimonieux.

Ainsi, pendant sa seconde décennie d'opérations, le Conseil continuera de prêter son concours aux grands organismes d'abord. Ce faisant, et compte tenu de ses ressources limitées, il voit sa marge de manœuvre diminuée. Le rapport Pasquill (qui rappelons-le, fut mis sur les tablettes) y va d'un avertissement sévère en 1973 :

> «Si le Conseil n'est pas relevé de son obligation d'assister les entreprises nationales à même son budget régulier, de nombreux besoins, à d'autres niveaux et dans d'autres domaines, demeureront insatisfaits et les arts de la scène au Canada, en tant qu'élément de culture, n'atteindront pas leur plein épanouissement [14].»

L'analyse des statistiques, que j'ai tentée au troisième chapitre de cette étude, appuie de manière éclatante la conclusion du professeur Pasquill. La recherche de Frank T. Pasquill porte sur les années soixante mais ses conclusions, dans plusieurs cas, valent pour celles qui suivront. Les tableaux synthèses A et B (pages

---

13.   Voir à cet effet l'intervention du sociologue Guy Rocher lors de la deuxième conférence sur la multiculturalisme tenue au Centre de conférence du gouvernement, à Ottawa, les 13, 14, 15 février 1976. Selon lui, la politique de bilinguisme et de multiculturalisme du gouvernement Trudeau est un échec. Il récuse le concept même du multiculturalisme, non valable politiquement au Canada. Jamais, ajoute-t-il, il ne pourrait constituer le fondement d'une nation et, pour la communauté canadienne-française, la politique multiculturellle est un immense pas en arrière. Cf. : *Deuxième Conférence sur le multiculturalisme*, Ottawa, 13, 14, 15 février 1976, publication du gouvernement canadien.
14.   Rapport Pasquill, op. cit., page 5.

138-9) du chapitre III, portant sur les vingt-deux années d'opération du Conseil, donnent les pourcentages représentés pour
chaque catégorie de théâtre. Ainsi donc 56,3% sont allés au
Théâtre institutionnel, 30% à l'École nationale de théâtre, 6,8%
aux diverses catégories de Jeune théâtre réunies, 4,1% aux
Services et 2,6% aux Théâtres d'été. Compte tenu du fait que
plus de la moitié des octrois versés au Théâtre institutionnel
vont au TNM (38,7%) et au Rideau-Vert (21,4%), on en arrive
à une conclusion éloquente: le Conseil canadien des Arts, pendant vingt-deux ans, de 1957 à 1979, a consenti environ 60%
de tous les subsides accordés pour le théâtre au Québec à trois
institutions seulement. Dans les circonstances, le Service du théâtre du Conseil n'a évidemment pu prêter assistance satisfaisante,
ni répondre à tous les besoins.

Aujourd'hui la situation est devenue plus insatisfaisante
encore. Parce que ses crédits sont gelés par le Conseil du Trésor,
le Conseil des Arts ne peut même plus satisfaire ces mêmes
grands organismes qu'il a traditionnellement privilégiés.

Pour l'évolution du théâtre au Québec et de la dramaturgie québécoise, la politique du Conseil fédéral apparaît d'autant
plus lourde qu'elle a servi de modèle à ses homologues provincial et municipal. Encore là, l'analyse du rapport de 1973 est
pertinente:

> «C'est le Conseil des Arts du Canada qui, en défi-
> nitive, détermine à la fois l'orientation et le volume
> des subventions publiques et privées aux arts du
> spectacle au Canada. Bien que leur apport ait dimi-
> nué en termes absolus, les gouvernements provin-
> ciaux et municipaux, les sociétés, les fondations et les
> donateurs particuliers sont portés à suivre l'exemple
> du Conseil dans la répartition de leurs subventions;
> ils aident à peu près les mêmes groupes d'entre-
> prise du spectacle et consacrent approximativement
> la même part relative de leur budget global à ces
> compagnies. En l'absence de méthodes efficaces
> d'évaluation et de sélection, ils se fondent sur les
> subventions versées par le Conseil aux arts de la
> scène pour mesurer les normes de qualité artistique,
> les besoins financiers et l'apport culturel général à
> la communauté [15].»

15. Rapport Pasquill, page 4.

Une nuance toutefois à rappeler : si le Conseil montréalais a suivi les canons fédéraux, le Ministère québécois des Affaires culturelles s'en est progressivement détaché depuis les quatre ou cinq dernières années. Ce dernier avait été, tout de même, durant une quinzaine d'années à la remorque du Conseil canadien[16].

Pendant que le Centre national des arts se cherchait une vocation, garni du fonds de plus en plus généreux du Secrétariat d'État (revoir le Chapitre II sur ce point), le Conseil des arts continuait de dispenser argent et avis avec une marge de manœuvre de plus en plus étroite, en raison des restrictions budgétaires imposées par le Trésor fédéral, qui semblait voir d'un œil de moins en moins favorable l'autonomie relative de l'organisme créé en 1957.

En matière de théâtre, l'action fédérale empruntait principalement deux voies : d'un côté le CDA et son autonomie contrée par le Pouvoir politique, de l'autre et à l'inverse le CNA (en plus de quelques organismes sous la dépendance du Secrétariat) doté d'octrois accrus afin de lui permettre d'atteindre une envergure nationale et dont le seul modus vivendi paraît être : «un théâtre canadien, pour être national, devait rejoindre un public national» selon la formule de 1967.

Conscients de la situation difficile qu'ils traversent, les agents du CDA y vont d'un constat explicite au début de leurs perspectives pour les cinq prochaines années :

> «Vingt ans après, à l'instar de la majorité des organismes créés et financés par le parlement, le Conseil se trouve aujourd'hui dans une période de vaches maigres, avec un budget fort resserré, et il éprouve un grand besoin de remettre sans cesse en question ses activités quotidiennes[17].»

Cette remise en question, il importe de le préciser, est rendue particulièrement vitale en raison de l'érosion progressive

---

16. Ainsi donc, en matière de théâtre comme dans la plupart des champs culturels, politiques et économiques, le caractère centralisateur du pouvoir fédéral semble pratiquement toujours vérifiable.

La politique du Conseil canadien, privilégiant les grands organismes à caractère inter-national, à défaut de national, a sans doute permis que se développe un milieu théâtral mais elle n'a pas favorisé l'émergence d'une dramaturgie nationale, c'est-à-dire québécoise pour le Québec.

17. *Vingt et cinq*, page 6.

Les 340 Caisses Populaires affiliées à l'Union Régionale de Montréal des Caisses Populaires Desjardins, grâce à leur généreuse contribution, rendent possible la publication de nos Cahiers. Nous les remercions chaleureusement.

La Nouvelle Compagnie Théâtrale.

L'ouverture du Théâtre Denise-Pelletier par la Nouvelle compagnie théâtrale annoncée à la presse.

de l'autonomie du Conseil. Dans un Canada en état de crise (selon la formule régulièrement utilisée dans les divers documents, rapports annuels et autres, émanant du CDA), la situation d'un Conseil autonome semble de plus en plus mal vue par les hommes politiques. Les critiques à l'endroit du Conseil fusent de toutes parts: les tenants de la souveraineté du Québec souhaitent moins de sévérité de sa part alors que ses adversaires le trouvent complaisant. C'est pour répondre à tous ces intervenants que la présidente du CDA, Madame Gertrude M. Laing s'adressa au comité parlementaire de la Radio-diffusion des films et de l'assistance aux arts, le 31 mars 1977. Elle disait:

> «Pour parler net, je tiens à vous dire que notre rôle n'est pas d'accorder des subventions aux gens qui professent le séparatisme ou d'autres idées politiques. Il consiste simplement à encourager les arts. On ne peut nier toutefois que, parmi ceux qui prônent l'indépendance au Québec, se trouvent beau-

coup d'artistes et d'intellectuels, qui font parfois
appel à notre aide pour poursuivre leurs études et
recherches universitaires. Nous examinons alors
leurs demandes sans faire intervenir de considérations extérieures, et nous avons l'intention de continuer à agir ainsi [18]. »

C'est toute la liberté du Conseil que Madame Laing réaf-
firme ici devant les représentants du Pouvoir politique. Sa position est idéale mais utopique car défendable en théorie seulement. C'est ce que j'ai tenté de mettre en évidence en abordant
le problème de la censure au chapitre précédent. Le Conseil a
beau vouloir se placer au-dessus de toute idéologie, il ne pourra
jamais en faire abstraction, ni lui ni les jurys qu'il met sur pied. À
la limite, cette dimension jouera de façon inconsciente.

Cette autonomie vient en tête des résolutions de la Commission consultative des arts qui la définit comme le pré-requis
essentiel à l'action du Conseil :

« Le Conseil doit demeurer autonome. L'évolution
politique du Canada, de même que la nature des
relations qu'entretiennent les gouvernements fédéral
et provinciaux, laissent croire qu'on voudrait exercer un contrôle plus rigoureux sur le Conseil. La
multiplication des interventions du Secrétariat d'état
et du Conseil du trésor ne peuvent que nuire à son
bon fonctionnement et, par contrecoup, à ceux qu'il
dessert. Sans autonomie, le Conseil ne peut s'adapter
vraiment aux changements et aux mutations des
arts à l'intérieur de notre société [19]. »

Ce que les fonctionnaires du CDA ne pouvaient dénoncer avec
trop de virulence, les membres de la Commission consultative
ne se gênent pas pour le clamer à haute voix. Mais au fond, ils
disent tous deux la même chose.

Malgré une situation conflictuelle avec le Pouvoir politique, le CDA demeure un organisme fédéral dont la perspective
est canadienne et qui reste, de ce fait, soucieux de « cultiver la
compréhension mutuelle entre Canadiens de toutes régions et
toutes cultures [20] ». En cela, il poursuit des objectifs similaires à

18.   Rapport annuel 1976-1977, page X, Avant-propos.
19.   Rapport de la Commission consultative du Conseil des Arts, page 21.
20.   *Vingt et cinq*, page 20.

ceux de ce Pouvoir politique. De plus, il renoue directement avec l'orientation originelle du Conseil telle que définie par le père Lévesque, en 1957, dans son discours inaugural et telle que reprise par le professeur T.H.B. Symons dans son *Rapport sur les études canadiennes* en 1975.

Lisons un passage du rapport, intégré au document *Vingt et Cinq* et par conséquent endossé par le Conseil des arts:

> «Les arts d'interprétation doivent jouer un rôle particulier dans un pays bilingue et multiculturel. Nous pouvons arriver à mieux nous connaître, grâce au miroir des arts d'interprétation. Nous pouvons aussi, grâce à eux, nous mieux connaître les uns les autres [21].»

On croirait lire à nouveau le discours de 1957 du père Lévesque! Le professeur Symons, en utilisant «pays bilingue et multiculturel» y va d'une assumation globale de toute la politique du gouvernement libéral de Pierre Trudeau (1968-1979). Or l'histoire démontre que cette perspective multiculturelle, si elle est possible à l'échelle pan-canadienne, est inapplicable pour la province de Québec qui nous intéresse ici [22].

Le Conseil des arts, sans utiliser cette formule hautement politique, n'en manifeste pas moins le plus grand souci de cet aspect. Non seulement il reprend le discours du professeur Symons, mais encore il explique l'action qu'il a lui-même favorisée en ce sens:

> «Devant les menaces qui pèsent sur l'avenir du pays, de nombreuses institutions s'interrogent sur les moyens qu'elles pourraient adopter pour accroître la compréhension mutuelle entre les diverses régions et cultures du Canada. Dans cette perspective, les programmes mis en œuvre par le Conseil pour favoriser les échanges et les tournées d'artistes méri-

---

21. T.H.B. Symons, «Se connaître. Rapport de la Commission sur les études canadiennes», Ottawa, Association des universités et collèges, 1975, cité dans *Vingt et Cinq*, page 20.
22. Mon insistance à revenir sur cette dimension «pays bilingue et multiculturel» n'est pas, en soi, l'expression d'un désaccord par rapport à l'option pan-canadienne mise de l'avant par le Pouvoir politique; c'est plutôt, dans la perspective québécoise du présent ouvrage, le rappel d'un point de vue problématique et dangereux. Je renvoie sur ce à la réaction du sociologue Guy Rocher, déjà signalée.

tent une mention. (...) Il serait possible, en y mettant le prix, d'améliorer et d'élargir ces programmes, et de les rendre accessibles à l'ensemble du pays [23].»

L'importance accordée à cette dimension par le Conseil est-elle simplement tactique ou le trait d'une conviction profonde et le signal d'une politique d'action prioritaire? Dans le second cas, qui apparaît le plus plausible en raison de la fréquence des interventions sur le sujet ces dernières années, l'organisme fédéral ne dévie-t-il pas de sa ligne originale? Celle que Madame Laing rappelait en 1977 et qui «consiste simplement à encourager les arts»? N'y a-t-il pas danger de subordonner toute l'assistance aux arts à la perspective pan-canadienne? Au Conseil des arts comme chez le Pouvoir politique?

Stratégie future

Établissant la stratégie à venir, les auteurs de *Vingt et Cinq* dégagent trois principes majeurs qu'ils présentent comme une tentative d'ouverture de voies nouvelles:

> «1– augmentation de l'aide à la mise en marché et à la distribution des «produits» artistiques créés avec l'aide du Conseil;
>
> 2– encouragement du développement régional au moyen d'une assistance accrue aux petites localités;
>
> 3– soutien de programmes destinés à élargir la place des arts dans le processus éducatif [24].»

L'accomplissement de ces objectifs nécessite, rappelle le Conseil, des ressources accrues que le Trésor fédéral, rappelons-le, ne consent pas à verser depuis quelques années. La première avenue s'attache à la diffusion dans une perspective toute commerciale. Elle est vitale en ce qu'elle assure la communication de toute création. (En théâtre plus qu'ailleurs où le rapport de l'art au public est plus direct et immédiat que dans la plupart des autres domaines.) Trop longtemps, dans les politiques gouverne-

---

23. *Vingt et Cinq*, page 9.
24. *Vingt et Cinq*, page 7.

mentales, l'aide à la création n'a pas été suivie d'un soutien à la diffusion. Ainsi donc, l'œuvre à laquelle l'État avait contribué en la subventionnant n'accédait pas toujours à la seconde et nécessaire phase de la communication.

L'accent ici avancé est essentiellement pratique. Il comporte un danger très net, inhérent aux états technocratiques modernes, régulièrement plus préoccupés de gestion, de diffusion et de distribution que de création[25]. Dans cette perspective, il me semble que la formulation de la Commission consultative des arts est beaucoup plus complète et satisfaisante. Elle propose que la première place soit dorénavant accordée à l'aide :

> «a– à la création, la production et la présentation d'œuvres issues du pays ;
>
> b– à la diffusion de ces œuvres, en même temps que la possibilité, pour les créateurs de toutes les régions, de pouvoir échanger leur expérience[26]. »

Le point a doit être souligné plus particulièrement par la qualité de son ordre d'énumération ainsi que par sa finale qui met l'insistance sur les œuvres issues du pays. Par là, la CCA reprend l'objectif majeur inscrit dans le *Rapport Massey* et à l'origine de la création du Centre national des arts, finalité qui devait être évacuée par la suite lors de la mise sur pied du Centre. La reprise est capitale ici, même si l'ambiguïté demeure : qu'entend-on par «œuvres issues du pays» ? Je crois fermement qu'il s'agit de pièces écrites et produites par des gens d'ici. C'est une évidence. Pourtant, on l'a signalé déjà, plusieurs interprétations ont été données à cela dans les vingt dernières années. La compagnie de théâtre du CNA en est l'exemple le plus clair. La CCA se garde toutefois bien de préciser le tout.

S'il est un domaine où l'interprétation fédérale en matière de théâtre laisse à désirer, c'est bel et bien celui du développement régional. Si l'on fait exception des programmes de moindre importance, tel Explorations, les artistes régionaux n'ont jamais

---

25. Je renvoie à toute la problématique de la censure traité au Chapitre IV. J'ajoute au passage que dans les autres pays, la France notamment, les choses ne se passent pas différemment. De l'avis de Jean Jourdheuil : «Les choses en sont parvenues à un point tel qu'il est devenu tout à fait dérisoire de parler de «créateurs» et de «création» là où nous avons affaire à des gestionnaires de la culture», somme toute, parfaitement adaptés au système de production/diffusion des produits artistiques.» (*Le Théâtre, l'artiste, l'état*, L'Échappée belle, Hachette, 1979, page 20.)

26. Rapport de la CCA, page 21.

le Carton en animation

L'animation, dans son sens large, a toujours fait partie de notre travail de création: discussions après chacune de nos représentations théâtrales, ateliers suivis en expression dramatique...

Ce que nous vous proposons maintenant, ce sont quelques programmes spéciaux d'ateliers en expression dramatique. Ces programmes s'adressent à des groupes organisés (étudiants, travailleurs, associations diverses...), ou aux adultes qui ont vu notre spectacle ou aux enseignants du niveau élémentaire.

Nous croyons que l'expression dramatique est un excellent moyen pour se découvrir, s'exprimer, s'épanouir. Par les jeux proposés, l'individu développe son imagination, sa créativité, sa réflexion, sa conscience de soi... et des autres. "L'autre" apparaît au centre de cette méthode de découverte, le jeu théâtral se révélant être d'abord et avant tout un outil créatif de communication.

Les animations offertes ci-dessous s'inscrivent dans cette optique d'expérience collective et individuelle où se mêlent émotion et réflexion.

L'équipe du Théâtre de Carton, une troupe de métier longueuilloise.

été très bien servis, si d'aventure ils l'ont déjà été. Occupé à prêter son concours aux grandes institutions, le CDA ne possédait plus de ressources pour aider les petites maisons, seules existantes dans les régions. Tous les problèmes de survie du Jeune théâtre, régional ou non, se situent là. L'expression de cette priorité était urgente. Elle s'inscrit dans un double mouvement de démocratisation et de décentralisation, malgré les critiques de certains qui y voient une sorte de saupoudrage des ressources du Conseil.

L'analyse de la répartition des subventions au théâtre par le fédéral (Chapitre III) a clairement indiqué que le CDA n'en était qu'à ses premiers et timides essais dans ce champ. Dans *Vingt et Cinq*, il continue de ne s'y engager qu'avec prudence lorsqu'il dit :

> «Compte tenu des ressources disponibles et des niveaux de développement, le Conseil n'est-il pas aussi justifié de financer une création collective du Théâtre Parminou dans une petite localité que l'opéra Louis Riel dans une grande ville[27] ?»

Les traits d'atténuation sont nombreux dans cette interrogation : «Compte tenu de», la négation «n'est pas» et le tour interrogatif lui-même... Ils témoignent bien de la réserve. La question, qui n'en est pas une, entraîne une réponse affirmative qui, à son tour, suscite une nouvelle interrogation : combien ? L'analyse antérieure des chiffres y a répondu : un peu, très peu pour les petits organismes (dont les régionaux) et beaucoup pour les grands. Que réserve l'avenir en ces temps de restrictions budgétaires ? Rien de bien stimulant, à court terme à tout le moins, en dépit d'une nette amélioration pour les années 1979-80 et 1980-81.

Et de quelle démocratisation le CDA parle-t-il ? Charles Lussier, le directeur du Conseil, y a répondu en juillet 1977 :

> «Pour «populariser» ou démocratiser la culture, il ne suffit pas de rendre plus accessibles les «produits culturels» d'une qualité indéniable. Il faut que la population participe elle-même au processus de création culturelle[28].»

---

27. *Vingt et Cinq*, page 8.
28. Charles Lussier, «Le Conseil des Arts du Canada, en quête d'excellence dans une société démocratique», allocution prononcée le 6 juillet 1977, devant l'Annual Management Development Program du Harvard University Institute in Arts Administration. Ottawa, Conseil des Arts du Canada, 1977.

Cette phrase n'est pas sans rappeler les longues explications du Livre blanc intitulé *La politique québécoise du développement culturel* du gouvernement du Québec. Mais tant au palier fédéral que provincial, on est loin encore de la réalisation d'un pareil idéal.

La troisième ligne de force établie dans le document du CDA s'aventure dans le domaine de l'éducation, secteur de juridiction provinciale, jalousement gardé au Québec. Signalons immédiatement que la CCA, en réponse au but formulé, s'élève contre une semblable intrusion : « Le Conseil des arts, suffisamment absorbé en ce moment, ne doit pas s'engager sur le terrain de l'éducation, qui, d'aucune manière, ne saurait être une de ses priorités[29]. »

On ne saurait détourner le regard de l'action du Conseil des arts sans revenir brièvement sur le système de jurys dont il a été l'instigateur. Le document *Vingt et Cinq* n'en fait pratiquement pas mention alors que le Rapport de la CCA s'y attarde longuement. Pour la CCA, non seulement ce fonctionnement doit-il continuer, parce qu'il demeure un des plus équitables en dépit de ses imperfections, mais il doit également être amélioré afin de sauvegarder le plus possible l'impartialité des jurys et des appréciateurs. De plus, « les jurys, les appréciateurs et la façon dont sont rendues leurs décisions doivent être guidés par une politique cohérente[30] ».

Voilà, sans doute, où le bât blesse. Quelle politique ? Pour pleinement jouer leur rôle, les intervenants doivent participer à l'élaboration même de cette politique. Cette politique qui est loin d'être claire pour l'instant, en raison de la situation même du Canada.

Le jugement posé sur l'action du Conseil canadien des arts est sévère malgré vingt-deux années d'administration et de procédures irréprochables (surtout en comparaison avec le caractère improvisé des trois-quarts de l'action provinciale).

Contraint par la réalité canadienne elle-même : un pays/ deux peuples fondateurs (suivant la formule aujourd'hui consacrée) et/ou des cultures multiples, le Pouvoir politique fédéral n'a jamais pu se résoudre à poser le pari des régions, des provinces qui pourtant l'avaient mis en place. Et le Conseil des Arts,

---

29. Rapport de la CCA, page 23. À titre d'information, il est utile de noter qu'à Québec, le Ministère de l'Éducation a établi une priorité de l'enseignement des arts. Pour l'année scolaire 1980-1981, l'art devra obligatoirement être enseigné dans toutes les institutions élémentaires.
30. Rapport de la CCA, page 22.

soit-disant autonome, n'y est pas parvenu davantage. Alors que le Canada au Québec en matière culturelle aurait dû se lire : la culture québécoise, on a persisté de part et d'autre à parler d'une culture (d'un théâtre) canadienne qu'on n'arrivait pas à définir. Le Conseil des arts a œuvré au départ (1957) avec les organisations théâtrales peu nombreuses qui existaient, en a fait de grandes institutions qui ont monopolisé l'essentiel des ressources, cependant que le théâtre évoluait et qu'une dramaturgie québécoise montait parallèlement, le Conseil est demeuré dans la voie tracée au début. Jamais il n'a remis ses choix en cause. Ses préoccupations récentes par rapport à la création (les nouveaux crédits devant y être consacrés) n'ont pu se concrétiser que partiellement, faute de fonds.

Aujourd'hui, le Conseil fédéral apparaît en quelque sorte dépassé par les événements. Son autonomie relative est limitée par le Pouvoir politique d'un côté, et de l'autre, il n'a pas su aller de l'avant afin de répondre aux nouveaux besoins. Administrativement irréprochable, son action est culturellement lamentable.

Les grandes compagnies ne voient plus leurs besoins croissants comblés. En conséquence, elle se dirigent lentement mais sûrement vers l'indigence ou une pauvreté qui monopolise des sommes importantes. Ces maisons sont nettement en perte de vitesse. (Mais il ne faudrait pas croire que le gel de leurs octrois, de la part du Conseil canadien, soit l'unique cause de ce déclin. Ce n'est qu'un des éléments. À l'instar du CDA, ces maisons — du moins certaines d'entre elles — n'ont pas su évoluer ni se renouveler.) Quant aux petites compagnies et aux petites troupes, elles n'ont jamais pu quitter le seuil de la survie et l'action fédérale ne leur laisse guère l'espoir d'y arriver un jour prochain [31].

---

31. Même si j'ai tenu des propos moins sombres antérieurement au sujet de l'intervention des dernières années du Ministère québécois des Affaires culturelles, je peux affirmer que la conclusion que je viens de tracer lui convient tout autant. Aujourd'hui, les besoins ne sont pas davantage comblés par le MAC en matière de théâtre. Et dans la mesure où, au Québec, le Pouvoir politique est entre les mains d'un parti (le Parti québécois) qui se targue d'entretenir un préjugé favorable à l'endroit de la culture (c'est l'État qui le dit depuis 1976), c'est plus scandaleux encore. Il a beau hausser les fonds octroyés à la culture (de manière considérable en regard des années passées, sauf en 1979-1980 où le théâtre sera affecté d'une légère diminution), ces sommes demeurent fort limitées, d'autant qu'on a constaté une baisse des moyennes accordées à l'ensemble du Jeune théâtre.

2. Le discours québécois : entre la parole et l'acte

La création du Ministère des Affaires culturelles (MAC) fut lancée à la manière d'un slogan politique par Jean Lesage, Premier ministre libéral, en 1961. Rappelons que le premier article du programme du parti libéral stipulait la création d'un MAC et que la paternité de ce programme fut attribuée à Georges-Émile Lapalme, qui deviendra le premier titulaire du nouveau ministère. Relisons des extraits du discours prononcé alors par Jean Lesage :

> «Le parti que je dirige a voulu donner *priorité aux problèmes culturels* et aux questions touchant l'éducation (...) il faut surtout que la création artistique trouve, par l'entremise des autorités, des occasions plus nombreuses et plus faciles de se produire. Par l'établissement d'un ministère des Affaires culturelles, le gouvernement de la province jouera *le rôle qui lui incombe dans la vie culturelle du Québec et de la nation* [1]. »

Si la déclaration originelle plaçait sur une même ligne de feu prioritaire culture et éducation, la suite des événements devait distinguer les deux. Alors que des efforts importants étaient consacrés à l'éducation (laquelle allait engloutir des sommes énormes), la culture devait se contenter de la portion congrue des ressources.

Le discours de Jean Lesage fait mention de priorité culturelle et affirme la conscience que le Parti libéral a un rôle à jouer. Il se situe dans une perspective toute fédéraliste, comme l'indique la formule conjonctive «la vie culturelle du Québec *et* de la nation». Les auteurs du Livre blanc *La Politique québécoise du développement culturel* de 1978 ne manqueront pas de le souligner. L'emploi du terme «nation» est ici abusif, d'autant qu'il renvoie au Canada.

Incapable d'une définition articulée de la culture dont il parle, le Premier ministre libéral se contente de souligner le visa-

---

1. Jean Lesage, premier ministre du Québec, discours prononcé devant l'Assemblée nationale le 2 mars 1961.

Le TPQ, saison 1978-1979.

ge particulier du Québec en raison «du fait français» qui le marque. Voilà qui nous renvoie à un des deux pôles du nationalisme classique du Chanoine Groulx qui «parvenait sans difficulté à caractériser la nation d'après deux axes directeurs, à savoir, la francité et la catholicité[2]». Ces deux axes furent cons-

---

2. La citation est d'André J. Bélanger, *Ruptures et Constantes*, Hurtubise HMH, 1977. Dans son ouvrage, l'auteur explique qu'aucune des idéologies postérieures à celle du Chanoine Groulx, depuis la crise des années trente, notamment La Relève, la JEC et Cité Libre, n'a su proposer de voie satisfaisante en regard de la situation du Québec. (Et comme toutes trois, à mon avis, témoignent de questionnements bien supérieurs à ceux entrevus dans les discours officiels, c'est dire la pauvreté de la réflexion du Pouvoir politique.) Selon Bélanger, alors que La Relève se tournait vers l'homme universel (en réaction à l'idéologie groulxiste qui était repli sur soi) et faisait fi du social, la JEC — bien que mue par l'axiome à troies voies : voir-juger-agir — ne faisait pas plus de cas de la question historique et nationale. Enfin, poussant plus loin le mouvement de laïcisation amorcé par les deux précédentes, Cité Libre prenait également le pari de l'homme universel, de l'individu riche garant du collectif riche. En dépit du début de démonstration de la conscience individuelle pour s'acheminer vers le social (page 81), Cité Libre n'arrivera pas, dans les faits, à concevoir la société

tamment rappelés par le régime Duplessis, en raison de leur rentabilité électorale, alors qu'ils étaient déniés par la plupart des groupes idéologiques d'importance.

Avec le régime libéral, père de la révolution tranquille, la catholicité fut laissée pour compte. Impuissant à définir une identité collective, résolument fédéraliste, et peu soucieux de le faire, il ne pouvait que se rabattre sur la francité groulxiste. Et pendant longtemps, le Pouvoir politique restera incapable et/ou non désireux d'entreprendre quelque réflexion fondamentale sur la question.

Malgré son imprécision fondamentale, la déclaration de Jean Lesage se révélait par moments audacieuse. Dans sa tentative de cerner le rôle gouvernemental en matière culturelle, elle parle non seulement de *conservation* mais *d'amélioration, d'affirmation* et même *d'innovation*.

> « Une minorité nationale qui se contente de protéger ses positions entretient une attitude négative et n'attire pas le respect de la majorité. (...) Il faut ... INNOVER[3]. »

Mais quant à savoir comment il allait s'y prendre, le Premier ministre n'en souffle mot. Il se lance plutôt dans une envolée lyrique à teneur plus politique que pratique :

> « Je demande la collaboration de tous *les hommes de bonne volonté* pour que le projet de loi qui est devant cette chambre soit pour la province un *instrument de grandeur* et que le ministère projeté des Affaires culturelles qui sera en quelque sorte un *ministère de la civilisation canadienne-française*, devienne le premier, le plus grand et le plus efficace serviteur du *fait français* en Amérique, c'est-à-dire, de l'*âme de notre peuple.* » (C'est moi qui souligne[4].)

comme une entité autre que le simple agrégat de ses composantes, ou en d'autres mots, la somme des citoyens rassemblés imaginairement. Seul Parti-pris affirmera carrément l'importance du nationalisme, lequel doit passer par la recherche d'un collectif. Nous sommes alors dans les années soixante, l'aventure de Parti-pris ayant duré de 1963 à 1968.

3. Jean Lesage, discours du 2 mars 1961. À noter dans ce début de phrase, l'entrée fédéraliste : « Une minorité nationale ».

4. Jean Lesage, discours 2 mars 1961. Je souligne les passages qui mettent en évidence le caractère solennel, en somme messianique, du discours prononcé. Il nous amène à dégager la valeur essentiellement politique, électorale, du propos. Rien de commun avec une volonté d'application ferme et articulée.

On croirait entendre Maurice Duplessis. On retombe en plein cœur de cette idéologie messianique canadienne-française de l'abbé Groulx. La formule est solennelle et biblique : «Je demande ... aux hommes de bonne volonté». Il s'agit d'une prière. La suite des événements — soit le fonctionnement du nouveau ministère — démontrera que c'est bien plus sur la bonne volonté que les ressources que le Parti libéral comptera pour réaliser les objectifs énoncés au départ.

L'idée d'un ministère de la Civilisation canadienne-française apparaît toutefois importante. Elle procède d'une conception élargie de la culture, confusément peut-être dans l'emploi de 1961. Elle sera reprise plus tard, par Jean-Paul L'Allier pour un dans son Livre vert de 1976. Il dira : «L'objectif d'alors demeure toujours valable aujourd'hui[5].» Elle sera réaffirmée deux ans plus tard dans le Livre blanc sur la culture du Parti québécois dont l'axiome semble être : «L'ensemble de l'existence est produit de culture[6]». Commentant la formule de Jean Lesage, il dira : «Pour la première fois, l'État québécois assume officiellement la culture, s'en reconnaît responsable. (...) 1977 renoue avec 1961 par un Livre blanc sur la politique linguistique.»

Ce que le Livre blanc sur *La politique québécoise du développement culturel* tait cependant, c'est que l'engagement pris par le gouvernement Lesage restera plus théorique que réel. Sur ce, dès 1964, la démission de Georges-Émile Lapalme, premier titulaire du poste, jette un éclairage significatif. Dans sa lettre au premier ministre, ce dernier se dit dégoûté de l'impuissance à laquelle il est confiné, incapable d'accorder quelque crédit, seul juge uniquement lorsqu'il s'agit de refuser. C'est la Trésorerie qui décide, ajoute-t-il, et elle réduit toujours les propositions. Le ministre déclare qu'il est titulaire d'un ministère de pauvres et de marginaux et que la culture est vue par le Parti libéral comme une coquetterie. Il termine en expliquant que, dans les circonstances, «le Ministère des Affaires culturelles ne peut, sans justification, continuer d'exister[7]».

Ce constat négatif accompagnera pratiquement toute l'histoire de ce ministère à la tête duquel se succéderont les ministres

5. Jean-Paul L'Allier, «Pour l'évolution d'une politique culturelle», Document de travail, mai 1976, p. 13.

6. «La politique québécoise du développement culturel», 1978, Vol. I : Perspective d'ensemble : de quelle culture s'agit-il ? page 31.

7. Lettre de démission de Georges-Émile Lapalme, ministère des Affaires culturelles adressée à Jean Lesage, premier ministre de la province, le 3 septembre 1964 (Voir l'annexe, en page 395).

comme nulle part ailleurs. Pas étonnant dès lors que le Livre blanc remis en novembre 1965 par Pierre Laporte n'ait jamais été déposé ni publié. Le discours inaugural n'avait été qu'un beau discours, systématiquement démenti par les actions (ou plutôt les inactions).

Le Livre blanc de 1965 réaffirmait avec force la nécessité du rôle de l'État en matière culturelle, et de façon plus claire. Il convient de rappeler la phrase synthèse déjà citée au deuxième chapitre :

> « Or c'est essentiellement par la culture qu'une collectivité s'exprime, traduit sa mentalité, en d'autres mots, s'identifie à ses propres yeux, se reconnaît, a la fierté de l'être moral qu'elle édifie. Le temps est venu pour l'*État du Québec* de prendre en charge, de plein droit, le domaine culturel, dont, comme on le verra, il a la responsabilité. *L'État* donnera ainsi au *peuple qu'il gouverne* le sentiment de mieux respirer, de pouvoir se réclamer d'un commun principe spirituel, de former une personne morale enfin pourvue des organes supérieurs nécessaires à sa vie et à son épanouissement[8]. »

La responsabilité gouvernementale dans la culture avait été revendiquée une première fois en 1961 dans une perspective fédéraliste. Jean Lesage parlait d'une minorité nationale, la nation étant bien entendu le Canada. Quatre ans après, l'énoncé est devenu plus explicite : « l'État du Québec » a remplacé le « gouvernement de la province ». Le peuple, considéré comme le corps d'une nation, est ici indiscutablement celui vivant majoritairement au Québec. Tout reste à venir, l'énonciation au futur ne trompe pas. Cependant, la vision s'est affranchie et clarifiée... avec d'autant plus de force que le Livre blanc ne se contente pas d'être un discours général et politique mais qu'il propose quelque soixante recommandations précises, dont quatre relèvent directement du théâtre. Enfin des vues pratiques sont formulées. Le document ne fut même pas déposé.

Pendant les dix années suivantes, le discours de l'État s'efface. Plus que jamais la critique de Georges-Émile Lapalme se vérifie : la culture n'est rien d'autre qu'une coquetterie. Mal organisé, désargenté, inopérant, le MAC est soumis aux influences politiques et aucun gouvernement ne semble se soucier de

---

8. Livre blanc du Ministère des Affaires culturelles, nov. 1965.

mettre sur pied une véritable politique culturelle. Le modèle suivi, quand il l'est, vient d'Ottawa. Résumant l'action provinciale, le Rapport Pasquill dit:

> «On aimerait faire mieux, mais en pratique, par suite d'une pénurie de moyens, l'action provinciale, dans le domaine de la culture, devient complémentaire de celle de l'État central[9].»

L'appréciation du professeur Pasquill est éclairée. À la pénurie de moyens, il importe toutefois d'ajouter le désintéressement du Pouvoir politique, dans le cas du Québec. Le Ministère des Affaires culturelles ne s'est pas acquis le sombre qualificatif d'organisme de «broche-à-foin» sans raison. Le Tribunal de la culture, tenu en 1974-1975, y est allé d'un verdict unanime et éloquent:

> «Au Québec, il s'en donne des bourses. Il s'en distribue des subventions: environ 200 millions au total, depuis que le MAC existe.

> Mais, à cause des retards, des lenteurs et de ce que certains témoins ont appelé le harcèlement du ministère; parce que les subventions sont distribuées à l'improviste et sans suite; parce que les critères d'obtention de subventions ont été modifiés sans consultation et sans prévenir les principaux intéressés; parce que des politiques ont été abandonnées ou modifiées du jour au lendemain sans prévenir personne et sans consultation; parce que des organismes culturels et des travailleurs culturels ainsi que des créateurs ont subi la mauvaise foi du MAC; parce que des programmes excellents sont disparus sans laisser de traces et sans être remplacés par des équivalences, les sentiments que les créateurs et travailleurs culturels expriment à l'égard du MAC ne sont pas très affectueux[10].»

> «Des centres culturels sont en difficulté. Des associations d'artistes sont mortes ou moribondes. Des travailleurs culturels expérimentés ont quitté, complètement dégoûtés, le milieu où ils croyaient

9. Rapport Pasquill, page 4.
10. Le Rapport du Tribunal de la culture, revue Liberté, no 101, septembre-octobre 1975, page 27.

faire leur vie, au service de la diffusion ou de l'enseignement des arts. Les éternels recommencements nés du discontinu des politiques du MAC ont débouchés sur la méfiance, la haine, la résignation ou la schizophrénie des créateurs et des travailleurs culturels.

Après 12 ans d'existence, *le MAC est responsable d'un véritable gâchis institutionnalisé*. Ou alors, il crée des liens de maître à esclave avec certains bénéficiaires de subventions. Dans l'immense majorité des cas, les relations sont mauvaises.

Tout cela crée-t-il un climat propice à la création? La question est posée au nouveau ministre des Affaires culturelles, M. Jean-Paul L'Allier[11].

Difficile de trouver conclusion plus négative. Jusqu'en 1974, la situation n'évoluait pas. Même le sous-ministre Guy Frégault, je l'ai déjà signalé, admettait que l'action du MAC donnait l'impression d'un demi-échec. Le discours de l'homme politique apparaît plus dépourvu de sens que jamais. Le slogan politique de «souveraineté culturelle» lancé dès 1973 par le Premier ministre Robert Bourassa est le plus équivoque et dangereux de tous. Le Tribunal de la Culture fait ressortir l'alternative dans laquelle Robert Bourassa place son slogan: il donne à choisir entre niveau de vie et souveraineté culturelle. Dans son verdict, le Tribunal répond:

> «La vraie alternative est aujourd'hui le contraire de celle de M. Bourassa: dépendants, les Québécois courent au génocide et en plus ils ont un faible niveau de vie; souverains, ils possèdent les outils pour redresser leur situation nationale et augmenter leur niveau de vie[12].»

Je n'ai pas ici à souscrire ou à rejeter l'analyse du Tribunal dont le jury était composé de Marcel Rioux (président), Hélène Loiselle, Françoise Loranger, Claude Jutra, Léon Bellefleur et Laurent Bouchard; je retiens cette dernière phrase parce qu'elle éclaire sur le discours futur de l'homme politique, spécialement celui du Parti québécois, qui prendra le pouvoir à l'automne

---

11. Le Rapport du Tribunal de la culture, revue *Liberté*, no 101, septembre-octobre 1975, page 28.
12. Ibid., page 69.

La Bebelle et l'Aubergine de la Macédoine, deux troupes de métier qui utilisent les clowns.

1976. Déjà, avec Jean-Paul L'Allier, auquel s'adresse le Rapport du Tribunal, le discours s'affirme.

Pour la première fois, un document paraît qui n'est pas relégué aux oubliettes avant même d'être diffusé. Le Livre vert de M. L'Allier trace le bilan du MAC. Il en reconnaît les limites, les insatisfactions et entreprend de ré-organiser (il faudrait dire d'organiser) le secteur. En théâtre, le Service, qui avait été démembré, est remis sur pied.

Le Livre vert *Pour l'évolution de la politique culturelle* s'inscrit dans la continuité du Livre Blanc de 1965, enfin lu. Il y va de véritables propositions qui, sans être toujours suffisamment précises, réalistes et informées, n'en indiqueront pas moins les éléments de politique appliquée. Beaucoup de chemin a été parcouru depuis la déclaration de Jean Lesage; ici l'orientation politique est limpide: « Il ne saurait y avoir qu'un seul maître d'œuvre de la culture[13] » explique Jean-Paul L'Allier après avoir souligné la concurrence défavorable entre un fédéral (pourvu de ressources et bien structuré) et une province (démunie et à l'état de souhait encore le plus souvent flou). La prise de position éclaire quant à l'évolution des mentalités, des idéologies, spécialement en regard de la question nationale et de la volonté d'auto-détermination des Québécois.

Mais Jean-Paul L'Allier appartient encore à un parti fédéraliste. Il n'est pas évident que son affirmation d'un maître d'œuvre unique ne soit pas autre chose qu'une belle intention ou un vœu pieux. Moins que la fin de l'intervention d'Ottawa en matière culturelle, c'est la concertation nécessaire qui est mise de l'avant ici. Plus que jamais, à l'heure actuelle, cette concertation semble nécessaire et possible entre certains services du fédéral et du provincial alors qu'elle demeure irréconciliable du côté des dirigeants politiques[14].

---

13.   « En démocratie, cette autorité politique doit refléter les exigences de la majorité tout en respectant les droits des groupes minoritaires. La majorité est ici québécoise et francophone. Le reconnaître et l'accepter, c'est accepter l'interdépendance des composantes canadiennes. C'est surtout renoncer, à l'action centralisatrice et uniformisante inspirée du rêve utopique d'un pays uniformément bilingue et multiculturel. Le partage de l'autorité politique est urgent. » Livre vert, page 100.

14.   Pour mesurer la profondeur du fossé qui sépare les deux approches, il suffit de mettre en relation les deux points : d'une part une culture distincte (québécoise) d'un peuple distinct (québécois); de l'autre une perspective fédérale (canadienne qui à défaut de culture du même nom opte pour la multiculture. La question se pose : une concertation est-elle possible?

On reconnaît l'urgence aussi bien chez les agents du Conseil fédéral des Arts que chez les haut-fonctionnaires. En mars 77 André Fortier, sous-secrétaire d'État déclarait:

> «Les provinces viennent maintenant beaucoup en aide aux arts; elles le font suivant leurs propres priorités qui réflètent des préoccupations régionales tout aussi valables que celles du gouvernement central. Les questions de la culture sont de plus en plus importantes et complexes et je pense qu'il faudra en arriver *à plus de coordination et de collaboration* entre tous les niveaux de l'administration publique *pour les résoudre conformément aux besoins et aux aspirations profondes des Canadiens* [15]. »

Pas question de partage de l'activité politique dans les propos du sous-secrétaire d'État, mais seulement de coordination et collaboration qu'on peut lire comme une concertation nécessaire. Elle paraît toutefois difficile et problématique dans la conjoncture actuelle (une Confédération en état de crise). Surtout quand on parle de résoudre les problèmes de la culture «conformément aux besoins et aux aspirations profondes des Canadiens». N'est-ce pas le pari impossible?

Le débat lancé par le Livre vert de 1976 peut être considéré comme fructueux. Par la suite, le discours politique se continue cependant que la voie amorcée commence d'être mise en pratique. Le Parti québécois a pris le pouvoir en novembre 1976. Pour la première fois, un parti politique qui fait de l'autodétermination, sur tous les plans, son cheval de bataille, est en place. En matière de culture, il publie un Livre blanc *La Politique québécoise du développement culturel* dont l'idée maîtresse veut que «l'ensemble de l'existence est produit de culture [16]».

L'assertion est ambigüe et dangereuse. Elle relève de l'évidence et, en même temps, elle opère un clivage systématique en ramenant sur un même plan toutes les activités humaines alors qu'il est reconnu qu'elles n'ont ni un égal impact, ni une identique influence sur l'évolution et la vie tout entière d'une collectivité. L'insistance mise sur «le pain et le livre», «le minimum

---

15. André Fortier, «Le rôle du gouvernement dans le développement de la culture et des arts au Canada», discours prononcé lors du Colloque sur la culture canadienne au XXe siècle, tenu à Washington le 23 mars 1977, Ottawa, Secrétariat d'État, 1977. C'est moi qui souligne.
16. Livre blanc, vol. 1, page 9.

vital matériel et le minimum vital culturel» ne laisse aucun doute quant à la réduction effectuée dans le document de 1978.

En matière de théâtre, le Livre blanc reste extrêmement silencieux. Il se contente de l'inclure lorsqu'il aborde la question des industries culturelles. C'est là une attitude bien cavalière, quand on sait le pouvoir d'intervention dans une société d'un médium comme le théâtre tant sur les genres de vie, la création que l'éducation, soient les trois dimensions d'une politique, selon le même Livre blanc. Dans un document de 466 pages réparties sur deux volumes, il est étonnant qu'il ne se soit pas trouvé d'espace pour le théâtre. À sa lecture, il ressort de toute évidence que le Parti québécois, une fois arrivé au Pouvoir, semble davantage préoccupé de «pain» que de «livre», d'industrie culturelle que de contenu ou d'orientation idéologique.

Et lorsqu'il aborde la question des industries culturelles, son énoncé reste fort conservateur, en tous points conforme à ce qui avait déjà été exprimé dans le Livre vert de 1976 :

> «Le MAC a accordé un soutien important aux grands organismes. Il continuera en ce sens, car il doit leur assurer des moyens suffisants pour qu'ils puissent se maintenir à un niveau de qualité élevé. (...)
>
> L'appui donné aux grands organismes ne saurait être maintenu au détriment des jeunes organismes. Ce fut pourtant largement le cas jusqu'à présent, faute de disponibilités financières suffisantes et par crainte de gaspiller des ressources limitées dans des entreprises dont la réussite n'était pas acquise. Il ne s'agit pas de retirer aux uns ce qu'on accordera aux autres; il faut simplement reconnaître que, chez les jeunes organismes, des explorations de voies nouvelles, des recherches indispensables valent d'être encouragées. Il est nécessaire qu'y soit affectée une plus large part des nouveaux crédits[17].»

Le passage entier est un jugement de valeur : il confirme la qualité des grands organismes et reconnaît que certains des jeunes organismes valent d'être encouragés. L'appréciation des premiers est sans réserves, ce qui n'est pas le lot des seconds. Le jugement favorable aux grands organismes n'est pas nouveau (entendons les compagnies institutionnelles en ce qui concerne

---

17.   Livre blanc, vol. 2, pages 297, 298.

le théâtre). C'est celui de la tradition, de l'établi. L'évaluation est globale, donnée comme allant de soi. Elle ne semble nécessiter aucune analyse préalable. Voilà qui est pour le moins expéditif et peu rigoureux.

Le Livre blanc se contente de reprendre le jugement posé l'année précédente dans un document expliquant l'Aide du MAC au théâtre institutionnel. On y lisait en avant-propos:

> «Ces dernières (les compagnies institutionnelles), qu'on le veuille ou non, constituent l'élément le plus actif et le plus représentatif de la culture théâtrale québécoise actuelle[18].»

Encore là, l'affirmation ne passait pas par une analyse en bonne et dûe forme de ces organismes. J'ai souligné dans le chapitre sur la censure le caractère unilatéral et censurant de tels énoncés, il convient de le rappeler ici. L'affirmation soustend obligatoirement un choix culturel.

Néanmoins, la seconde partie de l'énoncé du Livre blanc se révèle importante en ce qu'elle accrédite des voies nouvelles chez les jeunes organismes et qu'elle assortit son évaluation à la volonté de leur accorder une plus large part des subsides. L'étude des statistiques a d'ailleurs démontré ce fait. Le Livre blanc vient confirmer une politique mise de l'avant depuis quelques années déjà. L'analyse esquissée dans cette tranche apparaît toutefois incomplète et relève d'une binarité aussi censurante que navrante. Reconnaissant que l'appui donné aux grands organismes s'est exercé au détriment des cadets, il donne deux raisons à ces choix antérieurs: 1– sommes d'argent insuffisantes; 2– crainte de gaspiller des ressources limitées dans des entreprises dont la réussite n'était pas acquise. En somme, ce qui est mis en balance, c'est le choix de la valeur sûre en regard de la voie nouvelle.

La réalité est autrement complexe. Si l'absence des ressources financières a toujours été criante au MAC, la crainte de gaspiller relève du même jugement de valeur signalé plus haut et illustre clairement la position stérilisante de l'État qui se contente d'être à la remorque des choses. Jean Lesage parlait de la nécessité d'innover en 1961. Dix-sept ans plus tard, le public attend toujours. Aux deux raisons avancées par le Livre blanc, il en faut ajouter au moins trois autres: méconnaissance des réalités nouvelles faute de s'y intéresser et de s'en informer;

---

18. «1977-1978 Attitude du MAC concernant l'aide financière au théâtre»: premier groupe — Théâtre institutionnel, mars 1977.

manque d'audace qui aurait permis de susciter des renouvelle-
ments; enfin, absence de politique culturelle innovatrice exposée
clairement. Tout cela de la part d'un gouvernement, celui du
Parti québécois, qui clame bien haut son préjugé favorable en
matière culturelle (jamais n'en a-t-on autant parlé qu'avec lui)
mais qui, d'autre part, diminue son budget aux arts d'interprétation pour l'année 1979-1980. N'y a-t-il pas contradiction?

Depuis 1975-1976, le Service du théâtre a commencé à
s'organiser de manière efficace. Une équipe s'est peu à peu
constituée, formée d'agents soucieux de rencontrer les praticiens
du théâtre, d'aller voir leurs productions, en un mot de s'informer véritablement. Une telle pratique ne s'était pas vue depuis
belle lurette. Dans la foulée du Livre vert, le Service s'est doté
d'objectifs nombreux d'une qualité inédite au MAC. L'établissement de ces priorités résulte d'un travail d'investigation soutenu à
l'enseigne de la rigueur et d'une volonté nouvelle de transpa-
rence. Ces objectifs méritent d'être examinés. Je retiens, à cette
fin, la liste de septembre 1978, soit la plus récente au moment où
cette analyse s'effectue.

Objectif général

L'objectif général est à caractère global comme il se doit.
Il convient de noter la dernière partie qui signale le caractère
limité des ressources «dont la collectivité peut disposer» pour le
développement du théâtre au Québec. La formule est belle et
constitue une demi-vérité. Si les ressources de la collectivité sont
limitées, il ne faudrait pas oublier qu'elles le sont doublement
par le Pouvoir politique qui décide d'affecter tel pourcentage
des crédits à la culture en général et au théâtre en particulier.
Dans les circonstances, ce pouvoir est toujours susceptible de
limiter encore plus les ressources déjà existantes. L'histoire du
MAC a d'ailleurs démontré que le Pouvoir politique agissait pratiquement toujours en ce sens.

MINISTÈRE DES AFFAIRES CULTURELLES

Les objectifs du service du Théâtre sont les suivants:

de façon générale:

— favoriser le développement du théâtre au Québec, de telle sorte que le travail des artisans soit mis en valeur et profite au plus grand nombre de Québécois sur tout le territoire, moyennant une utilisation rationnelle des ressources humaines, financières et matérielles dont la collectivité peut disposer à cette fin;

de façon plus spécifique:

— favoriser, là où les ressources le permettent, l'existence et la viabilité d'organismes et/ou de structures stables, dynamiques et à vocation d'excellence en matière de théâtre de répertoire québécois et international, pour les adultes et pour la jeunesse, ainsi que de création et d'essai pour ces deux (2) grandes catégories de public;

— encourager divers types de projets de création et de diffusion dans le cadre de programmes d'aide facilement et rapidement accessibles; ces projets devraient pouvoir générer des formes renouvelées de théâtre, atteindre de nouveaux publics, viser à associer pratique théâtrale et animation... etc.;

— encourager la production de créations québécoises;

— favoriser l'émergence et/ou le développement de ressources théâtrales en dehors de Montréal et Québec, là où l'on observe déjà un bon noyau de concentration pour cette activité;

— supprimer l'arbitraire concernant l'octroi des subventions et traiter les organismes avec le plus d'équité possible, selon une évaluation réaliste de leurs besoins par rapport à leur potentiel, compte tenu de l'aide financière disponible;

— permettre au goût et à l'appréciation du public d'avoir un effet direct sur les ressources des organismes qui proviennent des fonds publics;

— en matière budgétaire, équilibrer l'intervention d'ensemble:

   a) en maintenant au moins à son niveau actuel l'aide aux grands organismes professionnels;

   b) en augmentant la part destinée aux jeunes organismes professionnels, particulièrement pour ceux qui se consacrent au théâtre pour la jeunesse;

— favoriser des échanges entre grands et jeunes organismes professionnels, ainsi qu'entre les artisans de théâtre, non seulement ici au Québec, mais avec des organismes et des artisans d'autres provinces ou pays; devraient également être favorisés des échanges entre artisans de théâtre et professionnels de disciplines connexes et utiles au bon fonctionnement des organismes de théâtre;

— intervenir au chapitre des immobilisations (immeubles et équipements);

— favoriser la coordination des politiques des organismes publics qui ont une incidence directe ou indirecte sur le secteur du théâtre.

Historique de la Compagnie

LE SAUT DU LIT
16 représentations au Théâtre Port-Royal (14 au 30 décembre 1973)
11 représentations au Théâtre Maisonneuve (27 décembre 1973 au 7 janvier 1974)
Auteurs:
Ray Cooney et John Chapman
Adaptation française:
Marcel Mithois
Metteur en scène:
Guy Hoffmann
Décors: Jean-Jacques Desrosiers

Costumes:
Jean Grenier
Distribution:
Catherine Bégin
Guy Hoffmann
Monique Chentrier
Louise Turcot
Jean Duceppe
Jacques Lorain
Roger Lebel
Françoise Faucher
Roseline Hoffmann

LES TROIS FARCES DE MOLIÈRE
6 représentations au Théâtre Port-Royal (1er au 6 octobre 1973)
Auteur:
Molière
Metteur en scène:
Guy Hoffmann
Décors:
Jean-Jacques Desrosiers
Costumes: Gilles Lalonde

Distribution:
Pierre Thériault
Anne Pauzé
Jean-Louis Paris
Ronald France
Jean Leclerc
Hubert Gagnon
Arlette Sanders
Yvan Ponton
Ginette Morin

CHARBONNEAU ET LE CHEF
78 représentations au Théâtre Port-Royal (16 novembre 1973 au 24 mars 1974)
Auteur:
John Thomas McDonough
Adaptation française:
Paul Hébert et Pierre Morency
Metteur en scène:
Paul Hébert
Décors:
Paul Bussières
Costumes:
Paul Bussières

Distribution:
Jean-Marie Lemieux
Jean Duceppe
Lionel Villeneuve
Jacques Godin
Yves Létourneau
Michel Dumont
Pierre Héral
Jean-René Ouellet
Roger Lebel
Jean Ricard
Marc Legault
Philippe Reynal
Paul Guévremont
Hélène Trépanier

Georges Delisle
Yvan Saintonge
Jean-Pierre Légaré
Marc Bellier
Alpha Boucher
Gilles Cloutier
Normand Lévesque
Roger Lussier
Normand Dorion
Eric Gaudry
Yvan Ponton
Jean-Pierre Matte
Robert Lussier
Gaston Viens

LA MORT D'UN COMMIS VOYAGEUR
24 représentations au Théâtre Port-Royal (27 novembre 1973 au 17 février 1974)
Auteur:
Arthur Miller
Metteur en scène:
Paul Hébert
Décors:
Paul Bussières
Costumes:
Paul Bussières

Distribution:
Jean Duceppe
Suzanne Langlois
Michel Dumont
Jean-René Ouellet
Lionel Villeneuve
Yves Létourneau
Gilles Cloutier
Monique Lepage
Roger Lebel
Ginette Morin
Diane Guérin
Marc Legault

Les premiers spectacles de la Compagnie Jean Duceppe ont connu un succès inespéré.

Objectifs spécifiques

Cette première finalité est importante en ce qu'elle favorise la consolidation des groupes existant dans tous les secteurs du théâtre, à la condition qu'ils soient «dynamiques et à vocation d'excellence». Il est difficile de s'inscrire en faux contre un tel énoncé. Un problème se pose cependant, que j'ai déjà soulevé dans le chapitre sur la censure : qui déterminera le niveau de qualité ? N'y a-t-il pas là menace d'ingérence dans les contenus[19]? Pour la saison 1979-1980, le ministère a mis sur pied des jurys composés de gens du milieu[20] afin de poser ces jugements et de répartir les subventions. Voilà, à n'en pas douter, un des moyens d'y parvenir.

Dans son allocution de fermeture au Colloque sur le Théâtre d'été, le ministre Denis Vaugeois a annoncé que d'autres rencontres suivraient dans tous les secteurs de l'activité théâtrale. Il a dit espérer que l'une d'entre elles permette à tous les artisans du théâtre de se pencher sur la véritable question de fond : à savoir, comment concevons-nous le théâtre ? quelles fonctions croyons-nous qu'il doive remplir collectivement ? quels sont les objectifs à poursuivre[21]?

---

19. Au Conseil fédéral, où cette notion avait toujours été mise de l'avant, on semble en voie de la mettre en veilleuse en raison de son impossibilité d'application : «On a tort de vouloir définir la qualité ; (...) Le mot «qualité» ou «excellence» constitue lui-même un obstacle. Dans le domaine du théâtre, ce qui compte surtout c'est la relation entre l'art et le spectateur, c'est-à-dire la mesure dans laquelle l'art atteint le public.» *Vingt et Cinq*, page 8.
20. Deux jurys ont été mis sur pied, l'un pour le théâtre pour Adultes, l'autre pour la Jeunesse. Ils ont examiné uniquement les groupes de Jeune théâtre, plus justement tous les groupes des régions de Montréal et Québec sauf les onze maisons institutionnelles. Cette limitation, outre qu'elle indique la prudence des agents du Service, confirme une nouvelle fois, le statut particulier des maisons institutionnelles. Il n'est pas impossible qu'à l'avenir, la distribution des subventions aux compagnies institutionnelles se fasse aussi par jurys et il est souhaitable que cela se fasse au plus tôt, à mon avis, mais pour ce, le MAC doit re-questionner toute sa politique d'aide au théâtre. Un débat fondamental est nécessaire pour y parvenir. Or, à l'heure actuelle, ni le Service du théâtre du MAC, ni le Pouvoir politique dans son Livre blanc ne semblent prêts à pareille démarche. La réduction importante des écarts entre jeunes et grands organismes, si elle est extrêmement louable, ne règle pas la question. L'étude des chiffres du présent travail l'illustre sans peine.
21. Propos rapporté dans le quotidien *Le Devoir* du Jeudi 16 novembre 1978, dans un article intitulé «Pour briser la dichotomie théâtre d'été/théâtre d'hiver».

Le projet est beau, l'intention enthousiasmante, mais rien n'indique qu'il sera mis à exécution dans un avenir rapproché, voire plus lointain. Nul doute que la multiplication des rencontres et des consultations permettrait efficacement de déterminer les priorités d'intervention du Service du théâtre du Ministère québécois des Affaires culturelles.

Le deuxième objectif se propose d'encourager l'innovation : nouvelles formes, nouveaux publics, etc. Il nous renvoie directement à l'innovation dont parlait Jean Lesage en 1961, à la différence toutefois qu'ici, le vœu audacieux est devenu un objectif précis. Beaucoup de chemin parcouru en dix-sept ans. Concrètement, il faudrait voir quelles énergies, quelles ressources financières et humaines seront consacrées à cette innovation afin de départager l'assistance symbolique de l'encouragement réel.

L'énoncé suivant établit la priorité à la création québécoise. Nous touchons un aspect fondamental. J'ai mentionné, au chapitre I sur les catégories de théâtre, que la priorité aux œuvres québécoises était un allant-de-soi pour la plupart des jeunes organismes, alors qu'elle était traditionnellement laissée pour compte, plus ou moins, chez les grands organismes, sauf exceptions. Ce n'est qu'à une amélioration très timide sur ce plan que le public a pu assister. Ces compagnies n'ont cessé de justifier, à tort et à raison, leur peu d'empressement à faire place à la dramaturgie québécoise en raison du manque d'auteurs et par conséquent de textes. Ces maisons se sont contentées de déplorer le manque au lieu de réagir afin de le combler. De la sorte, la carence a duré et, aux yeux de plusieurs, dure encore. Et elles en sont les premières responsables.

Dans son document de mars 1977 définissant l'aide financière au groupe institutionnel, le MAC affirme hautement la priorité québécoise en obligeant les compagnies à monter au moinsf une création par saison. Commentant alors le document pour le compte du quotidien *Le Devoir*, je tirais la conclusion suivante :

> «Le MAC affirme la priorité de la dramaturgie québécoise. Il s'agit là d'une première à signaler. Les mesures qu'il propose pour y arriver apparaissent cependant si timides qu'elles font songer à un vœu pieux. Pire à un slogan électoral. Pour avoir droit à une subvention, chaque compagnie doit inclure à sa programmation annuelle au moins une création québécoise, i.e. au moins une pièce non encore jouée écrite en français par un Québécois ou par un Ca-

nadien d'expression française. Pour la dite pièce, le ministre absorbera tous les coûts de droits d'auteur, pourvu que ceux-ci restent à l'intérieur des normes connues.

Comme mesure, cela ne permettra jamais d'augmenter le pourcentage de création d'ici d'autant plus qu'un tel état de fait existe déjà, sauf exceptions. «Au moins une» suggère la possibilité de plusieurs mais peut fort bien également ne signifier qu'une seule. Dans ce dernier cas, il ne faut plus parler de priorité. Un théâtre pourra se contenter de monter une création sur 4, 5, 6 ou 7 spectacles. Il se peut qu'une semblable situation ne se produise pas, néanmoins la possibilité existe. Et l'aliénation perdure. Et le document du ministère ne dit mot des récréations, des adaptations, du répertoire, etc. Décidément, la réflexion reste fort partielle, essentiellement limitée à la cuisine[22].»

Priorité bien mal affirmée que celle de la dramaturgie québécoise. À preuve pour la saison 1978-1979, seulement trois créations apparaissent dans la programmation de vingt-et-une productions de quatre des compagnies les plus subventionnées par l'État: le théâtre du Nouveau Monde (une création sur six), le Trident (une sur quatre), le Rideau-vert (une sur six) et la Compagnie Jean Duceppe (aucune sur cinq). Voilà, à tout le moins, un objectif bien malmené. La priorité n'aurait-elle été affirmée qu'au niveau des intentions? Il y a lieu de se demander si l'évaluation inconditionnelle des grands organismes par l'État ne tend pas à la démontrer.

Le quatrième objectif veut favoriser la décentralisation. Le mouvement est amorcé en ce sens, l'entreprise est difficile et lente. L'étendue du territoire du Québec alliée à la faible densité de la population qui l'habite dans les régions éloignées rend cette finalité plus difficile à réaliser.

La suppression de l'arbitraire dans l'octroi des subventions était une urgence. Des études solides, comme le document de mars 1977 sur le Théâtre institutionnel constituent des éléments tangibles de la suppression de l'arbitraire. Certains chiffres contredisent cependant les analyses. Ainsi tant en 1977-1978 qu'en

---

22. «Un document à la fois consistant et conservateur», Adrien Gruslin, *Le Devoir*, 27 mai 1977.

1978-1979, soit les deux saisons d'application de la nouvelle politique, il est possible de remarquer des cas manifestes où l'arbitraire a continué à jouer. Je me suis arrêté sur les subventions accordées au Trident et au Centaur, deux exemples précis de cela, au précédent chapitre.

Le sixième objectif veut «permettre au goût du public» d'intervenir dans l'attribution des octrois. C'est là projet louable mais, à ce jour, aucune mesure n'a été prévue afin de le rendre effectif. Les rencontres et consultations avec le milieu, dont je parlais plus haut, devraient se doubler d'autant d'activités du même type avec le grand public. De même, il n'est pas interdit de penser que les jurys pourraient faire place à des personnes du public, encore que le choix s'avérerait difficile à faire.

En septième lieu, le Service du théâtre reprend à peu près textuellement l'énoncé des pages 297-298 du Livre Blanc de 1978, commenté précédemment : maintien de l'aide aux grands organismes, augmentation de celle destinée aux jeunes. C'est dire que le Service du théâtre et le Pouvoir politique sont en parfaite harmonie sur ce plan. Dans sa formulation, le Service y va d'un ajout restrictif. Parlant des jeunes organismes, il précise : «particulièrement pour ceux qui se consacrent au théâtre pour la jeunesse». La notation apparaît difficilement compréhensible. Pourquoi privilégier le secteur jeunesse? Certes, il est assez mal servi par les grands organismes mais il ne s'agit pas là d'une distinction suffisante dans la mesure où le théâtre présenté par les jeunes organismes pour les adultes se différencie lui aussi, très souvent, nettement de celui offert par les grands organismes... Le juge-t-on supérieur en qualité à l'adulte? Au nom de quelle analyse dans ce cas? Alors il est urgent de s'informer adéquatement sur l'autre. Autant de questions épineuses...

Les deux objectifs suivants se proposent de favoriser les échanges (objectif numéro huit) et d'apporter une aide aux immobilisations (objectif numéro neuf). Tous deux relèvent d'une nécessité indiscutable dans le développement d'une dramaturgie. Au chapitre des immobilisations, le MAC se devra d'être extrêmement sélectif car il engage alors des sommes importantes à long terme. Il serait déplorable de répéter l'erreur du Patriote.

En dernier lieu, le Service du théâtre souligne l'importance de sa fonction de coordination. Si cet objectif ne demande pas d'investissement financier, il n'en est pas moins une des priorités pour lui. En théâtre, les services gouvernementaux susceptibles d'intervenir sont nombreux : ministère de l'Éducation (des cours en la matière sont donnés, des spectacles présentés dans les écoles, des activités parascolaires et, ne l'oublions pas, le principal débouché du secteur jeunesse reste le système scolaire); Haut-Commissariat à la Jeunesse, Loisirs et Sports (tout théâtre amateur en dépend). À cet effet, le Haut-commissariat, s'il veut vraiment s'acquitter de sa tâche, ferait bien d'accorder la même attention aux disciplines théâtrales qu'aux manifestations sportives. Pour ce, l'aide du MAC lui est nécessaire. Dans le cas contraire, il serait urgent de ramener le théâtre amateur sous la responsabilité du MAC et les Affaires Inter-gouvernementales (pour tout ce qui concerne les échanges avec les autres provinces et l'étranger). «Tout est à faire, sur ce plan» reconnaissait Pierre-Denis Cantin, le directeur du Service du théâtre, qui est devenu, à la fin de 1979, directeur des Arts d'Interprétations.

Le ministre Denis Vaugeois, conscient du caractère prioritaire du rôle de coordination du ministère qu'il dirigeait, terminait une entrevue accordée au quotidien Le Devoir en disant:

> «Ce qui est important, ce n'est pas l'ampleur du budget du ministère mais l'action que peut avoir ce ministère sur les autres ministères, soit de devenir une sorte de multiplicateur d'actions [23].»

Outre ce travail de planification interne, c'est-à-dire dans les différents ministères et services provinciaux, le MAC doit effectuer un ouvrage de coordination externe avec les municipalités et le fédéral. Cet ouvrage est tout aussi vital. Il nous ramène, en droite ligne, à l'assertion de Jean-Paul L'Allier dans son livre vert:

> «Il ne saurait y avoir qu'un seul maître d'œuvre de la culture.»

---

23. «Aux Affaires culturelles, l'heure est à la planification», interview de M. Denis Vaugeois à Bernard Descôteaux, Journal Le Devoir, 14 août 1979. Si la conclusion du ministre, dans sa partie la plus importante, est fort judicieuse, elle ne saurait faire oublier que l'ampleur du budget du MAC demeure d'une importante cruciale, contrairement à l'accent, qu'il semble indiquer ici. Tant et aussi longtemps que l'État ne débloquera pas les fonds nécessaires, il sera possible d'affirmer qu'il continue de considérer la culture comme une «coquetterie» bien plus que comme une réalité fondamentale. Et tous les livres blancs, si longs soient-ils, n'y changeront rien. Est-il besoin de rappeler que depuis 1976, année où le Parti québécois est arrivé au pouvoir, le budget du MAC a compté pour 0,45% de celui de la Province. Il est donc en termes de pourcentages demeuré inchangé. Les budgets, tant de la province que du ministère, ont certes augmenté substantiellement mais le coût des opérations a fait de même. Alors...

Pendant longtemps, le discours politique de la province aura été contredit par une pratique inconsistante en matière culturelle. L'évolution de ce discours aura été dans un sens précis, celui de la revendication de pouvoir et d'autonomie. En cela, les Affaires culturelles ont suivi le cheminement des autres secteurs, illustrant le caractère indivisible du politique, de l'économique et du culturel.

Réputé pour ses tergiversations, tâtonnements et impuissances, le MAC ne s'est engagé dans la voie d'une véritable organisation que depuis quelques années. En théâtre, d'indiscutables progrès ont été réalisés. La qualité et la quantité des objectifs formulés par le Service le montrent bien. L'organisation a été solidement entreprise depuis 1975-1976. Toutefois, elle est demeurée à l'intérieur des cadres existants. Elle a, en ce sens, manqué d'audace et d'envergure.

La question de fond que le ministre Vaugeois souhaitait voir poser à tous les praticiens de théâtre réunis, lors du Colloque sur le Théâtre d'été de novembre 1978, reste à venir. Au ministère même, on ne semble pas avoir commencé de la débattre. Ce n'est pas à lui de répondre pour la collectivité. Sa décision de faire appel à des jurys pour octroyer les subventions de la saison 1979-1980 marque sa disponibilité à repenser le tout, dans une certaine mesure seulement. Le cadre étroit, les limites imposées à ce jury, le caractère nouveau de ce mode de fonctionnement montrent la prudence avec laquelle le ministère s'engage dans un processus de participation. Il est néanmoins permis de croire que s'ouvre une possibilité. Le Ministère continuera-t-il en ce sens? Sa position de pouvoir lui permet de jouer un rôle prépondérant dans l'avenir du théâtre au Québec. Il peut s'en servir pour aller de l'avant ou rester à l'intérieur des normes tracées.

3. Le discours municipal :
un discours de censeur

Si le discours est «l'énoncé du point de vue du mécanisme discursif qui le conditionne[1]», nous sommes forcés, de par

---

1. Anne Ubersfeld, *Lire le théâtre*, Éditions sociales, page 247.

Le Théâtre de l'Oeil, troupe de métier travaillant pour les plus jeunes mais pouvant avec plaisir et profit être vu par tous. Mai 1978.

l'abondance des tours prescriptifs et restrictifs qui marquent la règlementation du Conseil montréalais des arts, de conclure à un discours de pouvoir doublé d'un discours de censeur[2]. Peu abondant et sans équivoque, le discours du Conseil montréalais n'a fait que s'affirmer et s'affermir au fil des ans dans le sens d'un propos de censeur. Le législateur fait constamment référence à des valeurs doxéiques, ou données pour telles, qu'il prend bien soin de ne jamais définir. Parce qu'il multiplie les appels à l'intérêt général, sans jamais définir de projet culturel particulier, et parce qu'il assortit ses appels de restrictions constantes, on a tout lieu de croire que l'intérêt dont il parle est bel et bien le sien. C'est d'ailleurs le propre du censeur de faire croire que son intérêt à lui et celui de tous coïncident.

L'étude des statistiques (chapitres II et III) a démontré que le Conseil métropolitain épousait en tous points l'ordre de grandeur déterminé par son homologue fédéral; à la différence que son action se limite, hors quelques exceptions, à la catégorie théâtrale institutionnelle. En cela, elle donnait entièrement raison à l'évaluation du professeur Pasquill[3], valable pour la décennie soixante, l'étude s'arrêtant en 1971, et toujours vérifiable à l'heure actuelle.

Mais alors que le Conseil canadien a toujours serti ses décisions de politiques cohérentes et à tendance objective, le Conseil métropolitain a formulé des règles en termes limitatifs exclusivement. En bref, la position est la suivante : ne sont subventionnées que les pièces de répertoire des sociétés qui ont fait leurs preuves, et qui méritent de recevoir une subvention dans l'intérêt de l'ensemble de la communauté. Les termes «fait leur preuve», «méritent de recevoir», et «dans l'intérêt de la communauté» nous placent indubitablement sur la voie d'une évaluation morale et subjective.

---

2. La présente partie ne saurait être lue sans le Chapitre IV sur la censure, tant l'attitude du Pouvoir public concerné se définit en tous points comme une attitude de censure manifeste. Nous y renverrons régulièrement afin d'éviter une trop grande redondance.

3. Je rappelle la conclusion du rapport de 1973 : «C'est le Conseil des Arts du Canada qui, en définitive, détermine à la fois l'orientation et le volume des subventions publiques et privées versées aux arts du spectacle au Canada (...) En l'absence de méthodes efficaces d'évaluations et de sélection, ils (les gouvernements provinciaux et municipaux, les sociétés et fondations...) se fondent sur les subventions versées par le Conseil aux arts de la scène pour mesurer les normes de qualité artistique, les besoins financiers et l'apport culturel général à la communauté.» Page 4.

En juin 1978, en plein cœur de la polémique des *Fées ont soif*, le Conseil avait pourtant amorcé une reformulation de ses règlements sur des assises irréprochables. L'assertion de départ était neutre, claire et dotée d'une objectivité satisfaisante :

> «Le Conseil des Arts vise à encourager les associations artistiques ou culturelles, légalement constituées en corporation à but non lucratif, en contribuant par des subventions à leurs dépenses, pour de projets spécifiques, afin de les aider à accroître ou à améliorer leurs services de production artistique.»[4]

Deux ans auparavant toutefois, le rapport annuel de 1977 était orienté de manière beaucoup plus explicite dans deux phrases résumant le rôle du Pouvoir public municipal.

> «Oeuvrer à *l'essor harmonieux* des organismes et à l'organisation d'une *politique culturelle* conçue véritablement dans *l'intérêt* de *l'ensemble* de *la communauté*.
>
> Ainsi le Conseil de Montréal *doit-il désigner* les groupements, manifestations artistiques ou culturelles, qui méritent de recevoir une subvention, en fixer le montant et en recommander le versement[5].»

La réalité courante qui caractérise l'approche montréalaise se trouve entièrement dévoilée ici. Dès la première phrase, la problématique est entière. Quelle est cette politique culturelle dont parle le Conseil ?

En apparence, nous nageons en plein paradoxe. Le Conseil seul doit désigner les plus méritants pour le bien de tous. Le terme «mérite» renvoie indiscutablement à une évaluation morale et le tour «doit désigner» appartient au domaine prescriptif donné ici comme allant de soi, rendu particulièrement fort par l'ouverture de la phrase «ainsi».

Rappelons avec Anne Ubesfeld «que les formations discursives doivent être rapportées aux positions des agents dans le champ des luttes sociales et idéologiques[6]». Le Conseil montréalais, personne morale, se définit essentiellement comme un juge, celui qui, par excellence, est responsable de l'application de la loi dans une société pour le maintien de celle-ci. Son discours vise

---

4. Procès-verbal de la réunion du 14 juin 1978.
5. Rapport du secrétaire, avril 1977. C'est moi qui souligne.
6. Anne Ubersfeld, déjà cité, page 285.

nécessairement à la conservation du pouvoir qui est le sien. La position est inévitable pour tout Pouvoir public. Aussi, quand il distribue des subventions, il doit assortir sa politique de critères nombreux et précis afin d'éviter d'exercer une fonction de censeur. Tel n'est pas le souci du Conseil de Montréal. Le ton prescriptif qui marque tout son discours en dit long.

Quant aux objectifs généraux, l'idée du meilleur intérêt de la collectivité, alliée à celle de la subvention accordée aux groupes ayant fait leurs preuves, reste la seule importante. Mais comme dans un cas et dans l'autre, seul le Conseil est juge, la position de pouvoir apparaît clairement. Tous les autres règlements, peu nombreux du reste, précisent le sens de cette idée maîtresse et apportent encore des restrictions. Par exemple, le Conseil est défini comme un évaluateur: «le Conseil ne considère comme.../ se réserve le droit/ doit/ devra/ vise à encourager/...» Tout est prescription sèche. La formule «ne considère comme» ne signifie pas autre chose que juger, nous apprend le Petit Robert.

La presque totalité des énoncés réglementant l'octroi, mieux, l'éligibilité aux subventions, procède d'une formulation restrictive:

1. Les subventions *ne* seront accordées *qu'*aux sociétés établies dans la région métropolitaine de Montréal, qui ont fait leurs *preuves*, et qui s'engagent à réaliser, dans leur domaine respectif, les projets pour lesquels elles demandent l'appui financier de notre Conseil. (Procès-verbal, juin 1978.)

2. Le Conseil des arts de la région métropolitaine *ne* considère *comme* éligibles à des subventions de production *que* les pièces de répertoire. (Procès-verbal, juin 1978.)

3. Les créations *ne* seront éligibles à des subventions de production *que* si le texte existe et peut être lu avant que la subvention *ne* soit accordée. (Procès-verbal, juin 1978.)

4. *Aucun* octroi *ne* sera accordé pour le déplacement d'un groupe en représentation en dehors de la région métropolitaine. Toutefois, une exception pourra être faite pour des tournées à l'étranger mais elle exigera l'approbation unanime des trois organismes dispensateurs de fonds et l'invitation «officielle» d'un pays qui devra

offrir d'assumer la majeure partie des dépenses. (Procès-verbal, juin 1978.)

5. Le Conseil des Arts de Montréal *n'a pas* les fonds nécessaires pour aider toutes les organisations naissantes. Si de nouveaux mouvements se forment chaque année, c'est aux organisateurs qu'il appartient d'encourir les difficultés d'organisations et de financement et au public, par son assistance, d'indiquer son désir de les voir persister. Le Conseil est prêt à aider ces troupes — dans une certaine mesure — mais encore faut-il qu'elles aient fait leurs preuves et qu'elles puissent démontrer de bonne chance de survie. (Rapport annuel 1976, page 9.)

J'ai souligné la formation négative marquant chacune des cinq règles. Leur inscription systématique suffit à illustrer l'approche négative du Conseil. Outre qu'elle traduit une attitude de défense, c'est-à-dire de censure, cette caractéristique nous permet de définir quelque peu cette « politique culturelle » dont parle l'organisme municipal ; une politique limitative qui sanctionne le répertoire et se montre réticente face à la création, qui revient constamment sur l'obligation des groupes à faire leurs preuves avant d'espérer des octrois, mais sans jamais préciser de quelles preuves il s'agit, ni du temps nécessaire à ces mêmes preuves.

Cette notion de « preuve » reste une des plus problématiques de toutes. Comme la notion de qualité, elle apparaît difficile, voire impossible, à définir. Car qui peut trancher une telle question ? De même, quel individu ou quel organisme est en mesure de dire ce qu'est le bien commun, le meilleur intérêt de la communauté ?

Pour l'organisme municipal, il est possible d'établir une relation entre les notions de preuve de celles de durée. Les maisons qu'il subventionne sont les aînées ; à tel point qu'il est permis de se demander si les octrois montréalais ne sont pas des espèces de récompenses pour activités passées — la primauté accordée au répertoire est assez explicite en ce sens — et un encouragement à poursuivre de même. Une telle attitude passéiste va à l'encontre de toute perspective évolutive. Le « meilleur intérêt de la communauté », pour reprendre l'expression du Conseil, ne résiderait-il que dans le passé ? Voilà qui paraît aussi surprenant que discutable.

Deux spectacles de la riche Compagnie du Centre national des Arts.

Que le Pouvoir public métropolitain n'assiste pas les tournées (règlement no. 4) est chose attendue. Qu'il fasse exception pour certaines manifestations de prestige international «à l'étranger» et sur «invitation officielle» est son droit le plus strict. Ce choix est très significatif de la position qu'il occupe et n'est pas sans lien avec une politique de grandeur régulièrement pratiquée par la ville de Montréal. La ville dirigée par le maire Jean Drapeau a toujours préféré le geste d'éclat à l'intervention sociale moins spectaculaire mais plus humanitaire. Je fais référence à deux événements antérieurs tout spécialement : l'Expo 1967 et les Olympiques de 1976.

Après avoir posé le choix du répertoire, le Conseil multiplie les exigences à l'endroit de la création. Ainsi, même s'il reconnaît une compagnie comme ayant fait ses preuves, il ne lui permet pas de monter librement un texte nouveau puisqu'il exige de prendre connaissance du livret avant d'octroyer quelque assistance : «le texte de toute création ou adaptation destinée à la scène devra accompagner la demande de subvention» (Procès-verbal, juin 1978). Et même lorsque l'aide demandée a été accordée, le Conseil se garantit la liberté, en tout temps, de revenir sur sa décision :

> «Le Conseil se réserve le droit de réviser, s'il le *juge* à propos, toute subvention, même déjà recommandée ; cette recommandation ne créant aucune obligation contractuelle envers les intéressés. Toutefois, ceux-ci seront entièrement libres de présenter au public, à leurs frais, le spectacle de leur choix.» (Procès-verbal, juin 1978.)

Dans les circonstances, demander des octrois au Conseil métropolitain équivaut à une véritable plongée dans le vide puisque même consentie, une subvention peut être rappelée à tout moment, au gré des circonstances.

Le Conseil termine cette question des créations en renvoyant les créateurs aux autres paliers gouvernementaux. L'assertion étonne d'autant plus qu'elle est donnée comme allant de soi. Elle traduit un manque évident du sens de la responsabilité à l'endroit du théâtre dans sa totalité qui caractérise le comportement de l'organisme municipal.

> «Le Conseil des Arts prend pour acquis que les directeurs de théâtre savent qu'il existe à Ottawa et à Québec, au Conseil des Arts du Canada et au Minis-

tère des Affaires culturelles, des bourses appréciables pour aider les auteurs.» (Juin 1978)

Qui a-t-il d'acquis dans tout cela? Rien si ce n'est la préférence du Conseil métropolitain de voir les auteurs solliciter de l'aide des autres Pouvoirs publics. En un mot, le Pouvoir municipal n'ose refuser à priori toute forme d'assistance à la création; il est justifié de se demander, à la lumière de ses règlements, si tel n'est pas son souhait le plus cher.

Dans un autre ordre de restriction, le Conseil avance qu'il n'a pas les fonds nécessaires pour aider les organisations naissantes (règlement no. 5). Le lien avec la création est indubitable, les groupes auxquels fait référence le Conseil s'adonnant pratiquement toujours à la création. Revenant constamment sur la notion de preuves à faire, il renvoie la responsabilité de survie de ces troupes à leurs organisateurs et au public. La procédure reste cavalière, outre qu'elle traduit, une nouvelle fois, le refus du Pouvoir public d'assumer ses responsabilités à l'endroit de tout le théâtre.

Le retrait de ce champ d'activité apparaît d'autant plus discutable que de nombreux groupes touchés par la règlementation montréalaise ne sont plus des organisations à leurs débuts. Ils ont quatre, cinq ou six années d'existence, et deviennent de plus en plus des professionnels du théâtre au même titre que les compagnies institutionnelles. Ces troupes ont fait leurs preuves et démontré d'excellentes chances de survie. En conséquence, le Conseil fait montre d'une méconnaissance grave à leur endroit ou, dans l'alternative, d'un rejet pur et simple. La raison invoquée, celle du «manque de fonds» ne tient pas; elle constitue une esquive facile et apparemment neutre alors que la réalité est tout autre.

Le bilan du discours du Conseil des Arts de la région métropolitaine est simple. L'organisme se définit comme le défenseur de la tradition, de l'établi, du répertoire. Ses règlementations prescriptives et restrictives laissent voir une politique culturelle tout entière axée sur les valeurs passées. Un choix culturel aussi pleinement passéiste, tout entier tourné vers le maintien des valeurs anciennes, peut être qualifié de rétrograde, de façon indiscutable.

Alors que le théâtre se caractérise par sa situation de communication directe avec le public et qu'en conséquence, il est art éphémère par excellence, régulièrement préoccupé des questions de l'heure, en mutation constante, le Conseil des Arts de la région métropolitaine privilégie les dramaturgies les moins conformes de toutes à cette spécificité[7]. Rarement aura-t-on vu une orientation aussi univoque et fermée.

Et le récent passage (pour l'année 1980-81) du Conseil des Arts de la région métropolitaine sous la responsabilité de la Communauté urbaine de Montréal, suite à la réforme de la fiscalité municipale, ne semble pas avoir changé d'un iota la situation. Pourtant l'occasion, forcée il est vrai, était belle d'amorcer un changement en profondeur de cet organisme aux politiques plus que discutables. Mais peut-être cela viendra-t-il plus tard?

---

7. Sans endosser le cri d'Antonin Artaud qui dit: «Les chefs-d'œuvres sont bons pour le passé, donc ils ne sont pas bons pour nous», je ne crois pas que les œuvres de répertoire soient les mieux en mesure de répondre aux questionnements de l'homme de tous temps, époques et pays. Certes, il existe des pièces qui posent admirablement les questions essentielles, c'est pourquoi il serait appauvrissant et dangereux pour l'avenir du théâtre d'en faire fi. Cela dit, il nous apparaît nettement que les représentations théâtrales les plus nombreuses doivent être directement rattachées aux réalités actuelles. En ce sens, si le choix du Conseil montréalais constitue une option culturelle claire, il me semble être à l'envers du bon sens théâtral et hautement critiquable.

Conclusion

« Le rôle du gouvernement dans la politique culturelle devrait être de favoriser au maximum la démocratie culturelle afin de permettre à tous les goûts culturels d'exister et de se développer. Autrement dit, le gouvernement, loin de censurer ou restreindre, de quelque façon que ce soit, aucune forme de goût culturel, devrait résister aux pressions des membres politiquement puissants d'un public lorsqu'ils réclament la censure pour une catégorie de goût différent de la leur. En revanche, il devrait encourager la naissance de goûts culturels dont le développement, faute d'égalité économique et sociale, se trouve retardé. Ses efforts ne se concentreraient pas uniquement sur le soutien financier aux goûts culturels élevé et moyen-supérieur, comme c'est actuellement le cas : leurs publics sont riches et beaucoup d'œuvres privées leur donnent déjà un appui financier. Au contraire, l'aide du gouvernement devrait aller en premier lieu à la culture inférieure, car celle-ci ne peut inciter les œuvres privées et les annonceurs à financer son développement ou le recrutement de talents plus créateurs. »

(Herbert J. Gans, « La politique culturelle aux États-Unis », Revue *Communications*, no 14, page 170.)

Permettre à tous les goûts culturels d'exister suppose-t-il l'absence de tout jugement de valeur préalable de la part des Pouvoirs publics ? Voilà qui paraît bien irréaliste. Le principe même fait surgir la menace d'une tolérance inconsidérée (quoique toute tolérance, si extrême soit-elle, vaut infiniment mieux qu'une intolérance), d'un clivage de toutes les expressions culturelles sans égards à une quelconque évaluation qualitative à inventer. Le tout sous prétexte de démocratisation. Cela pourrait nous mener loin d'une politique de la créativité.

Le ferment créateur, il faut bien le reconnaître, est habituellement minoritaire dans la société. L'État technocratique moderne, réglementé, codé, ne favorise pas la création. Accepter ce fait comme l'évidence n'amène pas à se retrancher derrière un point de vue élitaire qui équivaudrait à emprunter à nouveau les sentiers traditionnels privilégiant la culture élitiste[1].

Tout en pratiquant la démocratisation culturelle, l'État doit favoriser le développement de la créativité individuelle. C'est le défi posé. Il est paradoxal et suppose des changements profonds. Aux producteurs, il faudra préférer les créateurs; aux maisons de diffusion, celles de création (où les individus pourront être tour à tour public et praticiens); aux chefs-d'œuvres d'hier, les perpétuels recommencements d'aujourd'hui.

Une politique de la culture doit se prémunir de la tentation de s'occuper surtout de la consommation de la culture. Il incombe moins à l'État d'envisager le théâtre et la culture en termes d'industrie culturelle qu'en sa qualité d'outil signifiant de communication, même si cette notion d'industrie culturelle est loin d'être négligeable. Quand on songe au nombre de travailleurs (artistes et autres) qui vivent et/ou survivent par le théâtre, aux retombées économiques que l'activité théâtrale entraîne, l'importance du théâtre comme industrie apparaît évidente. Signalons simplement que pour chaque dollar donné en subvention par les Pouvoirs publics, il en retourne davantage en impôts et taxes diverses, dans les coffres des gouvernements de tous les paliers.

> «Sans trop s'embarrasser des théories sur l'inévitable séparation des classes sociales et sur l'éventuelle révolution qui nous donnerait enfin une culture où la création serait le partage de tous, le gouvernement du Québec entend soutenir toutes les initiatives sérieuses qui permettraient à des groupes de créer de la culture, de faire se rejoindre les «professionnels» et ceux que l'on qualifie trop sommairement «d'amateurs[2].»

---

1. Ce qui ne signifie pas qu'il ne faille pas tenter de mettre cette culture dite supérieure à la portée du plus grand nombre et non plus seulement à ceux qui sont prêts et capables de payer les produits culturels à leur prix de revient.

2. *La politique québécoise du développement culturel*, volume 2, les trois dimensions d'une politique: genres de vie, création, éducation, page 391, Éditeur officiel, Québec, 1979.

L'énoncé d'intention du récent Livre blanc du gouvernement québécois mérite d'être retenu et, davantage, d'être poussé plus avant. On parlera dès lors d'interaction, de dialectique entre la culture élitiste et la culture de masse. Et ce ne sera plus l'une ou l'autre qui primera, selon les concepts traditionnels de culture supérieure et inférieure, mais la recherche d'un équilibre entre la culture créative, souvent personnelle et toujours minoritaire, et la culture collective; entre une voie créatrice — retour aux choses, lutte contre les codes — et une collective, très souvent marquée par le code et le modèle. Idéalement, la première deviendra le fondement de la seconde et vice et versa, et les deux se nourriront l'une de l'autre.

« La fonction culturelle est de permettre aux hommes de s'épeler dans une nouvelle humanité, non de recevoir les leçons et les modèles transcendants dans l'Art [3]. » Cette définition d'Edgar Morin nous rappelle la sortie intempestive d'Antonin Artaud : « Les chefs-d'œuvres sont bons pour le passé, donc ils ne sont pas bons pour nous [4]. » Parce que l'art est expression des rapports de l'homme au monde, rapports régulièrement difficiles, le chef-d'œuvre du passé importe peu en tant qu'œuvre d'art. Il vaut en qualité de médium, c'est-à-dire dans la mesure où il constitue toujours une expression pertinente pour l'homme. Bref, il vaut ce que vaut sa communication. Dans le cas contraire, il est d'un intérêt historique, muséologique, touristique, non culturel.

Seule une vision traditionnelle de la culture élitiste place au premier rang des valeurs l'enseignement du passé, l'exemplarité du chef-d'œuvre, modèle fixe, immuable, indépendant de tout contexte. Comme si l'art, contrairement à la vie, n'avait pas à s'épeler constamment dans une humanité mouvante, en perpétuelle transformation.

Quand un directeur artistique d'une compagnie théâtrale décide de monter Le Cid de Corneille parce qu'il en avait envie depuis toujours, il répond à une motivation personnelle, à la base de toute entreprise créatrice, mais il ne fait pas grand cas de la valeur de communication du dit chef-d'œuvre. En termes de « fonction culturelle », semblable choix pose de sérieuses questions [5].

3. Revue *Communications*, Edgar Morin, « De la culturanalyse à la politique culturelle », page 42, no. 14.

4. Antonin Artaud, *Le Théâtre et son double*, Idées, Gallimard no. 114.

5. Je fais référence au choix de monsieur Jean Gascon, directeur de théâtre au Centre National des Arts, pour la saison 1978-1979.

Quand un gouvernement, par la voix de son ministre des Affaires culturelles et le choix — semble-t-il — de son ministre des Finances, décide de mettre sur pied l'Opéra du Québec alors qu'il invoque constamment les nécessaires restrictions budgétaires d'une période économique difficile qui l'empêchent de hausser selon les besoins les crédits affectés au théâtre[6], il effectue un choix qui s'avère une erreur culturelle extrême et une injustice sociale du même ordre. L'opéra s'adresse traditionnellement à une élite, par définition mieux pourvue que la majorité.

L'opéra est un genre hybride, exotique et sans nationalité s'il en est. Il réunit pour une même manifestation: un chef d'orchestre allemand, des musiciens canadiens et américains formant un orchestre montréalais, des interprètes québécois et étrangers pour interpréter l'œuvre d'un maître italien dont l'action se passe en Orient au quatorzième siècle. L'exemple tracé est théorique, certes mais... Si l'opéra a des adeptes en nombre suffisant, que ces amateurs appartiennent aux mieux nantis qui ont les moyens d'en payer le prix, alors il peut exister sans problème. Mais si, pour être porté sur les planches et offert au public à des prix moindres que dans la plupart des grands centres occidentaux (Londres, Paris, New York) par la magie des subventions de tous profitant à une infime minorité (octrois qui ne pourront être affectés ailleurs), alors c'est un fait scandaleux et un choix culturel inacceptable.

Quand on songe que simplement pour démarrer, cet Opéra reçoit $638 000 du seul gouvernement provincial, qu'une saison projetée se composera de trois productions jouées sept fois chacune pour un total de vingt-et-une représentations et que l'on peut s'attendre, les expériences passées sont éclairantes là-dessus, à un déficit d'opération aussi rapide qu'important, manque qui devra nécessairement être comblé par l'État ou les États qui a/ont favorisé la formation de l'organisme, il y a matière à se scandaliser.

Et nous n'avons soufflé mot de la capacité du genre de «permettre aux hommes de s'épeler dans une nouvelle humanité»!...

La réflexion ne s'applique-t-elle pas également à certaines manifestations théâtrales? Et encore une fois, faut-il le rappeler, le choix culturel effectué par le gouvernement du Québec est celui de la tradition. Tout axer sur cette vision traditionnelle de

---

6. Je fais référence à la récente décision (1979) du ministre Jacques Parizeau de la province de Québec.

la culture constitue une grave erreur. Croire que les chefs-d'œuvres sont plus éclairants ou correspondent mieux à toute définition de la culture est inexact. Ce n'est pas l'œuvre mais la communication qui importe. Communiquer au sens de mettre quelque chose en commun. À tous les niveaux, le processus même du théâtre en est un de création collective. Création collective quand tous, dans un groupe donné, participent à l'élaboration de toutes les composantes du message; quand des responsabilités sont dévolues à des individus réunis autour d'une production à organiser: auteur, acteur, metteur en scène, décorateur, etc.; création collective parce que le théâtre est toujours une communication adressée à plusieurs, réunis en un lieu unique. Ainsi tant l'émetteur que le destinataire sont pluriels. Et le message est du même ordre.

Hélas, le théâtre traditionnel épouse souvent l'image de la société technocratique moderne, celle de la compétition, de la sur-spécialisation et de la répartition de plus en plus détaillée des tâches.

> « Le théâtre traditionnel est une institution, un lieu, un bâtiment indépendant, à part; à l'intérieur de ce microcosme, les fonctions fragmentées sont attribuées à des professionnels des détails: auteur « dramatique », metteur en scène, acteurs, scénographe, décorateur, accessoiristes, techniciens des lumières, du son, administrateur, attaché de presse, etc. Dans ce jeu combiné, ce rassemblement de compétences, la compétition gagne du terrain: les jeux de compétence tendent à s'opposer comme incompatibles[7]. »

Là où la télévision, le plus puissant des moyens de communication de masse, est bien plus un instrument à transmettre des messages qu'à les faire partager, le théâtre, dans sa nature, pose le pari du partage, de l'échange. Certains groupes, spécialement de Jeune théâtre, l'ont compris qui font accompagner leurs spectacles de phases préparatoires (rencontres, recherches, lectures de documents, etc.) et de subséquentes (retour, verbalisation après représentation, etc.). C'est toujours le même esprit qui les anime quand, quittant les lieux traditionnels, ils s'engagent dans des

---

7. *L'envers du théâtre*, Revue d'esthétique, 1977, nos 1 et 2, Union générale d'éditions, collection 10/18, page 10.

circuits parallèles, vont au-devant de nouveaux publics, tentent d'inventer un nouveau théâtre.

Le caractère fondamentalement éphémère de l'art théâtral vient contredire l'approche conventionnelle qui cherche à immortaliser des modèles. Toute politique culturelle doit tenir compte, dans la création artistique, de ce perpétuel renouvellement-recommencement. S'il est un art éphémère entre tous, c'est bien celui du théâtre qui choisit souvent de dire une réalité quotidienne, immédiate, très circonstanciée, qui formule cette réalité directement à un public, dans une communication inter-personnelle chaque soir renouvelée. Une politique de subventions du théâtre doit favoriser ce constant retour aux choses.

L'État n'est pas celui qui crée. Sur ce, tous s'accordent. Au contraire, l'État technocratique moderne, parce qu'il est porté à mettre sur pied des systèmes, possède une indéniable force paralysante. Seule une plus grande permissivité, seul un réel libéralisme feront de lui le stimulateur qu'il doit être. L'État doit tendre vers le mécénat, offrir des moyens matériels pour une libre création.

C'est uniquement en s'adjoignant le milieu — gens de métier aussi bien que public — dans des mécanismes de participation véritable, dans des comités et jurys décisionnels et non seulement consultatifs (comités et jurys dont l'efficacité, la représentativité et l'honnêteté doivent être garantis, ce qui signifie obligatoirement qu'ils doivent être formés par le milieu lui-même), que l'État aura quelque chance d'élaborer la politique culturelle qui convient.

S'adjoindre efficacement le milieu et non simplement faire semblant de le consulter. Par le passé, les Pouvoirs publics ont eu tendance à aviser d'une décision nouvelle plutôt qu'à solliciter l'opinion publique sur l'opportunité de la décision projetée et sur son éventuelle application, le cas échéant. Le cas récent du Patriote (relaté précédemment) apparaît sur ce plan exemplaire. Les agents du ministère des Affaires culturelles convoquèrent les praticiens du Jeune théâtre à une rencontre afin de connaître leur avis quant à l'intention du MAC de subventionner la construction d'une nouvelle salle de théâtre dirigée par les propriétaires du Patriote, et quant à leur disponibilité à s'y produire ultérieurement. La réponse des praticiens s'est alors avérée négative, de façon très majoritaire. Mais elle n'a eu aucun effet. D'autant que l'on devait apprendre, par la suite, que les décisions étaient déjà prises par le Pouvoir politique au moment de la réunion et que la subvention avait déjà été, à toutes fins pratiques, consentie. Pourquoi, dans les circonstances, les agents du MAC ont-ils organisé cette pseudo-consultation? Nous sommes bien loin d'une participation réelle!

Pour y parvenir, l'État devra jouer le jeu honnêtement, accepter de remplir le rôle qui lui incombe, soit de répondre à la réalité culturelle existante, telle que le milieu choisira de la définir. C'est dans la mesure où le milieu théâtral québécois, toutes ses factions divergentes incluses, s'assoira à la même table pour réfléchir sur la complexe question de sa fonction culturelle ainsi que sur le rôle des gouvernements à son endroit qu'il parviendra à élaborer la politique culturelle souhaitée. Alors l'État n'aura d'autre issue que d'en être le coordonnateur, le «facilitateur». Les priorités seront celles du milieu et non celles du Pouvoir politique.

Position utopique diront les uns... et pourtant seule possible.

L'étude descriptive qui s'achève ici débouche sur plusieurs constatations dont la principale est certes la suivante: l'action des Pouvoirs publics n'a pas été et n'est pas, à l'heure actuelle, ce qu'elle devrait être en matière de théâtre au Québec. Dans la conjoncture québécoise, l'existence de trois paliers de gouvernements a posé, pose et posera toujours des problèmes de coordination, sinon de concurrence, de dédoublement, voire de contradiction fondamentale. Le théâtre, en cela, rencontre les mêmes difficultés que les autres secteurs, qu'ils soient sociaux, économiques et/ou artistiques. Insister sur la concertation nécessaire est un euphémisme. Les trois niveaux de Pouvoirs publics, depuis les vingt dernières années, ont eu tendance à adopter des lignes de conduite similaires. Ce qui, concrètement, signifiait suivre le modèle fédéral. Résultat: les mêmes organismes privilégiés et les mêmes laissés pour compte. Signaler une dernière fois, en conclusion, l'anormalité de ce fait est une redondance nécessaire.

À l'heure actuelle, en période économique difficile, ni les gros organismes ni les petits ne sont servis adéquatement par les gouvernements. N'ayant pas su évoluer en même temps que les pratiques théâtrales, l'action de l'État a débouché sur un cul-de-sac. Accroître les ressources affectées au théâtre est, de manière évidente, un premier pas nécessaire. Mais il importe également, tant du côté des municipalités que de celui de l'industrie privée, d'avoir une intervention plus manifeste.

Historiquement, les Pouvoirs publics n'ont pas tenté et/ou désiré établir des priorités distinctes. S'ils l'ont fait, c'est maladroitement et en paroles bien plus que par des gestes concrets. Il n'est pas exclu, dans cette perspective, de penser que la solution idéale pour le Québec passe par le rapatriement de la large part des responsabilités. Ce rapatriement, réclamé par Jean-Paul L'allier dans son Livre vert de 1976, eut été impensable auparavant, alors que l'action du MAC relevait de la plus haute incohérence.

L'existence d'un maître d'œuvre unique n'a rien d'une panacée. Néanmoins elle permet d'éviter la concurrence et la contradiction. Sinon l'ambiguïté reste entière. L'État fédéral continuera de parler de théâtre canadien, le provincial de québécois (ce qu'il s'est mis à faire depuis peu tout en continuant de privilégier en termes de subventions les grands organismes qui se trouvent à être ceux qui font la moins grande place à la dramaturgie québécoise) et le municipal de n'en pas parler du tout.

Et l'incohérence continue et le sentiment d'insatisfaction avec elle.

ANNEXE I

Tableaux des subventions versées au théâtre au Québec par les pouvoirs publics –

Deux séries de tableaux suivent :

Série A – Tableaux 1 à 24
   Tableaux des synthèses annuelles par catégories de théâtre 1957 à 1981

Série B – Tableaux 25 à 41
   Tableaux détaillés des subventions versées à chaque groupe dans chaque catégorie de théâtre de 1957 à 1981

Quelques notes :
– Ont été ajoutés en dernière minute les montants des subventions octroyées pour les plus récentes années, 1979-80, 1980-81. Étant donné le caractère récent de ces octrois, les chiffres indiqués sont parfois incomplets, tout n'étant pas disponible aisément. j'ai néanmoins tenu à les inclure même si, dans l'analyse, je n'ai pu en tenir compte de façon détaillée.

– Globalement, le lecteur pourra remarquer que ces chiffres les plus récents indiquent fort peu de changements dans les attitudes des différents pouvoirs publics à l'endroit du théâtre. Tout au plus, peut-on signaler une légère amélioration à l'endroit du « jeune théâtre » du côté fédéral et une détérioration du même ordre du côté provincial. Quant au côté municipal, il semble en chute libre.

– Pour les trois dernières années, les subventions notées en provenance du Conseil fédéral des Arts viennent uniquement du « Service du théâtre », la principale source. Elles n'incluent ni celles de « L'Office des tournées » ni celles du programme « Explorations », toutes deux de moindre importance. Enfin pour la dernière année 1980-81, quelques chiffres manquent du côté du Ministère québécois des Affaires culturelles. Peu nombreux, ces montants ne modifient pas vraiment le tableau d'ensemble.

1

TABLEAU-SYNTHÈSE
Année 1957-1958

Catégories de théâtre	OTTAWA Conseil des Arts		QUÉBEC Ministère des Affaires culturelles		MONTRÉAL Conseil des Arts	
	$	%	$	%	$	%
1- Théâtre institutionnel	30 000 (1)	46,153			6 000 (1)	54.545
2- Théâtre de laboratoire						
3- Théâtre pour enfants (jeunesse)						
4- Jeune théâtre pour adultes (professionnel et parallèle)						
5- Théâtre d'été						
6- Organismes et services	35 000 (2)	53,846			5 000 (1)	45,454
7- École nationale de théâtre						
TOTAL :	65 000	100,00			11 000	99,999

Note : Les chiffres entre parenthèses indiquent le nombre de groupes touchés.

2

TABLEAU-SYNTHÈSE
Année 1958-1959

Catégories de théâtre	OTTAWA Conseil des Arts		QUÉBEC Ministère des Affaires culturelles		MONTRÉAL Conseil des Arts	
	$	%	$	%	$	%
1- Théâtre institutionnel	103 000 (4)	67,23			77 000 (5)	98,71
2- Théâtre de laboratoire						
3- Théâtre pour enfants (jeunesse)						
4- Jeune théâtre pour adultes (professionnel et parallèle)					1 100 (1)	1,28
5- Théâtre d'été						
6- Organismes et services	50 200 (4)	22,76				
7- École nationale de théâtre						
TOTAL :	153 200 (8)	99,99			78 000 (6)	99,99

Note : Les chiffres entre parenthèses indiquent le nombre de groupes touchés.

3

TABLEAU-SYNTHÈSE
Année 1959-1960

Catégories de théâtre	OTTAWA Conseil des Arts $	%	QUÉBEC Ministère des Affaires culturelles $	%	MONTRÉAL Conseil des Arts $	%
1- Théâtre institutionnel	41 500 (4)	39,9			63 500 (5)	92,97
2- Théâtre de laboratoire					300 (1)	0,49
3- Théâtre pour enfants (jeunesse)						
4- Jeune théâtre pour adultes (professionnel et parallèle)						
5- Théâtre d'été						
6- Organismes et services	62 500 (3)	60,09			4 500	6,58
7- École nationale de théâtre						
TOTAL :	104 000 (7)	100,00			68 300 (8)	99,99

Note : Les chiffres entre parenthèses indiquent le nombre de groupes touchés.

4

TABLEAU-SYNTHÈSE
Année 1960-1961

Catégories de théâtre	OTTAWA Conseil des Arts		QUÉBEC Ministère des Affaires culturelles		MONTRÉAL Conseil des Arts	
	$	%	$	%	$	%
1- Théâtre institutionnel	74 500 (6)	55,47			71 600 (6)	94,33
2- Théâtre de laboratoire					300 (1)	0,39
3- Théâtre pour enfants (jeunesse)						
4- Jeune théâtre pour adultes (professionel et parallèle)	5 000 (1)	3,72			1 000 (1)	1,31
5- Théâtre d'été						
6- Organismes et services	14 200 (2)	10,57			3 000 (2)	3,95
7- École nationale de théâtre	40 600 (1)	30,23				
TOTAL :	134 300 (10)	99,99			75 900 (10)	99,99

Note : Les chiffres entre parenthèses indiquent le nombre de groupes touchés.

5

TABLEAU-SYNTHÈSE
Année 1961-1962

Catégories de théâtre	OTTAWA Conseil des Arts		QUÉBEC Ministère des Affaires culturelles		MONTRÉAL Conseil des Arts	
	$	%	$	%	$	%
1- Théâtre institutionnel	87 500 (6)	52,63	79 000 (5)	59,24	74 000 (6)	93,08
2- Théâtre de laboratoire					1 000 (1)	1,25
3- Théâtre pour enfants (jeunesse)	4 000 (1)	2,40				
4- Jeune théâtre pour adultes (professionnel et parallèle)	8 000 (1)	4,81	16 000 (3)	11,98		
5- Théâtre d'été			3 000 (1)	2,24		
6- Organismes et services	16 725 (3)	10,06	18 850 (4)	14,13	4 500 (2)	5,66
7- École nationale de théâtre	50 000 (1)	30,07	16 500 (2)	12,37		
TOTAL :	166 225 (12)	100,32	133 350 (15)	99,92	79 500 (9)	99,99

Note : Les chiffres entre parenthèses indiquent le nombre de groupes touchés.

6

TABLEAU-SYNTHÈSE
Année 1962-1963

Catégories de théâtre	OTTAWA Conseil des Arts		QUÉBEC Ministère des Affaires culturelles		MONTRÉAL Conseil des Arts	
	$	%	$	%	$	%
1- Théâtre institutionnel	72 500 (5)	43,73	66 500 (7)	54,98	61 000 (5)	76,72
2- Théâtre de laboratoire	1 000 (1)	0,60	600 (1)	0,49	1 500 (1)	1,88
3- Théâtre pour enfants (jeunesse)						
4- Jeune théâtre pour adultes (professionnel et parallèle)	5 000 (1)	3,01	17 640 (5)	14,58		
5- Théâtre d'été			2 000 (1)	1,65		
6- Organismes et services	35 780 (3)	21,58	18 000 (4)	14,88	17 000 (2)	21,38
7- École nationale de théâtre	51 500 (1)	31,06	16 200 (2)	13,39		
TOTAL :	165 780 (11)	99,99	120 940 (20)	99,99	79 500 (8)	99,99

Note : Les chiffres entre parenthèses indiquent le nombre de groupes touchés.

7

TABLEAU-SYNTHÈSE
Année 1963-1964

Catégories de théâtre	OTTAWA Conseil des Arts		QUÉBEC Ministère des Affaires culturelles		MONTRÉAL Conseil des Arts	
	$	%	$	%	$	%
1- Théâtre institutionnel	71 000 (7)	44,28	159 800 (10)	65,51	43 000 (5)	90,33
2- Théâtre de laboratoire			3 300 (1)	1,35	600 (1)	1,26
3- Théâtre pour enfants (jeunesse)			4 100 (2)	1,68		
4- Jeune théâtre pour adultes (professionnel et parallèle)	5 000 (1)	3,11	24 000 (4)	9,84	2 000 (1)	4,20
5- Théâtre d'été			8 700 (3)	3,56		
6- Organismes et services	34 320 (3)	21,40	42 000 (4)	17,22	2 000 (1)	4,20
7- École nationale de théâtre	50 000 (1)	31,87	2 000 (1)	0,82		
TOTAL :	160 320 (12)	99,99	243 900 (25)	99,99	47 600 (8)	100,00

Note : Les chiffres entre parenthèses indiquent le nombre de groupes touchés.

8

TABLEAU-SYNTHÈSE
Année 1964-1965

Catégories de théâtre	OTTAWA Conseil des Arts		QUÉBEC Ministère des Affaires culturelles		MONTRÉAL Conseil des Arts	
	$	%	$	%	$	%
1- Théâtre institutionnel	78 000 (4)	42,39	188 461 (8)	60,12	50 000 (4)	96,15
2- Théâtre de laboratoire			4 000 (1)	1,27		
3- Théâtre pour enfants (jeunesse)			2 000 (1)	0,63		
4- Jeune théâtre pour adultes (professionnel et parallèle)			16 000 (2)	5,10		
5- Théâtre d'été			12 000 (3)	3,82		
6- Organismes et services	15 970 (2)	8,68	48 500 (4)	15,47		
7- École nationale de théâtre	90 000 (1)	48,92	42 500 (2)	13,55	2 000 (1)	3,84
TOTAL :	183 970 (7)	99,99	313 461 (21)	99,99	52 000 (5)	99,99

Note : Les chiffres entre parenthèses indiquent le nombre de groupes touchés.

9

TABLEAU-SYNTHÈSE
Année 1965-1966

Catégories de théâtre	OTTAWA Conseil des Arts		QUÉBEC Ministère des Affaires culturelles		MONTRÉAL Conseil des Arts	
	$	%	$	%	$	%
1- Théâtre institutionnel	203 000 (7)	59,62	195 550 (7)	70,03	66 000 (4)	87,64
2- Théâtre de laboratoire			8 000 (1)	2,86	1 000 (1)	1,32
3- Théâtre pour enfants (jeunesse)						
4- Jeune théâtre pour adultes (professionnel et parallèle)			1 500 (1)	0,53		
5- Théâtre d'été			7 910 (2)	2,83		
6- Organismes et services	37 452 (2)	11,00	25 670 (6)	9,19	4 800 (1)	6,37
7- École nationale de théâtre	100 000 (1)	29,37	40 580 (2)	14,53	3 500 (1)	4,64
TOTAL :	340 452 (10)	99,99	279 210 (19)	99,99	75 300 (7)	99,99

Note : Les chiffres entre parenthèses indiquent le nombre de groupes touchés.

10

TABLEAU-SYNTHÈSE
Année 1966-1967

Catégories de théâtre	OTTAWA Conseil des Arts		QUÉBEC Ministère des Affaires culturelles		MONTRÉAL Conseil des Arts	
	$	%	$	%	$	%
1- Théâtre institutionnel	305 000 (8)	58,19	300 000 (9)	78,92	95 000 (4)	79,43
2- Théâtre de laboratoire	2 000 (1)	0,38	4 000 (1)	1,05	5 000 (2)	4,18
3- Théâtre pour enfants (jeunesse)						
4- Jeune théâtre pour adultes (professionnel et parallèle)			3 000 (2)	0,78	12 000 (1)	10,03
5- Théâtre d'été			5 500 (2)	1,44		
6- Organismes et services	92 140 (3)	17,57	26 500 (2)	6,97	3 600 (1)	3,01
7- École nationale de théâtre	125 000 (1)	23,84	41 085 (2)	10,80	4 000 (1)	3,34
TOTAL :	524 140 (13)	99,99	380 085 (21)	99,99	119 600 (9)	99,99

Note : Les chiffres entre parenthèses indiquent le nombre de groupes touchés.

11

TABLEAU-SYNTHÈSE
Année 1967-1968

Catégories de théâtre	OTTAWA Conseil des Arts		QUÉBEC Ministère des Affaires culturelles		MONTRÉAL Conseil des Arts	
	$	%	$	%	$	%
1- Théâtre institutionnel	503 000 (8)	60,24	508 200 (7)	73,57	147 000 (5)	83,04
2- Théâtre de laboratoire			27 500 (2)	3,81	7 000 (2)	3,98
3- Théâtre pour enfants (jeunesse)			3 250 (2)	0,47		
4- Jeune théâtre pour adultes (professionnel et parallèle)			4 750 (4)	0,68	12 020 (1)	6,79
5- Théâtre d'été			11 000 (2)	1,59		
6- Organismes et services	142 758 (4)	17,09	58 500 (7)	8,46	5 000 (1)	2,82
7- École nationale de théâtre	189 213 (1)	22,66	77 500 (2)	11,22	6 000 (1)	3,38
TOTAL :	834 971 (13)	99,99	690 700 (26)	99,99	177 020 (10)	99,99

Note : Les chiffres entre parenthèses indiquent le nombre de groupes touchés.

12

TABLEAU-SYNTHÈSE
Année 1968-1969

Catégories de théâtre	OTTAWA Conseil des Arts $	%	QUÉBEC Ministère des Affaires culturelles $	%	MONTRÉAL Conseil des Arts $	%
1- Théâtre institutionnel	577 000 (6)	62,61	527 400 (7)	82,47	152 000 (5)	91,01
2- Théâtre de laboratoire					5 000 (1)	2,99
3- Théâtre pour enfants (jeunesse)			4 000 (1)	0,62		
4- Jeune théâtre pour adultes (professionnel et parallèle)			7 600 (3)	1,18		
5- Théâtre d'été	5 000 (1)	0,54	11 000 (2)	1,72		
6- Organismes et services	99 550 (3)	10,8	49 500 (6)	7,74	5 000 (1)	2,99
7- École nationale de théâtre	240 000 (1)	26,04	40 000 (1)	6,25	5 000 (1)	2,99
TOTAL :	921 550 (11)	99,99	639 500 (20)	99,99	167 000 (8)	99,99

Note : Les chiffres entre parenthèses indiquent le nombre de groupes touchés.

13

TABLEAU-SYNTHÈSE
Année 1969-1970

Catégories de théâtre	OTTAWA Conseil des Arts		QUÉBEC Ministère des Affaires culturelles		MONTRÉAL Conseil des Arts	
	$	%	$	%	$	%
1- Théâtre institutionnel	681 210 (7)	68,75	597 000 (8)	73,97	138 000 (6)	96,50
2- Théâtre de laboratoire						
3- Théâtre pour enfants (jeunesse)			10 000 (1)	1,23		
4- Jeune théâtre pour adultes (professionnel et parallèle)			6 600 (3)	0,81		
5- Théâtre d'été	5 000 (1)	0,50	95 000 (3)	11,77		
6- Organismes et services	13 700 (2)	1,38	73 400 (5)	9,09		
7- École nationale de théâtre	290 877 (1)	29,35	25 000 (1)	3,09	5 000 (1)	3,49
TOTAL :	990 787 (11)	99,98	807 000 (21)	99,99	143 000 (7)	99,99

Note Les chiffres entre parenthèses indiquent le nombre de groupes touchés.

14

TABLEAU-SYNTHÈSE
Année 1970-1971

Catégories de théâtre	OTTAWA Conseil des Arts		QUÉBEC Ministère des Affaires culturelles		MONTRÉAL Conseil des Arts	
	$	%	$	%	$	%
1- Théâtre institutionnel	653 800 (7)	64,86	691 000 (7)	87,08	127 500 (6)	96,22
2- Théâtre de laboratoire						
3- Théâtre pour enfants (jeunesse)						
4- Jeune théâtre pour adultes (professionnel et parallèle)	3 900 (1)	0,38	9 000 (2)	1,13		
5- Théâtre d'été	5 000 (1)	0,49	10 000 (2)	1,26		
6- Organismes et services	14 558 (1)	1,44	58 435 (3)	7,36		
7- École nationale de théâtre	330 678 (1)	32,80	25 000 (1)	3,15	5 000 (1)	3,77
TOTAL :	1 007 936 (11)	99,99	793 435 (15)	99,99	132 500 (6)	99,99

Note : Les chiffres entre parenthèses indiquent le nombre de groupes touchés.

15

TABLEAU-SYNTHÈSE
Année 1971-1972

Catégories de théâtre	OTTAWA Conseil des Arts		QUÉBEC Ministère des Affaires culturelles		MONTRÉAL Conseil des Arts	
	$	%	$	%	$	%
1- Théâtre institutionnel	800 500 (9)	64,02	719 700 (10)	87,16	149 863 (6)	96,77
2- Théâtre de laboratoire						
3- Théâtre pour enfants (jeunesse)						
4- Jeune théâtre pour adultes (professionnel et parallèle)	10 000 (2)	0,79	9 000 (2)	1,08		
5- Théâtre d'été	14 500 (2)	1,15	13 000 (2)	1,57		
6- Organismes et services	15 200 (2)	1,21	59 000 (3)	7,14		
7- École nationale de théâtre	410 037 (1)	32,79	25 000 (1)	3,02	5 000 (1)	3,22
TOTAL :	1 250 237 (16)	99,99	825 700 (18)	99,99	154 863 (7)	99,99

Note : Les chiffres entre parenthèses indiquent le nombre de groupes touchés.

16

TABLEAU-SYNTHÈSE
Année 1972-1973

Catégories de théâtre	OTTAWA Conseil des Arts		QUÉBEC Ministère des Affaires culturelles		MONTRÉAL Conseil des Arts	
	$	%	$	%	$	%
1- Théâtre institutionnel	881 000 (9)	64,71	728 200 (10)	90,25	174 500 (7)	95,09
2- Théâtre de laboratoire						
3- Théâtre pour enfants (jeunesse)						
4- Jeune théâtre pour adultes (professionnel et parallèle)	13 600 (2)	0,99	9 000 (2)	1,11	4 000 (1)	2,17
5- Théâtre d'été	25 000 (2)	1,83	14 000 (2)	1,73		
6- Organismes et services	8 700 (2)	0,63	55 600 (3)	6 89		
7- École nationale de théâtre	433 100 (1)	31,81			5 000 (1)	2,72
TOTAL :	1 361 400 (16)	99,99	806 800 (17)	99,99	183 500 (9)	99,99

Note : Les chiffres entre parenthèses indiquent le nombre de groupes touchés.

17

TABLEAU-SYNTHÈSE
Année 1973-1974

Catégories de théâtre	OTTAWA Conseil des Arts		QUÉBEC Ministère des Affaires culturelles		MONTRÉAL Conseil des Arts	
	$	%	$	%	$	%
1- Théâtre institutionnel	970 130 (9)	61,33	780 000 (10)	90,44	191 000 (7)	95,50
2- Théâtre de laboratoire	2 925 (1)	0,18				
3- Théâtre pour enfants (jeunesse)	6 500 (2)	0,41				
4- Jeune théâtre pour adultes (professionnel et parallèle)	33 917 (5)	2,14	9 000 (2)	1,04	4 000 (1)	2,00
5- Théâtre d'été	40 000 (2)	2,52	15 000 (3)	1,73		
6- Organismes et services	20 000 (2)	1,26	58 400 (4)	6,77		
7- École nationale de théâtre	508 250 (1)	32,13			5 000 (1)	2,50
TOTAL :	1 581 722 (22)	99,99	862 400 (19)	99,99	200 000 (9)	100,00

Note Les chiffres entre parenthèses indiquent le nombre de groupes touchés.

18

TABLEAU-SYNTHÈSE
Année 1974-1975

Catégories de théâtre	OTTAWA Conseil des Arts		QUÉBEC Ministère des Affaires culturelles		MONTRÉAL Conseil des Arts	
	$	%	$	%	$	%
1- Théâtre institutionnel	1 072 500 (9)	57,46	976 250 (11)	82,57	235 000 (8)	94,18
2- Théâtre de laboratoire	27 000 (5)	1,44				
3- Théâtre pour enfants (jeunesse)	16 830 (2)	0,90	34 000 (6)	2,87		
4- Jeune théâtre pour adultes (professionnel et parallèle)	69 700 (11)	3,73	68 000 (4)	5,75	4 500 (1)	1,80
5- Théâtre d'été	67 500 (2)	3,61	34 000 (7)	2,87		
6- Organismes et services	31 000 (2)	1,66	70 000 (4)	5,92		
7- École nationale de théâtre	581 700 (1)	31,16			10 000 (1)	4,00
TOTAL :	1 866 230 (32)	99,99	1 182 000 (32)	99,99	249 500 (10)	99,99

Note : Les chiffres entre parenthèses indiquent le nombre de groupes touchés.

19

TABLEAU-SYNTHÈSE
Année 1975-1976

Catégories de théâtre	OTTAWA Conseil des Arts $	%	QUÉBEC Ministère des Affaires culturelles $	%	MONTRÉAL Conseil des Arts $	%
1- Théâtre institutionnel	1 406 810 (11)	55,49	1 594 000 (11)	76,53	254 000 (9)	94,24
2- Théâtre de laboratoire	22 925 (3)	0,90	5 000 (1)	0,24		
3- Théâtre pour enfants (jeunesse)	53 075 (6)	2,09	132 000 (14)	6,33		
4- Jeune théâtre pour adultes (professionnel et parallèle)	133 500 (15)	5,26	183 700 (15)	8,82	5 500 (2)	2,04
5- Théâtre d'été	83 200 (7)	3,28	60 500 (8)	2,90		
6- Organismes et services	33 000 (2)	1,30	82 500 (4)	3,96		
7- École nationale de théâtre	802 500 (1)	31,64	25 000 (1)	1,20	10 000 (1)	3,71
TOTAL :	2 535 010 (45)	99,95	2 082 700 (54)	99,99	269 500 (12)	99,99

Note : Les chiffres entre parenthèses indiquent le nombre de groupes touchés.

20

TABLEAU-SYNTHÈSE
Année 1976-1977

Catégories de théâtre	OTTAWA Conseil des Arts		QUÉBEC Ministère des Affaires culturelles		MONTRÉAL Conseil des Arts	
	$	%	$	%	$	%
1- Théâtre institutionnel	1 542 000 (10)	52,07	1 622 000 (11)	64,13	330 500 (10)	87,78
2- Théâtre de laboratoire	60 000 (6)	2,02	34 600 (4)	1,36		
3- Théâtre pour enfants (jeunesse)	104 200 (11)	3,51	265 500 (21)	10,49		
4- Jeune théâtre pour adultes (professionnel et parallèle)	171 950 (14)	5,80	347 500 (22)	13,74	16 000 (3)	4,24
5- Théâtre d'été	97 400 (3)	3,28	117 000 (7)	4,62		
6- Organismes et services	102 500 (3)	3,46	92 400 (4)	3,65	5 000 (1)	1,32
7- École nationale de théâtre	883 000 (1)	29,82	50 000 (1)	1,97	25 000 (1)	6,64
TOTAL :	2 961 050 (48)	99,99	2 529 000 (70)	99,99	376 500 (15)	99,99

Note : Les chiffres entre parenthèses indiquent le nombre de groupes touchés.

21

TABLEAU-SYNTHÈSE
Année 1977-1978

Catégories de théâtre	OTTAWA Conseil des Arts		QUÉBEC Ministère des Affaires culturelles		MONTRÉAL Conseil des Arts	
	$	%	$	%	$	%
1- Théâtre institutionnel	1 592 400 (11)	51,02	1 849 000 (11)	59,08	389 500 (10)	83,76
2- Théâtre de laboratoire	77 000 (7)	2,46	59 600 (6)	1,90		
3- Théâtre pour enfants (jeunesse)	99 135 (11)	3,17	355 400 (24)	11,35	10 000 (2)	2,15
4- Jeune théâtre pour adultes (professionnel et parallèle)	232 000 (20)	7,43	549 700 (33)	17,56	33 000 (5)	7,09
5- Théâtre d'été	147 500 (4)	4,72	161 000 (7)	5,14		
6- Organismes et services	47 500 (2)	1,52	99 700 (5)	3,18	5 000 (1)	1,07
7- École nationale de théâtre	925 000 (1)	29,64	55 000 (1)	1,75	27 500 (1)	5,91
TOTAL :	3 120 535 (56)	99,99	3 129 400 (87)	99,99	465 000 (19)	99,99

Note : Les chiffres entre parenthèses indiquent le nombre de groupes touchés.

22

TABLEAU-SYNTHÈSE
Année 1978-1979

	OTTAWA Conseil des Arts		QUÉBEC Ministère des Affaires culturelles		MONTRÉAL Conseil des Arts	
Catégories de théâtre	$	%	$	%	$	%
1- Théâtre institutionnel	1 522 000 (10)	48,61	1 891 050 (10)	58,59	447 500 (10)	88,35
2- Théâtre de laboratoire	85 000 (6)	2,71	89 600 (7)	2,77	3 000 (1)	0,59
3- Théâtre pour enfants (jeunesse)	143 000 (13)	4,56	447 000 (28)	13,85	2 000 (1)	0,39
4- Jeune théâtre pour adultes (professionnel et parallèle)	208 000 (20)	6,64	513 400 (41)	15,90	24 000 (3)	4,73
5- Théâtre d'été	130 000 (3)	4,15	161 000 (8)	4,98		
6- Organismes et services	53 000 (2)	1,69	125 325 (7)	3,88		
7- École nationale de théâtre	990 000 (1)	31,61			30 000 (1)	5,92
TOTAL :	3 131 000 (54)	99,99	3 227 375 (101)	99,99	506 500 (16)	99,99

Note : Les chiffres entre parenthèses indiquent le nombre de groupes touchés.

23

TABLEAU-SYNTHÈSE
Année 1979-1980

Catégories de théâtre	OTTAWA Conseil des Arts		QUÉBEC Ministère des Affaires culturelles		MONTRÉAL Conseil des Arts	
	$	%	$	%	$	%
1- Théâtre institutionnel	1 545 000 (9)*	46,09	1 904 500 (10)	55,84	368 312 (9)	83 55
2- Théâtre de laboratoire	124 500 (7)	3,71	102 490 (8)	3,005	3 000 (1)	0,68
3- Théâtre pour enfants (jeunesse)	242 000 (18)	7,22	452 920 (30)	13,27	4 000 (1)	0,90
4- Jeune théâtre pour adultes (professionnel et parallèle)	224 500 (26)	6,69	694 060* (45)	20,34	35 500 (5)	8,05
5- Théâtre d'été	135 000 (4)	4,02	91 000 (8)	2,66		
6- Organismes et services	90 500 (4)	2,70	115 600 (9)	3,38		
7- École nationale de théâtre	990 000 (1)	29,53	50 000 (1)	1,46	30 000 (1)	6,80
TOTAL :	3 351 500 (59)	99,96	3 410 570 (111)	99,95	440 812 (17)	99,98

* 1- Entre parenthèses, le nombre de groupes (compagnies, troupes, coopératives) subventionnés.

* 2- « Jeune théâtre » adultes : le montant de 694 060 $ comprend 225 000 $ versés au Centre culturel et populaire **Le Patriote** pour immobilisations.

24

TABLEAU-SYNTHÈSE
Année 1980-1981

	OTTAWA Conseil des Arts		QUÉBEC Ministère des Affaires culturelles		MONTRÉAL Conseil des Arts	
Catégories de théâtre	$	%	$	%	$	%
1- Théâtre institutionnel	1 610 000 (9)	44,26	2 087 000 (10)	61,33	307 771 (9)	83,05
2- Théâtre de laboratoire	126 500 (7)	3,47	127 800 (7)	3,75	3 000 (1)	0,809
3- Théâtre pour enfants (jeunesse)	305 000 (18)	8,38	456 134 (24)	13,41	10 000 (1)	2,69
4- Jeune théâtre pour adultes (professionnel et parallèle)	333 000 (18)	9,15	487 255 (41)	14,32	19 788 (2)	5,34
5- Théâtre d'été	136 000 (4)	3,73	91 074 (6)	2,68		
6- Organismes et services	107 750 (4)	2,96	101 500 (3)	2,98		
7- École nationale de théâtre	1 020 000 (1)	28,04	50 000 (1)	1,48	30 000 (1)	8,09
TOTAL :	3 637 250 (61)	99,99	3 400 763 (92)	99,95	370 559 (14)	99,97

Note : Les chiffres entre parenthèses indiquent le nombre de groupes touchés.

25

Ottawa – Conseil des Arts
Subventions versées au théâtre institutionnel

Année	Montreal Repertory Lab.	Théâtre du Nouveau-Monde	Comédie Canadienne	Théâtre-Club	Théâtre du Rideau Vert
1957-58		30 000			
1958-59	6 000	39 000	55 000		
1959-60	10 000	15 000		10 000	6 500
1960-61		20 000	20 000	12 000	10 000
1961-62		37 000	12 000	12 500	15 000
1962-63		35 000		15 000	15 000
1963-64		30 000	4 000	6 000	17 000
1964-65		40 000			25 000
1965-66		95 000	20 000		40 000
1966-67		120 000	30 000		55 000
1967-68		255 000	30 000		110 000
1968-69		297 000	70 000		150 000
1969-70		325 000	125 000		160 000
1970-71		355 000			180 000
1971-72		380 000			210 000
1972-73		415 000			225 000
1973-74		415 000			250 000
1974-75		431 500			250 000
1975-76		450 810			280 000
1976-77		452 000			280 000
1977-78		445 000			280 000
1978-79		455 000			280 000
1979-80		455 000			280 000
1980-81		455 000			285 000

25 (suite)

Ottawa – Conseil des Arts
Subventions versées au théâtre institutionnel

Année	Théâtre International La Poudrière	Théâtre L'Égrégore	Théâtre de Quat'Sous	Théâtre L'Estoc	Centaur Theatre
1957-58					
1958-59	3 000				
1959-60					
1960-61	7 500	5 000			
1961-62	4 000	7 000			
1962-63	2 500	5 000			
1963-64		10 000	3 000	1 000	
1964-65		10 000		3 000	
1965-66	5 000	15 000	15 000	13 000	
1966-67	10 000	35 000	20 000	20 000	15 000
1967-68	13 000	35 000	25 000		15 000
1968-69	15 000		25 000		20 000
1969-70	15 000		25 000		26 500
1970-71	15 000		25 000		45 000
1971-72	17 000		28 000		55 000
1972-73	22 000		28 000		63 000
1873-74	25 000		30 000		73 000
1974-75	30 000		34 000		112 000
1975-76	35 000		60 000		142 500
1976-77	43 000		60 000		199 000
1977-78	43 000		60 000		215 000
1978-79	15 000		70 000		190 000
1979-80			75 000		210 000
1980-81			85 000		210 000

25 (suite)

Ottawa – Conseil des Arts
Subventions versées au théâtre institutionnel

Année	Théâtre Populaire du Québec	Théâtre d'Aujourd'hui	Saidye Bronfman Centre	Théâtre Le Trident	Compagnie Jean-Duceppe
1957-58					
1958-59					
1959-60					
1960-61					
1961-62					
1962-63					
1963-64					
1964-65					
1965-66					
1966-67					
1967-68	20 000				
1968-69					
1969-70	4 710				
1970-71	30 000		3 800		
1971-72	25 000	7 500	8 000	70 000	
1972-73	30 000	13 000	5 000	80 000	
1973-74	39 730	17 400	10 000	110 000	
1974-75	50 000	25 000	20 000	120 000	
1975-76	80 000	58 500	60 000	155 000	75 000
1976-77	96 000	70 000	67 000	150 000	125 000
1977-78	145 000	80 000	67 600	125 000	115 000
1978-79	100 000	90 000	65 000	125 000	132 000
1979-80	85 000	100 000	70 000	140 000	130 000
1980-81	90 000	115 000	70 000	150 000	140 000

25 (suite)

Ottawa – Conseil des Arts

Subventions versées au théâtre institutionnel

Année	Nouvelle Compagnie Théâtrale	Compagnie Les Deux-Chaises	TOTAL $	TOTAL N° de groupes
1957-58			30 000	1
1958-59			103 000	4
1959-60			41 500	4
1960-61			74 500	6
1961-62			87 500	6
1962-63			72 500	5
1963-64			71 000	7
1964-65			78 000	4
1965-66			203 000	7
1966-67			305 000	8
1967-68			503 000	8
1968-69			577 000	6
1969-70			681 210	7
1970-71			653 800	7
1971-72			800 500	9
1972-73			881 000	9
1973-74			970 130	9
1974-75			1 072 500	9
1975-76		10 000	1 406 810	11
1976-77			1 542 000	10
1977-78		16 800	1 592 400	11
1978-79			1 522 000	10
1979-80			1 545 000	9
1980-81			1 610 000	9

26

Québec – Ministère des Affaires culturelles
Subventions versées au théâtre institutionnel

Année	Montreal Repertory Lab.	Théâtre du Nouveau-Monde	Comédie Canadienne	Théâtre-Club	Théâtre du Rideau Vert
1961-62		25 000		13 000	10 000
1962-63		27 000		15 000	10 000
1963-64		25 000	12 000	11 500	20 000
1964-65		33 000	6 000		44 461
1965-66		33 000			36 000
1966-67		50 000	17 000		50 000
1967-68		120 000	57 000		120 000
1968-69		120 000	50 000		120 000
1969-70		110 000	50 000		110 000
1970-71		110 000			110 000
1971-72		110 000			110 000
1972-73		110 000			110 000
1973-74		110 000			125 000
1974-75		125 000			125 000
1975-76		137 000			212 000
1976-77		200 000			150 000
1977-78		213 800			172 500
1978-79		215 000			175 000
1979-80		217 500			175 000
1980-81		247 500			196 000

* Pour l'année 77/78, la N.c.t. s'est vue accorder une subvention d'immobilisations au montant de 359 200 $. Parce que distribué sur plusieurs saisons, nous croyons qu'il est préférable de ne pas l'inclure dans le total annuel versé au théâtre institutionnel. Peut-être à tort ! À titre de comparaison, fin 1978 début 1979, 450 000 $ étaient donnés à des fins similaires au Patriote. Ce montant n'apparaît que lors de l'exercice

26 (suite)

Québec – Ministère des Affaires culturelles
Subventions versées au théâtre institutionnel

Année	Théâtre International La Poudrière	Théâtre L'Égrégore	Théâtre de Quat'Sous	Centaur Theatre	Centre du Théâtre d'Aujourd'hui
1961-62	10 000	21 000			
1962-63	2 500	6 000			
1963-64	2 500	30 000	20 000		
1964-65	5 000	30 000			
1965-66	9 850	14 550	19 400		
1966-67	5 000	15 000	10 000		
1967-68			10 000		
1968-69					10 000
1969-70			20 000		10 000
1970-71			20 000		10 000
1971-72	2 700		20 000	7 000	10 000
1972-73	15 000		20 000	7 000	10 000
1973-74	15 000		25 000	7 000	12 000
1974-75	15 000		25 000	20 000	19 500
1975-76	20 000		35 000	30 000	50 000
1976-77	25 000		50 000	40 000	60 000
1977-78	30 000		80 300	50 000	92 900
1978-79			75 000	72 000	131 500
1979-80			75 000	77 000	105 000
1980-81			77 000	98 500	119 000

financier 79/80 (pour une première tranche de 225 000 $). Pour la N.c.t. dans le rapport 79/80, il se chiffre à 351 523, à ajouter aux 360 000 $ de fonctionement. Pour le calcul des totaux, il est préférable de ne pas l'additionner car cela modifierait trop les analyses ultérieures.

26 (suite)

Québec – Ministère des Affaires culturelles
Subventions versées au théâtre institutionnel

Année	Nouvelle Compagnie Théâtrale	Saidye Bronfman Centre	Théâtre Populaire du Québec	Théâtre Le Trident	Compagnie Jean-Duceppe
1961-62					
1962-63					
1963-64			25 000		
1964-65			50 000		
1965-66			72 250		
1966-67	38 000		90 000		
1967-68	76 000		100 000		
1968-69	85 000		120 000		
1969-70	123 000		120 000	54 000	
1970-71	201 000		120 000	120 000	
1971-72	175 000	5 000	125 000	155 000	
1972-73	175 000	1 200	125 000	155 000	
1973-74	175 000	1 000	135 000	175 000	
1974-75	211 750	10 000	150 000	225 000	50 000
1975-76	277 000	15 000	175 000	500 000	143 000
1976-77	277 000	20 000	200 000	300 000	300 000
1977-78	310 000*	30 000	220 000	325 000	324 500
1978-79	335 000	40 000	245 550	342 500	259 500
1979-80	360 000	40 000	240 000	325 000	285 000
1980-81	397 000	59 000	256 000	338 000	299 000

26 (suite)

Québec – Ministère des Affaires culturelles
Subventions versées au théâtre institutionnel

Année	Théâtre L'Estoc	Théâtre du Gésù	TOTAL $	TOTAL N° de groupes
1961-62			79 000	5
1962-63	2 000	4 000	66 500	7
1963-64	7 300	6 500	159 800	10
1964-65	10 000	10 000	188 461	8
1965-66	10 500		195 550	7
1966-67	25 000		300 000	9
1967-68	25 000		508 200	7
1968-69	22 400		527 400	7
1969-70			597 000	8
1970-71			691 000	7
1971-72			719 700	10
1972-73			728 200	10
1973-74			780 000	10
1974-75			976 250	11
1975-76			1 594 000	11
1976-77			1 622 000	11
1977-78			1 849 000	11
1978-79			1 891 050	10
1979-80			1 904 500	10
1980-81			2 087 000	10

27

Montréal – Conseil des Arts de la région métropolitaine
Subventions versées au théâtre institutionnel

Année	Montreal Repertory Lab.	Théâtre du Nouveau-Monde	Comédie Canadienne	Théâtre-Club	Théâtre du Rideau Vert
1957-58	6 000				
1958-59	12 000	20 000	25 000	10 000	10 000
1959-60	6 000	32 000	15 000	5 000	5 000
1960-61	12 000	25 000	20 000	6 600	5 000
1961-62	12 000	8 000	30 000	6 000	15 000
1962-63			30 000	10 000	15 000
1963-64		5 000		15 000	15 000
1964-65		15 000			25 000
1965-66		25 000			30 000
1966-67		40 000			40 000
1967-68		40 000			50 000
1968-69		55 000			55 000
1969-70		50 000	10 000		50 000
1970-71		50 000			50 000
1971-72		50 000			50 000
1972-73		50 000			50 000
1973-74		55 000			55 000
1974-75		60 000			60 000
1975-76		60 000			60 000
1976-77		65 000			65 000
1977-78		75 000			75 000
1978-79		82 000			82 000
1979-80		57 312			42 500
1980-81		49 107			50 826

27 (suite)

Montréal – Conseil des Arts de la région métropolitaine
Subventions versées au théâtre institutionnel

Année	Théâtre International La Poudrière	Théâtre L'Égrégore	Théâtre de Quat'Sous	Centaur Theatre	Centre du Théâtre d'Aujourd'hui
1957-58					
1958-59					
1959-60					
1960-61	3 000				
1961-62	3 000				
1962-63	5 000	1 000			
1963-64	5 000	3 000			
1964-65	5 000	5 000			
1965-66	5 000	6 000			
1966-67	5 000	10 000			
1967-68	25 000	20 000	12 000		
1968-69		10 000	12 000	20 000	
1969-70	5 000		5 000	18 000	
1970-71	5 000			15 000	5 000
1971-72	7 363		10 000	25 000	
1972-73	10 000		12 000	30 000	
1973-74	15 000		12 000	35 000	
1974-75	20 000		13 500	37 500	
1975-76	20 000		16 000	50 000	3 000
1976-77	25 000		20 000	60 000	6 000
1977-78	30 000		20 000	65 000	10 000
1978-79	38 000		25 000	70 000	15 000
1979-80	70 000		26 000	70 000	
1980-81	30 000		6 006	75 000	

27 (suite)

Montréal – Conseil des Arts de la région métropolitaine
Subventions versées au théâtre institutionnel

Année	Nouvelle Compagnie Théâtrale	Saidye Bronfman Centre	Théâtre Populaire du Québec	Théâtre Le Trident	Compagnie Jean-Duceppe
1957-58					
1958-59					
1959-60					
1960-61					
1961-62					
1962-63					
1963-64					
1964-65					
1965-66					
1966-67					
1967-68					
1968-69					
1969-70					
1970-71					
1971-72		7 500			
1972-73	15 000	7 500			
1973-74	15 000	4 000			
1974-75	27 000	12 500	4 500		
1975-76	25 000	15 000	5 000		
1976-77	25 000	20 000	9 500		35 000
1977-78	25 000	30 000	9 500		50 000
1978-79	27 500	33 000	15 000		60 000
1979-80	35 000	34 000	20 000		13 000
1980-81	40 000	40 000	10 000		6 832

27 (suite)

Montréal – Conseil des Arts de la région métropolitaine
Subventions versées au théâtre institutionnel

Année	Théâtre L'Estoc	Théâtre du Gésù	TOTAL $	TOTAL N° de groupes
1957-58			6 000	1
1958-59			77 000	5
1959-60			63 500	5
1960-61			71 600	6
1961-62			74 000	6
1962-63			61 000	5
1963-64			43 000	5
1964-65			50 000	4
1965-66			66 000	4
1966-67			95 000	4
1967-68			147 000	5
1968-69			152 000	5
1969-70			138 000	6
1970-71			125 000	5
1971-72			149 863	6
1972-73			174 500	7
1973-74			191 000	7
1974-75			235 000	8
1975-76			254 000	9
1976-77			330 500	10
1977-78			389 500	10
1978-79			447 500	10
1979-80			368 312	9
1980-81			307 771	9

28

Ottawa – Conseil des Arts
Subventions versées au théâtre de laboratoire

Année	Les Apprentis-Sorciers	Fondation du Théâtre d'Environnement Intégral	Théâtre La Veillée	Théâtre L'Eskabel	Théâtre Expérimental de Montréal
1957-58					
1958-59					
1959-60					
1960-61					
1961-62					
1962-63	1 000				
1963-64					
1964-65					
1965-66					
1966-67	2 000				
1967-68					
1968-69					
1969-70					
1970-71					
1971-72					
1972-73					
1973-74		2 925			
1974-75		6 000	6 000	5 000	
1975-76			2 925		5 000
1976-77			7 500	7 500	15 000
1977-78			7 500	8 500	20 000
1978-79			7 500	13 500	20 000
1979-80			8 500	18 000	
1980-81			10 000	22 000	

28 (suite)

Ottawa – Conseil des Arts
Subventions versées au théâtre de laboratoire

Année	Théâtre de la Grande Réplique	Les Enfants du Paradis	Théâtre Sans Fil	Groupe Théâtram	Nouveau Théâtre Expérimental
1957-58					
1958-59					
1959-60					
1960-61					
1961-62					
1962-63					
1963-64					
1964-65					
1965-66					
1966-67					
1967-68					
1968-69					
1969-70					
1970-71					
1971-72					
1972-73					
1973-74					
1974-75			7 500	2 500	
1975-76			15 000		
1976-77	15 000	5 000	10 000		
1977-78	15 000	3 000	20 000	3 000	
1978-79	15 000	7 500	22 000		
1979-80	17 000	20 000	36 000		5 000
1980-81	17 000	16 500	32 000		14 000

28 (suite)

Ottawa – Conseil des Arts

Subventions versées au théâtre de laboratoire

Année	Théâtre Expérimental des Femmes	TOTAL $	TOTAL N° de groupes
1957-58			
1958-59			
1959-60			
1960-61			
1961-62			
1962-63		1 000	1
1963-64			
1964-65			
1965-66			
1966-67		2 000	1
1967-68			
1968-69			
1969-70			
1970-71			
1971-72			
1972-73			
1973-74		2 925	1
1974-75		27 000	5
1975-76		22 925	3
1976-77		60 000	6
1977-78		77 000	7
1978-79		85 500	6
1979-80	20 000	124 500	7
1980-81	15 000	126 500	7

29

Québec – Ministère des Affaires culturelles
Subventions versées au théâtre de laboratoire

Année	Les Apprentis-Sorciers	Les Saltim-banques	Théâtre La Veillée	Théâtre L'Eskabel	Théâtre Expérimental de Montréal
1961-62					
1962-63	600				
1963-64	3 300				
1964-65	4 000				
1965-66	8 000				
1966-67	4 000				
1967-68	6 250	21 250			
1968-69					
1969-70					
1970-71					
1971-72					
1972-73					
1973-74					
1974-75					
1975-76					5 000
1976-77			3 000	3 600	24 000
1977-78			4 500	4 500	17 000
1978-79			6 500	14 000	26 500
1979-80			6 500	15 000	
1980-81				16 500	

29 (suite)

Québec – Ministère des Affaires culturelles

Subventions versées au théâtre de laboratoire

Année	Théâtre de la Grande Réplique	Les Enfants du Paradis	Théâtre Sans Fil	Groupe Théâtram	Nouveau Théâtre Expérimental
1961-62					
1962-63					
1963-64					
1964-65					
1965-66					
1966-67					
1967-68					
1968-69					
1969-70					
1970-71					
1971-72					
1972-73					
1973-74					
1974-75					
1975-76					
1976-77				4 000	
1977-78	10 000		13 600	10 000	
1978-79	14 500	4 000	15 000	9 100	
1979-80	10 000	15 000	24 000	5 000	13 000
1980-81	12 000	24 900	30 000		24 900

29 (suite)

Québec – Ministère des Affaires culturelles
Subventions versées au théâtre de laboratoire

Année	Théâtre Expérimental des Femmes	Groupe Opéra-Fête	TOTAL $	TOTAL Nº de groupes
1961-62				
1962-63			600	1
1963-64			3 300	1
1964-65			4 000	1
1965-66			8 000	1
1966-67			4 000	1
1967-68			27 500	2
1968-69				
1969-70				
1970-71				
1971-72				
1972-73				
1973-74				
1974-75				
1975-76			5 000	1
1976-77			34 600	4
1977-78			59 600	6
1978-79			89 600	7
1979-80	13 990		102 490	8
1980-81	15 000	4 500	127 800	7

30

Montréal – Conseil des Arts de la région métropolitaine
Subventions versées au théâtre de laboratoire

Année	Les Apprentis-Sorciers	Les Saltim-banques	Théâtre Sans Fil	TOTAL $	TOTAL N° de groupes
1957-58					
1958-59					
1959-60	300			300	1
1960-61	300			300	1
1961-62	1 000			1 000	1
1962-63	1 500			1 500	1
1963-64	600			600	1
1964-65					
1965-66	1 000			1 000	1
1966-67	4 000	1 000		5 000	2
1967-68	5 000	2 000		7 000	2
1968-69	5 000			5 000	1
1969-70					
1970-71					
1971-72					
1972-73					
1973-74					
1974-75					
1975-76					
1976-77					
1977-78					
1978-79			3 000	3 000	1
1979-80			3 000	3 000	1
1980-81			3 000	3 000	1

31

Ottawa – Conseil des Arts
Subventions versées au théâtre pour la jeunesse (enfants)

Année	Atelier de Théâtre La Grosse Valise	Centre d'information Le Gyroscope	Coopérative La Bascule	L'Aubergine de la Macédoine	Marionnettes d'Alma
1957-58					
1958-59					
1959-60					
1960-61					
1961-62					
1962-63					
1963-64					
1964-65					
1965-66					
1966-67					
1967-68					
1968-69					
1969-70					
1970-71					
1971-72					
1972-73					
1973-74					
1974-75					1 830
1975-76					
1976-77	5 000				
1977-78			5 000		
1978-79	10 000				
1979-80	14 600	5 000	2 800	5 000	
1980-81	15 000	14 000	8 000	7 000	

31 (suite)

Ottawa – Conseil des Arts

Subventions versées au théâtre pour la jeunesse (enfants)

Année	Marionnettes Mérinat	Marionnettes de Montréal	Productions Bebelle	Productions pour Enfants de Québec	Théâtre de L'Arrière-Scène
1957-58					
1958-59					
1959-60					
1960-61					
1961-62		4 000			
1962-63					
1963-64					
1964-65					
1965-66					
1966-67					
1967-68					
1968-69					
1969-70					
1970-71					
1971-72					
1972-73					
1973-74					
1974-75					
1975-76	2 500				
1976-77	2 600				
1977-78	3 000			7 500	
1978-79			8 000	12 500	
1979-80			4 800	18 300	9 500
1980-81		5 000	6 000	19 000	14 000

31 (suite)

Ottawa – Conseil des Arts

Subventions versées au théâtre pour la jeunesse (enfants)

Année	Théâtre de L'Atrium	Théâtre de la Commune	Théâtre de Carton	Théâtre de L'Estèque	Théâtre de L'Oeil
1957-58					
1958-59					
1959-60					
1960-61					
1961-62					
1962-63					
1963-64					
1964-65					
1965-66					
1966-67					
1967-68					
1968-69					
1969-70					
1970-71					
1971-72					
1972-73					
1973-74		5 000			
1974-75					
1975-76				5 000	2 500
1976-77	7 000				4 600
1977-78	13 125	4 000			9 000
1978-79	15 000		8 000		14 000
1979-80	15 000		13 500		22 000
1980-81	22 000		22 000		25 000

31 (suite)

Ottawa – Conseil des Arts

Subventions versées au théâtre pour la jeunesse (enfants)

Année	Théâtre de L'Avant-Pays	Théâtre du Cent neuf	Théâtre du Clin d'oeil	Théâtre Lacannerie	Théâtre La Marmaille
1957-58					
1958-59					
1959-60					
1960-61					
1961-62					
1962-63					
1963-64					
1964-65					
1965-66					
1966-67					
1967-68					
1968-69					
1969-70					
1970-71					
1971-72					
1972-73					
1973-74					1 500
1974-75					
1975-76					2 500
1976-77			5 000	5 000	7 500
1977-78					12 000
1978-79	8 500	3 000		3 000	16 000
1979-80	19 500	10 000		7 000	28 000
1980-81	20 000	10 000		16 000	40 000

31 (suite)

Ottawa – Conseil des Arts

Subventions versées au théâtre pour la jeunesse (enfants)

Année	Théâtre Le Caroussel	Théâtre Les Filles du Roy	Théâtre Les Pissenlits	Théâtre Soleil
1957-58				
1958-59				
1959-60				
1960-61				
1961-62				
1962-63				
1963-64				
1964-65				
1965-66				
1966-67				
1967-68				
1968-69				
1969-70				
1970-71				
1971-72				
1972-73				
1973-74				
1974-75			15 000	
1975-76			30 575	
1976-77	5 000		43 000	7 500
1977-78		3 000	20 000	7 500
1978-79			20 000	10 000
1979-80	18 000		23 000	3 000
1980-81	18 000		26 000	

31 (suite)

Ottawa – Conseil des Arts

Subventions versées au théâtre pour la jeunesse

Année	Youtheatre	TOTAL $	TOTAL Nº de groupes
1957-58			
1958-59			
1959-60			
1960-61			
1961-62		4 000	1
1962-63			
1963-64			
1964-65			
1965-66			
1966-67			
1967-68			
1968-69			
1969-70			
1970-71			
1971-72			
1972-73			
1973-74		6 500	2
1974-75		16 830	2
1975-76	10 000	53 075	6
1976-77	12 000	104 200	11
1977-78	15 000	99 135	11
1978-79	15 000	143 000	13
1979-80	23 000	242 000	18
1980-81	17 000	305 000	18

32

Québec – Ministère des Affaires culturelles
Subventions versées au théâtre pour la jeunesse (enfants)

Année	Atelier d'art La Neigère	Atelier de théâtre La Grosse Valise	Atelier des Clowns du Québec	Atelier de théâtre Le Frou-Frou	Centre d'information Le Gyroscope
1961-62					
1962-63					
1963-64					
1964-65					
1965-66					
1966-67					
1967-68					
1968-69					
1969-70					
1970-71					
1971-72					
1972-73					
1973-74					
1974-75					
1975-76					
1976-77		5 000			
1977-78	4 500	7 500			
1978-79		12 500			3 000
1979-80		14 500	2 500	2 500	4 500
1980-81		10 900		6 500	7 000

32 (suite)

Québec – Ministère des Affaires culturelles

Subventions versées au théâtre pour la jeunesse (enfants)

Année	Coopérative La Bascule	La Chou-Clac	Le Sac à Malices	Les Chérubins	L'Aubergine de la Macédoine
1961-62					
1962-63					
1963-64					
1964-65					
1965-66					
1966-67					
1967-68					
1968-69					
1969-70					
1970-71					
1971-72					
1972-73					
1973-74					
1974-75					
1975-76					
1976-77					
1977-78					
1978-79	4 000				6 500
1979-80	4 500	1 000	1 000	2 000	10 000
1980-81					13 000

32 (suite)

Québec – Ministère des Affaires culturelles
Subventions versées au théâtre pour la jeunesse (enfants)

Année	Le Groupe Tarata Pomme	Le Sakatou	Jirondan-joncelle	Marionnettes de la Gaspésie	Marionnettes Mérinat
1961-62					
1962-63					
1963-64					
1964-65					
1965-66					
1966-67					
1967-68					
1968-69					
1969-70					
1970-71					
1971-72					
1972-73					
1973-74					
1974-75					
1975-76					
1976-77					2 000
1977-78					4 000
1978-79	1 500	6 500			
1979-80		4 500	2 000	2 500	
1980-81					

32 (suite)

Québec – Ministère des Affaires culturelles

Subventions versées au théâtre pour la jeunesse (enfants)

Année	Marionnettes de Montréal	Productions Bebelle	Production du Bord de l'eau	Production de la Noix de Coco	Productions pour Enfants de Québec
1961-62					
1962-63					
1963-64	2 100				
1964-65					
1965-66					
1966-67					
1967-68					
1968-69					
1969-70					
1970-71					
1971-72					
1972-73					
1973-74					
1974-75				2 000	
1975-76				5 000	
1976-77	3 000	10 000		7 000	10 000
1977-78	3 000	15 000		10 000	20 000
1978-79	6 500			15 000	27 000
1979-80	11 690				33 400
1980-81	15 009				35 000

32 (suite)

Québec – Ministère des Affaires culturelles

Subventions versées au théâtre pour la jeunesse (enfants)

Année	Théâtre de L'Avant-pays	Théâtre de L'Arrière scène	Théâtre de L'Accroc	Théâtre de L'Atrium	Théâtre de la Commune
1961-62					
1962-63					
1963-64					
1964-65					
1965-66					
1966-67					
1967-68					
1968-69					
1969-70					
1970-71					
1971-72					
1972-73					
1973-74					
1974-75					10 000
1975-76				10 000	12 000
1976-77			9 000	20 000	
1977-78			10 000	25 000	
1978-79	7 500	4 500	4 500	34 800	10 000
1979-80	8 000	19 500		39 000	
1980-81	11 000	18 600	12 000	34 500	

32 (suite)

Québec – Ministère des Affaires culturelles
Subventions versées au théâtre pour la jeunesse (enfants)

Année	Théâtre de Carton	Théâtre de L'Estèque	Théâtre de L'Oeil	Théâtre Abraca-dabrant	Théâtre des Amis de Chiffon
1961-62					
1962-63					
1963-64					
1964-65					
1965-66					
1966-67					
1967-68					
1968-69					
1969-70					
1970-71					
1971-72					
1972-73					
1973-74					
1974-75		5 000			
1975-76	3 000	6 000	2 000	2 000	3 000
1976-77	5 000	7 000	4 000		4 000
1977-78	10 000	10 000	14 400		4 500
1978-79	19 500	14 500	19 500		7 500
1979-80	23 830		33 500		
1980-81	24 300		30 000		6 000

32 (suite)

Québec – Ministère des Affaires culturelles
Subventions versées au théâtre pour la jeunesse (enfants)

Année	Théâtre du Clin d'oeil	Théâtre du Cent neuf	Théâtre Lacannerie	Théâtre du Pendule	Théâtre La Grenouille
1961-62					
1962-63					
1963-64					2 000
1964-65					2 000
1965-66					
1966-67					
1967-68					
1968-69					
1969-70					
1970-71					
1971-72					
1972-73					
1973-74					
1974-75					
1975-76				10 000	
1976-77	14 500	5 000	7 000	10 000	
1977-78	15 000	12 500	10 000	10 000	
1978-79	9 000	19 200	15 000		
1979-80		25 000	17 500		
1980-81		25 825	18 000		

32 (suite)

Québec – Ministère des Affaires culturelles
Subventions versées au théâtre pour la jeunesse (enfants)

Année	Théâtre La Marmaille	Théâtre La Marmite	Théâtre Le Caroussel	Théâtre Les Filles du Roy	Théâtre Les Pissenlits
1961-62					
1962-63					
1963-64					
1964-65					
1965-66					
1966-67					
1967-68					
1968-69		1 250			
1969-70					
1970-71					
1971-72					
1972-73					
1973-74					
1974-75	2 000				10 000
1975-76	6 000		3 000		50 000
1976-77	10 000		5 000		100 000
1977-78	20 000		10 000	7 500	100 000
1978-79	27 500		19 500	10 000	100 000
1979-80	32 000		21 500	12 500	79 500
1980-81	37 900		20 600	12 000	75 000

32 (suite)

Québec – Ministère des Affaires culturelles

Subventions versées au théâtre pour la jeunesse (enfants)

Année	Théâtre des Calicots	Théâtre des Confettis	Théâtre en Rang	Théâtre Soleil	Théâtre pour Enfants de Québec
1961-62					
1962-63					
1963-64					
1964-65					
1965-66					
1966-67					
1967-68					2 000
1968-69					4 000
1969-70					10 000
1970-71					
1971-72					
1972-73					
1973-74					
1974-75				5 000	
1975-76				10 000	
1976-77				15 000	
1977-78			500	20 000	
1978-79	3 000			29 500	
1979-80	3 000	4 500		13 000	
1980-81	1 500	7 500		6 500	

32 (suite)

Québec – Ministère des Affaires culturelles

Subventions versées au théâtre pour la jeunesse (enfants)

Année	Troupe Pince-Farine	Youtheatre	TOTAL $	TOTAL N° de groupes
1961-62				
1962-63				
1963-64			4 100	2
1964-65			2 000	1
1965-66				
166-67				
1867-68			3 250	2
1968-69			4 000	1
1969-70			10 000	1
1970-71				
1971-72				
1972-73				
1973-74				
1974-75			34 000	6
1975-76		10 000	132 000	14
1976-77		12 000	265 500	21
1977-78		12 000	355 400	24
1978-79		9 000	447 000	28
1979-80	12 000	12 000	452 920	30
1980-81	15 000	12 500	456 134	24

33

Montréal – Conseil des Arts de la région métropolitaine
Subventions versées au théâtre pour la jeunesse (enfants)

Année	Youtheatre	Théâtre Les Pissenlits	Marionnettes de Montréal	TOTAL $	TOTAL Nº de groupes
1957-58					
1958-59					
1959-60					
1960-61					
1961-62					
1962-63					
1963-64					
1964-65					
1965-66					
1966-67					
1967-68					
1968-69					
1969-70					
1970-71					
1971-72					
1972-73					
1973-74					
1974-75					
1975-76					
1976-77					
1977-78	5 000	5 000		10 000	2
1978-79	2 000			2 000	1
1979-80	4 000			4 000	1
1980-81			10 000	10 000	1

34

Ottawa – Conseil des Arts

Subventions versées au jeune théâtre pour adultes

Année	Beggar's Workshop	Black Theatre Workshop	Chatouille Chocolat Bezom	Centre Culturel Le Patriote	Commune à Marie (La)
1957-58					
1958-59					
1959-60					
1960-61					
1961-62					
1962-63					
1963-64					
1964-65					
1965-66					
1966-67					
1967-68					
1968-69					
1969-70					
1970-71					
1971-72					
1972-73					
1973-74					
1974-75	4 450	5 000			
1975-76	7 500	5 000			
1976-77				9 000	
1977-78		5 000	3 000	12 000	
1978-79		2 500	1 500	15 000	
1979-80		4 000			5 000
1980-81		4 000	6 000		12 000

34 (suite)

Ottawa – Conseil des Arts

Subventions versées au jeune théâtre pour adultes

Année	Compagnie des Neuf's	Eve Memorial Productions	Grand Cirque Ordinaire (Le)	Mimes Omnibus (Les)	Montreal Theatre Lab.
1957-58					
1958-59					
1959-60					
1960-61					
1961-62					
1962-63					
1963-64					
1964-65					
1965-66					
1966-67					
1967-68					
1968-69					
1969-70					
1970-71					
1971-72					
1972-73					
1973-74					
1974-75		5 000	5 000		
1975-76			12 000		2 500
1976-77			18 000		15 000
1977-78	3 000		18 000		15 000
1978-79			5 000		18 000
1979-80				8 000	20 000
1980-81				16 000	22 000

34 (suite)

Ottawa – Conseil des Arts

Subventions versées au jeune théâtre pour adultes

Année	Painted Bird Theatre Corporation	Petit Opéra Populaire	Playwright Workshop	Revue Theatre	Société Culturelle de Lys (Dame de coeur)
1957-58					
1958-59					
1959-60					
1960-61					
1961-62					
1962-63					
1963-64					
1964-65					
1965-66					
1966-67					
1967-68					
1968-69					
1969-70					
1970-71			3 900		
1971-72			4 000	6 000	
1972-73			4 600	9 000	
1973-74			5 000	13 250	
1974-75			12 000	15 250	
1975-76			12 000	32 000	
1976-77		3 000		32 000	
1977-78			18 000	32 000	
1978-79			20 000		
1979-80			20 000		
1980-81	6 000		20 000		10 000

34 (suite)

Ottawa – Conseil des Arts

Subventions versées au jeune théâtre pour adultes

Année	Studio-Théâtre Kaléidoscope	Studio-Théâtre Ste-Sophie	Théâtre de L'Abat-Jour	Théâtre de L'Arabesque	Théâtre de la Bordée
1957-58					
1958-59					
1959-60					
1960-61					
1961-62					
1962-63					
1963-64					
1964-65					
1965-66					
1966-67					
1967-68					
1968-69					
1969-70					
1970-71					
1971-72					
1972-73					
1973-74	3 000	8 000		4 667	
1974-75	5 000	5 000			
1975-76		10 000			
1976-77		15 000	3 950		
1977-78		15 000			6 000
1978-79	1 500				3 000
1979-80					15 000
1980-81					30 000

34 (suite)

Ottawa – Conseil des Arts

Subventions versées au jeune théâtre pour adultes

Année	Théâtre d'la Corvée	Théâtre de la Gaspésie	Théâtre de la Rallonge	Théâtre de L'Entrecorps	Théâtre de la Manufacture
1957-58					
1958-59					
1959-60					
1960-61					
1961-62					
1962-63					
1963-64					
1964-65					
1965-66					
1966-67					
1967-68					
1968-69					
1969-70					
1970-71					
1971-72					
1972-73					
1973-74					
1974-75					
1975-76			5 000		
1976-77		5 000			
1977-78			3 000	5 000	10 000
1978-79	5 000		5 000		15 000
1979-80			7 000		20 000
1980-81	16 000		12 000		

34 (suite)

Ottawa – Conseil des Arts

Subventions versées au jeune théâtre pour adultes

Année	Théâtre de L'Équinoxe (Gang des autobus)	Théâtre de Quartier	Théâtre dans L'Oeuf	Théâtre du Bonhomme Sept-Heures	Théâtre du Vieux-Québec
1957-58					
1958-59					
1959-60					
1960-61					
1961-62					
1962-63					
1963-64					
1964-65					
1965-66					
1966-67					
1967-68					
1968-69					
1969-70					
1970-71					
1971-72					
1972-73					
1973-74					
1974-75					
1975-76			5 000	5 000	
1976-77	5 000				10 000
1977-78		5 000		3 000	10 000
1978-79		8 000			12 000
1979-80	5 000	16 500			15 000
1980-81		22 000			27 000

34 (suite)

Ottawa – Conseil des Arts

Subventions versées au jeune théâtre pour adultes

Année	Théâtre Les Gens d'en Bas	Théâtre Les Voyagements	Théâtre National de Mime du Québec	Théâtre Organisation Ô	Théâtre Parminou
1957-58					
1958-59					
1959-60					
1960-61					
1961-62					
1962-63					
1963-64					
1964-65					
1965-66					
1966-67					
1967-68					
1968-69					
1969-70					
1970-71					
1971-72					
1972-73					
1973-74					
1974-75			4 000		5 000
1975-76	2 500	5 000			10 000
1976-77		11 000	5 000		20 000
1977-78		11 000	10 000	3 000	25 000
1978-79	10 000	12 000	15 000	10 000	26 500
1979-80	15 000	18 000		12 000	30 000
1980-81	25 000	18 000		12 000	45 000

34 (suite)

Ottawa – Conseil des Arts
Subventions versées au jeune théâtre pour adultes

Année	Théâtre Populaire d'Alma	Théâtre Universitaire Canadien	Troupe de L'Atelier	Troupe Les Pichous	TOTAL $	TOTAL N° de groupes
1957-58						
1958-59						
1959-60						
1960-61		5 000			5 000	1
1961-62		8 000			8 000	1
1962-63		5 000			5 000	1
1963-64		5 000			5 000	1
1964-65						
1965-66						
1966-67						
1967-68						
1968-69						
1969-70						
1970-71					3 900	1
1971-72					10 000	2
1972-73					13 600	2
1973-74					33 917	5
1974-75			4 000		69 700	11
1975-76	5 000		15 000		133 500	15
1976-77			20 000		171 150	14
1977-78			20 000		232 000	20
1978-79			20 000	3 000	208 000	20
1979-80			22 000	12 000	244 500	17
1980-81			25 000	25 000	353 000	19

35

Québec – Ministère des Affaires culturelles
Subventions versées au jeune théâtre pour adultes

Année	Amis du Théâtre (Les)	Association des Élèves du Conservatoire	Centre Culturel Le Patriote	Centre d'essai Le Conventum	Centre Dramatique du Sud
1961-62	3 000				
1962-63					
1963-64					
1964-65					
1965-66					
1966-67					
1967-68					
1968-69		600			
1969-70		600			
1970-71					
1971-72					
1972-73					
1973-74					
1974-75			50 000		
1975-76			60 000		
1976-77			70 000		
1977-78			80 000	65 000	
1978-79			80 000		
1979-80			225 000*		8 000
1980-81					8 500

* 1979-80 : Le montant de 225 000 au Patriote est une subvention d'immobilisation pour la construction de la Comédie Nationale, inaugurée à l'automne 1980.

35 (suite)

Québec – Ministère des Affaires culturelles
Subventions versées au jeune théâtre pour adultes

Année	Centre Theatre	Chatouille Chocolat et Bezom	Comédiens de L'Anse (Les)	Comité Régional Jeune Théâtre (Rouyn)	Comité Socio-culturel de Gagnon
1961-62					
1962-63	4 000				
1963-64					
1964-65					
1965-66					
1966-67					
1967-68					
1968-69					
1969-70					
1970-71					
1971-72					
1972-73					
1973-74					
1974-75				8 000	
1975-76				18 200	
1976-77					
1977-78			4 500		2 000
1978-79			8 700		2 500
1979-80		4 000	5 000		3 500
1980-81		6 000	5 000		5 000

35 (suite)

Québec – Ministère des Affaires culturelles

Subventions versées au jeune théâtre pour adultes

Année	Commune à Marie (La)	Compagnie de la 2ième Scène	Compagnie des Neuf's	Compagnie du Soir	Compagnie Les Deux-Chaises
1961-62					
1962-63					
1963-64					
1964-65					
1965-66					
1966-67					
1967-68					
1968-69					
1969-70					
1970-71					
1971-72					
1972-73					
1973-74					
1974-75					
1975-76					10 000
1976-77			7 000		
1977-78	15 000		15 000		
1978-79	15 000		15 000		
1979-80	29 500				
1980-81	20 000	5 100		4 500	

35 (suite)

Québec – Ministère des Affaires culturelles

Subventions versées au jeune théâtre pour adultes

Année	Compagnons de Notre-Dame	Famille Malenfant	Grand Cirque Ordinaire	Groupe de Théâtre Le Trac-T-Heure	Groupes Populaires de l'île de Montréal
1961-62					
1962-63					
1963-64					
1964-65	1 000				
1965-66					
1966-67					
1967-68	1 000				
1968-69	3 000				
1969-70					
1970-71					
1971-72					
1972-73					
1973-74					
1974-75					
1975-76			20 000		10 000
1976-77			30 000		
1977-78					
1978-79					
1979-80				4 750	
1980-81		4 500			

35 (suite)

Québec – Ministère des Affaires culturelles
Subventions versées au jeune théâtre pour adultes

Année	Jacques Languirand	Mimes Omnibus (Les)	Montréeal Theatre Lab.	Théâtre de L'Estèque	Théâtre de l'Île
1961-62					
1962-63	5 000				
1963-64					
1964-65					
1965-66					
1966-67					
1967-68					
1968-69					
1969-70					
1970-71					
1971-72					
1972-73					
1973-74					
1974-75					
1975-76					5 000
1976-77					20 000
1977-78					20 000
1978-79		4 500	4 000		25 000
1979-80		8 000		16 000	17 500
1980-81		20 900		12 000	19 000

35 (suite)

Québec – Ministère des Affaires culturelles
Subventions versées au jeune théâtre pour adultes

Année	Théâtre de Quartier	Théâtre de la Bordée	Théâtre de la Manufacture	Théâtre de la Rallonge	Théâtre de la Relance
1961-62					
1962-63					
1963-64					
1964-65					
1965-66					
1966-67					
1967-68					
1968-69					
1969-70					
1970-71					
1971-72					
1972-73					
1973-74					
1974-75					
1975-76			10 000		
1976-77	5 000	5 000	20 000		
1977-78	10 000	15 000	25 000		
1978-79	19 500	18 000	25 000	4 000	
1979-80	29 500	14 450	7 530	8 700	8 500
1980-81	30 000	24 000		8 800	15 000

35 (suite)

Québec – Ministère des Affaires culturelles
Subventions versées au jeune théâtre pour adultes

Année	Théâtre de la Riposte	Théâtre de la Saumonière	Théâtre de Par Chez-nous	Théâtre des Voyagements	Théâtre du Café Rimbaud
1961-62					
1962-63					
1963-64					
1964-65					
1965-66					
1966-67					
1967-68					
1968-69					
1969-70					
1970-71					
1971-72					
1972-73					
1973-74					
1974-75					
1975-76					
1976-77			30 000		
1977-78			73 000		15 000
1978-79					20 000
1979-80	5 000			5 000	
1980-81	12 000	2 100		12 000	

35 (suite)

Québec – Ministère des Affaires culturelles
Subventions versées au jeune théâtre pour adultes

Année	Théâtre du Chiendent	Théâtre du Dragueur	Théâtre du Pont-Neuf	Théâtre du Vieux Moulin	Théâtre du Vieux-Québec
1961-62					
1962-63					
1963-64			2 500		
1964-65					
1965-66					
1966-67					
1967-68					
1968-69					
1969-70					
1970-71					
1971-72					
1972-73					
1973-74					
1974-75					
1975-76					5 000
1976-77				5 000	20 000
1977-78	4 500			7 500	25 000
1978-79	11 500	2 000		4 500	27 500
1979-80	7 500				32 500
1980-81	11 000				38 000

35 (suite)

Québec – Ministère des Affaires culturelles

Subventions versées au jeune théâtre pour adultes

Année	Théâtre Entre Chien et Loup	Théâtre L'Alma Mater	Théâtre Les Gens d'en Bas	Théâtre National de Mime du Québec	Théâtre Organisation Ô
1961-62					
1962-63					
1963-64					
1964-65					
1965-66					
1966-67					
1967-68					
1968-69					
1969-70					
1970-71					
1971-72					
1972-73					
1973-74					
1974-75					
1975-76				3 000	
1976-77				5 000	10 000
1977-78			1 200	12 000	12 000
1978-79	4 000	3 000	4 500	15 000	17 000
1979-80	8 155		15 000		14 000
1980-81	11 480		15 400		

35 (suite)

Québec – Ministère des Affaires culturelles

Subventions versées au jeune théâtre pour adultes

Année	Théâtre Parminou	Moussaillons de Paspébiac	Mouvement Contemporain	Nouveaux Compagnons de Notre-Dame (Les)	L'Union Théâtrale de Sherbrooke
1961-62					
1962-63					
1963-64					
1964-65					
1965-66					
1966-67			500		
1967-68					
1968-69					
1969-70					
1970-71					
1971-72					
1972-73					
1973-74					
1974-75					
1975-76	5 000				
1976-77	17 500				10 000
1977-78	25 000	1 000		1 000	10 000
1978-79	25 000			7 500	4 500
1979-80	30 000			7 500	
1980-81	20 500			5 800	

35 (suite)

Québec – Ministère des Affaires culturelles
Subventions versées au jeune théâtre pour adultes

Année	Ptit Théâtre La Basoche	Playwright Workshop	Productions de la Galerie	Productions Specta	Regroupement des Gens de Théâtre Côte-Nord
1961-62	3 000				
1962-63	1 000				
1963-64					
1964-65					
1965-66					
1966-67					
1967-68					
1968-69					
1969-70		2 000			
1970-71		4 000			
1971-72		4 000			
1972-73		4 000			
1973-74		4 000			
1974-75		5 000			
1975-76		5 000			
1976-77		8 000			
1977-78		8 000		7 000	
1978-79		9 000	700		
1979-80		7 400			
1980-81		6 000			4 400

35 (suite)

Québec – Ministère des Affaires culturelles

Subventions verséées au jeune théâtre pour adultes

Année	Rubrique Inc. (La)	Société Culturelle de Lys (Dame de cœur)	Studio-Théâtre Kaléi-doscope	Studio-Théâtre Ste-Sophie	Théâtres Associés de l'Outaouais
1961-62					
1962-63					
1963-64					
1964-65					
1965-66					
1966-67					
1967-68					
1968-69					
1969-70					
1970-71					
1971-72					
1972-73					
1973-74					
1974-75					
1975-76			5 000	7 500	
1976-77				20 000	
1977-78		9 000	4 500	18 000	
1978-79		10 000		18 000	2 500
1979-80	8 300	14 820		12 500	4 950
1980-81	10 000	18 175			

35 (suite)

Québec – Ministère des Affaires culturelles
Subventions versées au jeune théâtre pour adultes

Année	Théâtre à L'Ouvrage	Théâtre dans Verdure	Théâtre de Coppe	Théâtre des Deux-Rives	Théâtre de L'Accroc
1961-62					
1962-63					
1963-64					
1964-65					
1965-66				1 500	
1966-67					
1967-68				1 250	
1968-69					
1969-70					
1970-71					
1971-72					
1972-73					
1973-74					
1974-75					
1975-76					
1976-77					
1977-78					
1978-79			7 000		
1979-80		2 500	9 800		9 000
1980-81	4 000		4 500		

35 (suite)

Québec – Ministère des Affaires culturelles
Subventions versées au jeune théâtre pour adultes

Année	Théâtre de L'Astran	Théâtre de L'Atelier	Théâtre de L'Équinoxe	Théâtre de L'Équipage	Théâtre Petit à Petit
1961-62					
1962-63					
1963-64					
1964-65					
1965-66					
1966-67					
1967-68		1 250			
1968-69		4 000			
1969-70		4 000			
1970-71		5 000			
1971-72		5 000			
1972-73		5 000			
1973-74		5 000			
1974-75		5 000			
1975-76		15 000			
1976-77		20 000	4 000	25 000	
1977-78	4 500	20 000	12 500		
1978-79	7 000	25 000	17 000		
1979-80	1 850	30 000	12 000		10 500
1980-81		33 325	7 500		9 000

35 (suite)

Québec – Ministère des Affaires culturelles
Subventions versées au jeune théâtre pour adultes

Année	Théâtre Populaire d'Alma	Théâtre Phoenix	Théâtre Populaire Petit Champlain	Théâtre Populaire Régional Gatineau	Théâtre Québec
1961-62					
1962-63					
1963-64					6 000
1964-65					15 000
1965-66					
1966-67			2 500		
1967-68					
1968-69					
1969-70					
1970-71					
1971-72					
1972-73					
1973-74					
1974-75					
1975-76	5 000				
1976-77	6 000				
1977-78	10 000				
1978-79	16 500			4 500	
1979-80	13 200			4 500	
1980-81	14 000	5 000			

35 (suite)

Québec – Ministère des Affaires culturelles
Subventions versées au jeune théâtre pour adultes

Année	Théâtre Universitaire Canadien	Troupe de Théâtre de Montréal	Troupe de Théâtre Les Cabotins	Troupe de Théâtre Les Pichous	Troupe de Théâtre Montserrat
1961-62	10 000				
1962-63	7 500				
1963-64	15 000	500			
1964-65					
1965-66					
1966-67					
1967-68					
1968-69					
1969-70					
1970-71					
1971-72					
1972-73					
1973-74					
1974-75					
1975-76					
1976-77				5 000	
1977-78				10 000	
1978-79				15 000	
1979-80			3 000	10 000	4 500
1980-81			4 500	16 000	8 000

35 (suite)

Québec – Ministère des Affaires culturelles
Subventions versées au jeune théâtre pour adultes

Année	Troupe La Patente	Troupe Les Trésors Oubliés	Troupe Pince-Farine	Troupe Zoogep Granby	Trouvères du XXe siècle
1961-62					
1962-63					140
1963-64					
1964-65					
1965-66					
1966-67					
1967-68					
1968-69					
1969-70					
1970-71					
1971-72					
1972-73					
1973-74					
1974-75					
1975-76					
1976-77				5 000	
1977-78				7 500	
1978-79	2 000	3 000	4 500	4 500	
1979-80	7 800	4 000		8 755	
1980-81	6 000			12 775	

35 (suite)

Québec – Ministère des Affaires culturelles

Subventions versées au jeune théâtre pour adultes

Année	UNION Théâtrale des Jeunes Témiscamiens	TOTAL $	TOTAL N° de groupes
1961-62		16 000	3
1962-63		17 640	5
1963-64		24 000	4
1964-65		16 000	2
1965-66		1 500	1
1966-67		3 000	2
1967-68		4 750	4
1968-69		7 600	3
1969-70		6 600	3
1970-71		9 000	2
1971-72		9 000	2
1972-73		9 000	2
1973-74		9 000	2
1974-75		68 000	4
1975-76		183 700	15
1976-77		347 500	22
1977-78		549 700	33
1978-79		513 400	41
1979-80	2 500	694 060	45
1980-81		487 255	41

36

Montréal – Conseil des Arts de la région métropolitaine
Subventions versées au jeune théâtre pour adultes

Année	Centre Theatre	Centre Culturel Le Patriote	Montreal Theatre Lab.	Jacques Languirand	Montreal Musical Theatre Comedy
1957-58					
1958-59					1 000
1959-60					
1960-61				1 000	
1961-62					
1962-63					
1963-64	2 000				
1964-65					
1965-66					
1966-67					
1967-68					
1968-69					
1969-70					
1970-71					
1971-72					
1972-73					
1973-74					
1974-75					
1975-76					
1976-77		5 000			
1977-78		10 000	3 000		
1978-79		11 000			
1979-80		11 000			
1980-81		7 788			

36 (suite)

Montréal – Conseil des Arts de la région métropolitaine
Subventions versées au jeune théâtre pour adultes

Année	Mimes Omnibus (Les)	Instant Theatre Productions	Playwright Workshop	Revue Theatre	Phoenix Theatre
1957-58					
1958-59					
1959-60					
1960-61					
1961-62					
1962-63					
1963-64					
1964-65					
1965-66					
1966-67		12 000			
1967-68		12 020			
1968-69					
1969-70					
1970-71					
1971-72					
1972-73				4 000	
1973-74				4 000	
1974-75				4 500	
1975-76			1 000	4 500	
1976-77				6 000	
1977-78				10 000	
1978-79					
1979-80	4 000				3 000
1980-81					12 000

36 (suite)

Montréal – Conseil des Arts de la région métropolitaine
Subventions versées au jeune théâtre pour adultes

Année	Théâtre de la Manufacture	Théâtre National de Mime du Québec	TOTAL $	TOTAL N° de groupes
1957-58				
1958-59			1 000	1
1959-60				
1960-61			1 000	1
1961-62				
1962-63				
1963-64			2 000	1
1964-65				
1965-66				
1966-67			12 000	1
1967-68			12 020	1
1968-69				
1969-70				
1970-71				
1971-72				
1972-73			4 000	1
1973-74			4 000	1
1974-75			4 500	1
1975-76			5 500	2
1976-77		5 000	16 000	3
1977-78	5 000	5 000	33 000	5
1978-79	7 500	5 500	24 000	3
1979-80		5 500	23 500	4
1980-81			19 788	2

37

Ottawa – Conseil des Arts
Subventions versées au théâtre d'été

Année	Festival d'été de Longueuil	Festival de Lennoxville	Laurentian Theatre, St-Sauveur	Le Piggery North-Hatley	Théâtre de la Marjolaine
1957-58					
1958-59					
1959-60					
1960-61					
1961-62					
1962-63					
1963-64					
1964-65					
1965-66					
1966-67					
1967-68					
1968-69					5 000
1969-70					5 000
1970-71					5 000
1971-72		8 000			6 500
1972-73		20 000			5 000
1973-74		35 000			5 000
1974-75		61 500			6 000
1975-76	1 200	50 000	5 000	5 000	12 000
1976-77	2 400	80 000			15 000
1977-78		121 500		6 000	15 000
1978-79		100 000			15 000
1979-80		100 000		5 000	15 000
1980-81		90 000		6 000	15 000

37 (suite)

Ottawa – Conseil des Arts
Subventions versées au théâtre d'été

Année	Théâtre de Sun Valley	Théâtre des Marguerites	Théâtre du Bois de Coulonge	TOTAL $	TOTAL N° de groupes
1957-58					
1958-59					
1959-60					
1960-61					
1961-62					
1962-63					
1963-64					
1964-65					
1965-66					
1966-67					
1967-68					
1968-69				5 000	1
1969-70				5 000	1
1970-71				5 000	1
1971-72				14 500	2
1972-73				25 000	2
1973-74				40 000	2
1974-75				67 500	2
1975-76	5 000	5 000		83 200	7
1976-77				97 400	3
1977-78			5 000	147 500	4
1978-79			15 000	130 000	3
1979-80			15 000	135 000	4
1980-81			25 000	136 000	4

38

Québec – Ministère des Affaires culturelles
Subventions versées au théâtre d'été

Année	Bateau-Théâtre L'Escale	Centre d'art L'Estérel	Centre d'art de Percé	Festival de Lennoxville	Laurentian Theatre, St-Sauveur
1961-62					
1962-63					
1963-64		3 000			
1964-65		2 000	5 000		
1965-66					
1966-67					
1967-68					
1968-69					
1969-70	85 000				
1970-71					
1971-72					
1972-73					
1973-74				2 000	
1974-75				5 000	2 000
1975-76				15 000	5 000
1976-77				25 000	
1977-78				20 000	
1978-79				14 500	
1979-80				18 500	
1980-81				12 190	

38 (suite)

Québec – Ministère des Affaires culturelles
Subventions versées au théâtre d'été

Année	Théâtre de la Marjolaine	Théâtre de L'Île	Théâtre de St-Ours	Théâtre des Marguerites	Théâtre des Prairies
1961-62					
1962-63					
1963-64	3 000				
1964-65	5 000				
1965-66	5 000				
1966-67	3 500				
1967-68	7 000				
1968-69	7 000				
1969-70	5 000				
1970-71	5 000				
1971-72	8 000				
1972-73	8 000				
1973-74	7 000				
1974-75	10 000		1 500	4 500	
1975-76	12 000	5 000		5 000	
1976-77	20 000				20 000
1977-78	64 000				14 000
1978-79	15 000				12 000
1979-80	15 000				
1980-81	9 884				

38 (suite)

Québec – Ministère des Affaires culturelles
Subventions versées au théâtre d'été

Année	Théâtre de Sun Valley	Théâtre du Bois de Coulonge	Théâtre du Mont-Jacob	Théâtre Beaumont St-Michel	Théâtre La Fenière
1961-62					3 000
1962-63					2 000
1963-64					2 700
1964-65					
1965-66					2 910
1966-67					2 000
1967-68					4 000
1968-69					4 000
1969-70					5 000
1970-71					5 000
1971-72					5 000
1972-73					6 000
1973-74					6 000
1974-75					10 000
1975-76	5 000				12 000
1976-77	6 000			21 000	15 000
1977-78		22 000		10 000	20 000
1978-79		80 000		10 000	12 000
1979-80		30 000	4 500	5 000	6 000
1980-81		52 500	5 000	3 500	

38 (suite)

Québec – Ministère des Affaires culturelles
Subventions versées au théâtre d'été

Année	Théâtre Les Ancêtres	Théâtre Tout Court	Quebec City Summer Stock	TOTAL $	TOTAL Nº de groupes
1961-62				3 000	1
1962-63				2 000	1
1963-64				8 700	3
1964-65				12 000	3
1965-66				7 910	2
1966-67				5 500	2
1967-68				11 000	2
1968-69				11 000	2
1969-70				95 000	3
1970-71				10 000	2
1971-72				13 000	2
1972-73				14 000	2
1973-74				15 000	3
1974-75			1 000	34 000	7
1975-76			1 500	60 500	8
1976-77	10 000			117 000	7
1977-78	11 000			161 000	7
1978-79	13 000	4 500		161 000	8
1979-80	7 500	4 500		91 000	8
1980-81		8 000		91 074	6

39

Ottawa – Conseil des Arts

Subventions versées aux organismes et services

Année	A.S.S. I.T.E.J. (jeunesse)	Association Canadienne Théâtre pour enfants	A.C.T.A. A.Q.J.T.	Centre Canadien d'Essai	Centre Canadien de Théâtre
1957-58					
1958-59				1 000	8 000
1959-60					2 000
1960-61				1 700	
1961-62				1 700	7 025
1962-63					2 780
1963-64					1 320
1964-65					6 970
1965-66					22 452
1966-67		200			69 940
1967-68			1 106		90 000
1968-69			4 600		92 450
1969-70			3 700		
1970-71					
1971-72			3 700		
1972-73			3 700		
1973-74			5 000		
1974-75			14 000		
1975-76			8 000		
1976-77			15 000		
1977-78			17 500		
1978-79			20 000		
1979-80	13 000		22 000		
1980-81	12 750		35 000		

39 (suite)

Ottawa – Conseil des Arts

Subventions versées aux organismes et services

Année	Centre d'Essai des Auteurs Dramatiques	Festival Dramatique du Canada	Société des Festivals de Montréal	TOTAL $	TOTAL Nº de groupes
1957-58		10 000	25 000	35 000	2
1958-59		16 200	25 000	50 200	4
1959-60		10 500	50 000	62 500	3
1960-61		12 500		14 200	2
1961-62		8 000		16 725	3
1962-63		8 000	25 000	35 780	3
1963-64		8 000	25 000	34 320	3
1964-65		9 000		15 970	2
1965-66		15 000		37 452	2
1966-67		22 000		92 140	3
1967-68	7 752	43 900		142 758	4
1968-69	2 500			99 550	3
1969-70	10 000			13 700	2
1970-71	14 558			14 558	1
1971-72	11 500			15 200	2
1972-73	5 000			8 700	2
1973-74	15 000			20 000	2
1974-75	17 000			31 000	2
1975-76	25 000			33 000	2
1976-77	27 500	60 000		102 500	3
1977-78	30 000			47 500	2
1978-79	33 000			53 000	2
1979-80	35 500			70 500	3
1980-81	40 000			87 750	3

40

Québec – Ministère des Affaires culturelles

Subventions versées aux organismes et services

Année	A.C.T.A. A.Q.J.T.	Association du Théâtre Multiculturel	Centre Canadien d'Essai	Centre du Théâtre Canadien	Centre d'Essai des Auteurs Dramatiques
1961-62	3 000		3 850		
1962-63	2 000		4 000		
1963-64	5 000				
1964-65	7 500				
1965-66	8 500			2 500	
1966-67	11 000			2 000	
1967-68	15 000			15 000	
1968-69	22 000			2 000	
1969-70	39 400			2 000	11 500
1970-71	35 000				13 935
1971-72	35 000				14 000
1972-73	31 600				14 000
1973-74	29 400				14 000
1974-75	40 000				15 000
1975-76	44 000				16 500
1976-77	48 400				20 000
1977-78	55 000				25 000
1978-79	46 325	4 500			25 000
1979-80	61 850				30 500
1980-81	65 000				34 000

40 (suite)

Québec – Ministère des Affaires culturelles

Subventions versées aux organismes et services

Année	Colloque de Théâtre Est du Québec	Comité du 13 septembre	Compagnie Les Deux Chaises	Exécutif des Gens de Théâtre Côte-Nord	Festival de la Jeunesse
1961-62					
1962-63					
1963-64					
1964-65					500
1965-66					500
1966-67					
1967-68					
1968-69					
1969-70					
1970-71					
1971-72					
1972-73					
1973-74					
1974-75					
1975-76					
1976-77					
1977-78			4 700		
1978-79			34 000		
1979-80	2 500	4 000		5 000	
1980-81					

40 (suite)

Québec – Ministère des Affaires culturelles
Subventions versées aux organismes et services

Année	Festival Dramatique du Canada	Festival d'Art dramatique Est du Québec	Festival d'Art dramatique Ouest du Qué.	Festival du Théâtre Étudiant	Festival des Jeunes Compagnies à l'Expo
1961-62	11 000	1 000			
1962-63	11 000	1 000			
1963-64	11 000	1 000			
1964-65	15 500				
1965-66	10 670	1 500	2 000		
1966-67	10 000	1 500	2 000		
1967-68	11 000	2 000	5 000	3 000	7 500
1968-69	11 000	2 500	5 000	7 000	
1969-70	11 000			9 500	
1970-71				9 500	
1971-72				10 000	
1972-73				10 000	
1973-74				10 000	
1974-75				10 000	
1975-76				12 000	
1976-77				12 000	
1977-78				5 000	
1978-79					
1979-80					
1980-81					

40 (suite)

Québec – Ministère des Affaires culturelles
Subventions versées aux organismes et services

Année	Productions sous le Cap	Quebec Drama Festival	Réseau Théâtre Plus	Société d'Histoire du Théâtre du Québec	Société des Festivals de Montréal
1961-62					
1962-63					
1963-64					25 000
1964-65					25 000
1965-66					
1966-67					
1967-68					
1968-69					
1969-70					
1970-71					
1971-72					
1972-73					
1973-74		5 000			
1974-75		5 000			
1975-76		10 000			
1976-77		12 000			
1977-78		10 000			
1978-79	7 000	6 000			
1979-80			950	900	
1980-81					

40 (suite)

Québec – Ministère des Affaires culturelles

Subventions versées aux organismes et services

Année	Théâtre en Jeu Univ. du Qué. à Chicoutimi	TOTAL $	TOTAL N° de groupes
1961-62		18 850	4
1962-63		18 000	4
1963-64		42 000	4
1964-65		48 500	4
1965-66		25 670	6
1966-67		26 500	5
1967-68		58 500	7
1968-69		49 500	6
1969-70		73 400	5
1970-71		58 435	3
1971-72		59 000	3
1972-73		55 600	3
1973-74		58 400	4
1974-75		70 000	4
1975-76		82 500	4
1976-77		92 400	4
1077-78		99 700	5
1978-79	2 500	125 325	7
1979-80	2 500	108 200	9
1980-81	2 500	101 500	3

41

Montréal – Conseil des Arts de la région métropolitaine
Subventions versées aux organismes et services

Année	Centre Canadien d'Essai	Dominion Drama Festival	Festival d'art Dramatique Ouest du Québec	Quebec Drama Festival	TOTAL $	TOTAL N° de groupes
1957-58		5 000			5 000	1
1958-59						
1959-60	1 000		3 500		4 500	2
1960-61	1 000		2 000		3 000	2
1961-62	1 000		3 500		4 500	2
1962-63	2 000		15 000		17 000	2
1963-64	2 000				2 000	1
1964-65						
1965-66			4 800		4 800	1
1966-67			3 600		3 600	1
1967-68			5 000		5 000	1
1968-69			5 000		5 000	1
1969-70						
1970-71						
1971-72						
1972-73						
1973-74						
1974-75						
1975-76						
1976-77				5 000	5 000	1
1977-78				5 000	5 000	1
1978-79						
1979-80						
1980-81						

ANNEXE II

Organigramme de la collaboration aux cahiers de théâtre JEU

RE: BILAN ANNUEL DE LA SAISON 1978-79
DATE DE TOMBÉE: MI-JUIN 1979 [1]

SECTIONS

1. Théâtres institutionnels (théâtres d'été?)
2. Théâtres de recherches et à l'étranger
3. Jeunes théâtres et «garages»
4. Théâtres d'amateurs/théâtres militants
5. Théâtres pour l'enfance et la jeunesse/théâtres de marionnettes
6. Théâtre de variétés/spectacles soli/cafés-théâtres/mimes
7. Théâtre radiophonique et télévisuel/écoles/organismes/varia

1. *Théâtres institutionnels*

Centaur theatre (8)
Compagnie les deux chaises (la) (1)
Compagnie Jean Duceppe (la) (5)
Nouvelle compagnie théâtrale (la) (3)(2)
Théâtre d'aujourd'hui (le) (4)
Théâtre de l'Île (le) (4)
Théâtre du Bois de Coulonge (2)
Théâtre du Nouveau Monde (le) (5/)
Théâtre du Rideau Vert (le) (6)
Théâtre du Trident (le) (4/)

---

1. Il nous apparaît essentiel de situer clairement le présent organigramme. Essentiellement pratique, effectué à des fins de répartition de tâches, ce classement n'a jamais été conçu dans une perspective de publication. Jamais il n'ambitionnait de devenir un modèle de classification des diverses pratiques du théâtre au Québec. Il est ici donné sous toutes réserves, parce que nous nous en sommes servis pour notre propre essai de classification.

Théâtre du Vieux Québec (le) (2)
Théâtre international de Montréal (le) (6)
Théâtre populaire du Québec (4)
Centre National des Arts (compagnie) (5)

2.   *Théâtres de recherches et à l'étranger*

Atelier studio kaléidoscope (1)
Dérives urbaines (les) (1)
Enfants du Paradis (les) (1)
Eskabel (l') (3)
Groupe de la Veillée (le) (2)
Groupe Téâtram (le) (1)
Laboratoire de théâtre de Montréal (le) (1)
Théâtre expérimental de Montréal (6)

3.   *Jeunes théâtres et «garages»*

Beaux Cossins (les) (1)
Bébelle (la) (1)
      Bibliothèque Nationale (la) (6)
      Centre d'essai de l'université de Montréal (le) (4)
      Centre d'essai le Conventum (le) (3)
Centre d'essai pour femmes enr. (le) (2)
Comédie de l'île à la dérive (la) (1)
Comédiens de l'anse (les) (1)
Compagnie à 4 pattes (la) (1)
Compagnie des neufs (la) (2)
Dame de Cœur (la) (2)
Équinoxe (l') (2)
Grand cirque ordinaire (le) (1/)
Grosse valise (la) (1)
Malcommode (le) (1)
Manufacture (la) (3)
Organisation O (2)
      Patriote en Haut (le) (6)
Petit opéra populaire (le) (2)
Productions du bord de l'eau (les) (1)
Productions specta (les) (1)
Pichous (les) (2)
      Saydie Bronfman centre (4)
Studio théâtre (le) (4)
      Salle Fred-Barry (6)

Théâtre actuel du Québec (1)
Théâtre d'art du Québec (1)
Théâtre de Carton (le) (1)
Théâtre de la Bascule (le) (2)
Théâtre de la Bordée (le) (1)
Théâtre de la grande réplique (le) (4)
Théâtre de la rallonge (le) (2)
Théâtre de Quartier (le) (2)
    Théâtre de Quat'sous (le) (4)
Théâtre du Cent neuf (le) (1)
Théâtre Parminou (le) (1)
    Théâtres Maisonneuve et Port-Royal (4/)
Théâtre sans Fil (le) (1)
Troupe de l'Atelier (la) (4)
Troupe de Même (la) (1)
Troupe Surcen (la) (1)
Un œuf dans les yeux (1)
Voyagements (2)
Zoogep Granby Circus (1)

4. *Théâtres d'amateurs / Théâtres militants*

Atelier du Cégep de Rimouski (l') (1)
Ateliers du Théâtre sans nom (les) (1)
Atelier d'art le Neigère (1)
Atelier de Matane (1)
Centre dramatique de Rouyn (1)
Comité socio-culturel de Gagnon (1)
Compagnons de Notre-Dame (les) (1)
Coquillards (les) (1)
Dragueux (les) (1)
Entre-Deux (l') (1)
Farfelus (les) (1)
Gens d'en Bas (les (1)
Groupe d'action culturelle et communautaire (1)
Insolents (les) (1)
Liké (le) (1)
Mal aimés (les) (1)
Matière grise (la) (1)
Mousaillons de Paspébiac (les) (1)
Muse bouche (la) (1)
Options-théâtre de Laprairie (l') (1)
Otobuscolère (l') (1)

Sombres vilains (les) (1)
Théâtre comme vous (le) (1)
Théâtre communautaire du Sud-ouest (le) (1)
Théâtre de Grandpré (le) (1)
Théâtre de l'Accroc (le) (1)
Théâtre de la Gaspésie (le) (1)
Théâtre de l'Astran (1)
Théâtre de l'Atrium (1)
Théâtre de l'équilibre (1)
Théâtre de l'esthèque (le) (1)
Théâtre de Par chez-nous (le) (1)
Théâtre du Chiendent (le) (1)
Théâtre du Clin d'œil (le) (1)
Théâtre du Horla (le) (1)
Théâtre du Pendule (le) (1)
Théâtre du Phénix (le) (1)
Théâtre du Vieux moulin (le) (1)
Théâtre Euh! (1)
Théâtre itinérant du Québec (le) (1)
Théâtre les Ancêtres (le) (1)
Théâtre Passe-partout (le) (1)
Théâtre Latino-américain du Québec (2)
Théâtre Polygone (le) (1)
Théâtre populaire d'Alma (2)
Théâtre qui louche (le) (1)
Treize (les) (1)
Troupe on continue (la) (1)
Troupe-Portrait (la) (1)
Union théâtrale de Sherbrooke (l') (1)
Union théâtrale des Jeunes Témiscamiens (l') (1)

5. *Théâtres pour l'enfance et la jeunesse / théâtre de marionnettes*

Aubergine de la Macédoine (L') (1)
Barouette au Soleil (La) (1)
Carroussel (Le) (1)
    Casteliers (Les) (1)
Gyroscope (Le) (1)
Lacannerie (2)
Hexagone (L') (1)
    Marionnettes de Montréal (Les) (2)
    Marionnettes de Pierre Régimbald et Nicole Lapointe (Les)
(1)

Marionnettes Josée Campanale (Les) (2)
Marionnettes Mérinat (Les) (1)
Marmaille (La) (2)
Productions de théâtre des enfants (Les) (1)
Productions La noix de coco (Les) (1)
Productions pour enfants de Québec (3)
Sakatou (Le) (2)
Théâtre d'animation des filles du Roy (1)
Théâtre de l'œil (Le) (1)
Théâtre de polichinelle (2)
Théâtre des confétis (Le) (1)
Théâtre des amis de chiffons (1)
Théâtre des pupilles (1)
Théâtre l'avant-pays (2)
Théâtre les calicots (1)
Théâtre les chérubins (1)
L'Arrière-scène (1)
Ptittapti (Le) (1)
Théâtre du Rideau-Vert (1)
Théâtre du Rideau-Vert (1)

6. *Théâtre de variétés /spectacles soli /cafés-théâtres /mimes*

Bouchard Reynald (1)
Café-théâtre Le Hobbit (3)
Chacone (la) (3)
Deschamps Yvon (1)
Desrochers Clémence (1)
Mimes électriques (les) (1)
Nelligan (le) (3)
Sol (1)
Théâtre des Variétés (1)
Théâtre du café Rimbaud (3)
Théâtre-mime du Québec (1)
Théâtre national de mime du Québec (1)

7. *Théâtre radiophonique et télévisuel /écoles /organismes /varia*

Association canadienne du théâtre pour la jeunesse
Association des directeurs de théâtre
Association québécoise du jeune théâtre
Association technique pour l'action culturelle
Association des travailleurs et travailleuses du théâtre auto-
nome-autogéré du Québec (ATTAQ)

Canadian Center for A.S.S.I.T.E.J.

Canadian Theatre History Research Programme

Centre d'essai des auteurs dramatiques

Cégep Lionel-Groulx (option théâtre)

Centre national de la recherche scientifique

Collège régional Bourgchemin (option théâtre)

Conseil des arts de la région métropolitaine

Conseil des arts du Canada (arts d'interprétation, exploration)

Conservatoire d'art dramatique de Montréal

Conservatoire d'art dramatique de Québec

Conservatoire Lasalle

École nationale du théâtre du Canada

Fédération des Centres culturels de la province de Québec

Festival de théâtre de plein air à Rimouski

Institut international du théâtre

Ministère des Affaires culturelles du Québec

Option Théâtre de l'Université de Sherbrooke

Société d'histoire du théâtre du Québec

St. Francis Theatre Co. (3)

Troupe du Cégep de Rivière-du-Loup (La) (1)

Troupe du Cégep de Ste-Foy (La) (1)

Union des artistes

Université du Québec à Montréal (Module d'art dramatique)

Université du Québec à Chicoutimi (Module d'art dramatique)

ANNEXE III

Lettre de démission
de Georges-Émile Lapalme
Premier Ministre québécois
des Affaires culturelles
le 3 septembre 1964

L'honorable Jean Lesage, C.R.
Premier ministre de la province
Hôtel du gouvernement — Québec

Monsieur le premier ministre,

La présente, pour donner une idée précise et exacte de ce que j'ai à dire, devrait contenir des statistiques détaillées et complètes. À cause de leur nombre, je me contente de donner quelques exemples.

Depuis un an que je suis débarrassé de l'administration de la Justice, j'ai donné tout mon temps, c'est-à-dire sept jours par semaine, aux Affaires culturelles, en exceptant quatre semaines en Europe au cours de deux voyages. À ce sujet toutefois je dois dire que sur quatre semaines, j'en ai donné deux à Paris aux besoins de mon ministère.

À mon bureau de Québec comme à ma maison de Montréal, le samedi et le dimanche, j'ai reçu soit des délégations, soit des personnes venues individuellement exposer leur cas ou celui de leur groupe. Durant les fins de semaine, je suis allé voir sur place le fonctionnement de divers organismes, qu'il s'agisse des Jeunesses musicales du Mont Orford, des Grands ballets canadiens à Montréal ou des coulisses d'un théâtre dont la troupe répétait.

De leur côté, MM. Guy Frégault, Guy Beaulne, Wilfrid Pelletier, Romuald Miville-Deschênes, spécialistes dans leurs disciplines respectives, faisaient enquête, se rendaient sur place, étudiaient les dossiers et faisaient leurs recommandations qui étaient ensuite discutées par toute la direction générale des Arts et des Lettres en présence du sous-ministre et quelquefois en ma présence. Malgré leurs recommandations positives, il m'est arrivé assez souvent de dire non. J'ajouterai que de mon propre chef j'ai refusé d'envoyer, soit à la direction générale, soit à la Trésorerie, des demandes sans nombre que j'avais reçues personnellement.

Ce droit de refuser il m'est accordé totalement et intégralement. Le droit d'accepter m'est refusé.

Puisque je suis seul juge quand il s'agit de refuser, c'est-à-dire quand il s'agit de causer des dommages possibles à des personnes qui normalement auraient droit à des subventions, je n'ai de comptes à rendre à personne. C'est le seul droit d'ailleurs que vous m'ayez laissé. Mais quand il s'agit d'accepter, alors qu'aucun dommage ne sera causé, même si je me trompe, je n'ai plus aucun droit.

Dans les circonstances, à quoi cela sert-il d'avoir des spécialistes qui sont venus à nous parce qu'ils avaient la foi ? À quoi cela sert-il de les faire travailler pour un salaire dérisoire ? Il suffira que Dolbec ou le Conseil de la trésorerie, après cinq minutes d'études, dise non. Plutôt que d'écouter les conseillers du ministère, on s'en va demander l'opinion de gens qui ne vivent pas les problèmes en cause.

Je sais ce qu'est le Salon du livre de Montréal; je l'ai vu moi-même chaque année; j'ai passé des heures et des heures avec ses dirigeants. Nous avons réduit sa demande au ministère à $32 000. La Trésorerie à dit: $25,000.

La Société des écrivains demandait une somme que nous avons réduite à $3 200. Le contrôleur a dit: $2 000.

Nous avons recommandé $8 000 pour les Petits chanteurs du Mont-Royal. On a répondu: $5 000.

Nous avons réduit à $60 000 la demande des Grands ballets canadiens. La Trésorerie a dit: $40 000.

Nous avons demandé $3 500 pour les Concerts de l'Île d'Orléans. Le contrôleur a mis une note disant que l'an prochain ce serait réduit à $2 000.

Nous avons recommandé $10 000 pour la Société pro musica. Nos informations sont que nous aurons $5 000.

Nous avons fait étudier par un jury les bourses de l'Aide à la création et à la recherche. La Trésorerie a passé outre et refusé certains noms.

Nous avons présenté nos demandes de subventions au théâtre depuis des mois. Nous n'avons pas encore de réponse.

J'en passe. Je me contente de citer les cas qui me viennent à la mémoire.

Dans les circonstances, je me demande bien pourquoi je perds mon temps ici. Le premier philistin venu est censé en connaître plus que nous tous. Ai-je besoin de vous rappeler la lettre étonnante que vous m'avez envoyée au sujet de la demande que nous avait faite le haut commissaire de Grande-Bretagne pour notre participation au Festival de Londres? Le ministère des Affaires culturelles ne peut, sans justification, continuer à exister. Il n'est pas nécessaire d'avoir un ministre dont les pouvoirs sont réduits absolument à zéro et qui ne peut signer à coup sûr une réquisition de $1 000, alors que sa signature auprès d'une banque serait acceptée pour une somme infiniment supérieure.

Je me demande bien comment les choses peuvent marcher ailleurs, principalement dans le cas des bourses de l'Éducation, alors que ce ministère me répond immédiatement qu'une demande de bourse est acceptée. Ici rien de tel n'est permis.

Il y a jusqu'à cette défense de publier la liste des quelques subventions que nous avons, alors que l'Éducation, l'Agriculture, la Santé publient des listes qui représentent des millions et dont le montant total est plus élevé que tout notre budget.

Pour ma part, considérant que je n'ai pas à aller m'expliquer devant un fonctionnaire ignare mais que c'est à lui de venir s'expliquer devant moi, je crois que le temps est venu de cesser d'user ce qui me reste d'énergie dans de la paperasse qui d'ailleurs traîne pendant des mois et des mois avant de revenir devant moi pour m'apprendre que j'ai travaillé pour rien.

Dans les circonstances, je donne suite à ma lettre de démission d'il y a un an et je quitte la politique, c'est-à-dire le ministère et mon poste de député.

GEORGES-ÉMILE LAPALME

Bibliographie

ALTHUSSER, Louis, *Éléments d'autocritique*, Collection «Analyse», Hachette, 1973.

    Positions, Éditions Sociales, Paris, 1976.

BÉLANGER, Jean-Pierre, *Ruptures et Constantes*, Collection «Sciences de l'homme et humanisme», no. 8, Hurtubise HMH, Montréal, 1977.

ESCARPIT, Robert, *Le Littéraire et le social*, Champs, Flammarion, no. 5, 1970.

LÉVI-STRAUSS, Claude, *Race et Histoire*, Gonthier, Médiations, no. 55, 1961.

MONIÈRE, Denis, *Les Idéologies au Québec*, Éd. Québec-Amérique, Montréal, 1978.

MORIN, Edgar, *Le vif du sujet*, Paris, Seuil, 1969. «Culture de masse et communication de masse» (Conférence, Centre d'Études littéraires et scientifiques appliquées, Faculté des Lettres et Sciences humaines de Paris, 1969.

ROBIN, Régine, *Histoire et Linguistique*, Armand-Colin, 1973.

VAN SCHENDEL, Michel, *Institutions et Appareils de Pouvoir*, Brèches, Montréal, Printemps-été 1976.

Revues:

    Communications: «La politique culturelle», no. 14, Seuil, 1969.

    Communications: «La Censure», no. 9, Seuil, 1967.

2- Bibliographie générale sur le théâtre

ALAIN, *Système des Beaux-Arts*, Paris, Gallimard, 1958.

ARTAUD, Antonin, *Le Théâtre et son double*, Paris, Gallimard. Idées no. 114, 1964.

ASLAN, Odette, *L'Art du théâtre*, anthologie, Paris, Seghers 1963.

BAUMOL W.J. — cf. référence page suivante.

BARTHES, Roland, *Essais critiques*, Paris, Seuil, 1964.

BRECHT, Bertolt, *Écrits sur le Théâtre 1 et 2*, Paris, L'Arche, 1972.

CENTRE NATIONAL DE LA RECHERCHE SCIENTIFIQUE: ouvrages collectifs établis sous la direction de Jean Jacquot et Denis Bablet, Paris.

Le lieu théâtral dans la société moderne, 1963.

Les voies de la création théâtrale, Tome I à V, 1971-1978.

DEMARCY, J., *Éléments d'une sociologie du spectacle*, Paris, Union générale d'éditions, «10/18», no. 749, 1974.

DORT, Bernard, *Théâtre public*, Paris, Seuil, 1967.

DUVIGNAUD, Jean, *Sociologie du théâtre*, Paris, P.U.F., 1965.

Spectacle et Société, Médiations, Denoel/Gonthier, 1971.

COPFERMAN, Émile, *Le Théâtre populaire/Pourquoi?*, Maspéro, Paris, 1965.

Vers un théâtre différent, Maspéro, 1976.

GOUHIER, Henri, *L'Essence du théâtre*, Paris, Aubier-Montaigne, 1968.

JEANSON, F., *L'Action culturelle dans la cité*, Paris, Seuil 1974.

JOURDHEUIL, Jean, *Le Théâtre, l'Artiste, l'État*, L'Échappée belle, Hachette, 1979.

LANG, Jack, *L'État et le Théâtre*, Paris, LODJ, 1958.

LEROY, Dominique,...

PAVIS, Patrice, *Problèmes de sémiologie théâtrale*, Montréal, P.U.Q., 1976.

PISCATOR, Erwin, *Le Théâtre politique*, Paris, L'Arche, 1962.

TEMKINE, Raymonde, *L'Entreprise théâtrale*, Paris, Éd. Cujas, 1967.

UBERSFELD, Anne, *Lire le théâtre*, Éd. Sociales, «Les Classiques du peuple», 1977.

VILLAR, Jean, *De la tradition théâtrale*, Paris, Gallimard, Idées, no. 33, 1969.

Théâtre, service public, Paris, Gallimard, 1974.

Revues:

International-Théâtre-Informations, L'Unesco, Paris, 1970-1978.

Travail théâtral., Les Presses Jurasiennes, Lausanne, 1970-1979.

L'Envers du théâtre, Revue d'esthétique, « 10/18 », 1977/1-2.

Rencontres :

Les États généraux du théâtre amateur, Centre d'action culturelle de la communauté d'expression française, Belgique, no. spécial février-mai 1977, nos 45-46-47-48,

BAUMOL, W.J., *Performing arts, the économic dilemma. A study of problems common to theater, opera, music and dance*, The M.I.T. press, 1968, Cambridge, Massachussets, U.S.A.

LEROY, Dominique, *Économie des arts du spectacle vivant*, Essai sur la relation entre l'économique et l'esthétique, Recherches Panthéon-Sorbonne Université de Paris I, Série : Sciences économiques, Economica, Paris, 1980.

2- Bibliographie sur le théâtre au Québec

note :   Nous ne distinguons pas ici le rapport des publications aux diverses pratiques théâtrales du Québec. Nous l'avons fait plutôt, spécialement au chapitre initial.

BÉLAIR, Michel, *Le Nouveau théâtre québécois*, Leméac, 1973.

BEAUCHAMP, Hélène, *Le Théâtre à la p'tite école*, Groupe de recherches en théâtre pour enfants, avec la collaboration du Service du théâtre du Ministère des Affaires culturelles, août 1978.

BERAUD, Jean, *350 ans de théâtre au Canada français*, Cercle du Livre de France, 1969.

BURGER, Beaudoin, *L'activité théâtrale au Québec (1765-1825)*, Parti-pris, 1974.

CARON, Anne, *Le père Émile Legault et le théâtre au Québec*, Fides 1978.

COTNAM, Jacques, *Le théâtre québécois, instrument de contestation sociale et politique*, Fides, 1976.

Collaborations :

Centre d'essai des auteurs dramatiques, 1965-1975, C.E.A.D., 1975.

Le Théâtre canadien-français, Archives des lettres canadiennes, vol. V, Fides, 1976.

Les vingt-cinq ans de théâtre au Nouveau-monde, Vol. I et II, Leméac, 1976-77.

HAMELIN, Jean, *Le Renouveau du théâtre au Canada français*, Éd. du Jour, 1962.

HAMELIN, Jean, *Le Théâtre au Canada français*, Ministère des Affaires culturelles du Québec, 1964.

GODIN, J.-C. et MAILHOT, L., *Le Théâtre québécois*, Hurtibise HMH, 1970.

LAFLAMME, J. et TOURANGEAU, R., *L'Église et le théâtre au Québec*, Fides, 1979.

LÉVESQUE, Robert, *Le théâtre d'amateurs au Québec*, document préparatoire aux États généraux du théâtre d'amateurs, tenus les 7, 8, 9 décembre 1979 à Montréal.

McDUFF, Pierre, *Constats sur le théâtre au Québec*, document de travail soumis au M.A.C. par le groupe Organisation O, en mai 1977.

TARD, L.-M., *Vingt ans de théâtre au Nouveau monde*, Éd. du Jour, 1971.

Revues:

— La Barre du Jour, *Théâtre-Québec*, numéro spécial, vol. I, nos 3, 4, 5, 1965.

— Chroniques, no 12, *Les contradictions du théâtre au Québec*, décembre 1975.

no 14, *La démission des troupes d'agit-prop de l'A.Q.J.T.*, manifeste «pour un théâtre au service du peuple», février 1976.

no 29 à 32, *Essai sur l'importance stratégique du jeune théâtre*, Hélèhe Beauchamp, automne 1977-hiver 1978.

— Jeu, Cahiers de théâtre, nos 1 à 12, 1976-1979.

nos 1 à 9, Éd. Quinze.

nos 10 à 12, Éd. Jeu.

— Jeune théâtre, revue interne publiée par l'Association québécoise du Jeune théâtre, à souligner spécialement les numéros 10, 11, 14, 15, publiés en déc. 1975, janv. 1976, juin 1977, nov. 1977.

Nord, *Le Théâtre au Québec, 1950-1972*, nos 4, 5, 1973.

— Presqu'amérique, *Le Théâtre québécois et le théâtre au Québec*, vol. I, no. 2, novembre-décembre 1971.

À souligner également des publications émanant de certains groupes de praticiens. Exemples: *L'Envers du décor* au TNM, les *Cahiers NCT* à la NCT, *Tract* au Théâtre expérimental, *Le Baroque* à l'Eskabel, etc... de même que certains documents (communiqués de presse et autres) rendus publics par ces groupes lors de productions, festivals, etc...

Bibliographie spécifique:

A) Rapports annuels

— Ministère des Affaires culturelles, *Rapport annuel des activités*, l'éditeur officiel, 1961-62 à 1978-79, 18 parutions.
— Gouvernement du Québec, Budget 1978-1980, Renseignements supplémentaires, Crédits, Conseil du Trésor, 27 mars 1979, Ministère des Finances, Direction des Communications.
— *Rapport annuel du Conseil des Arts du Canada*, Ottawa, 1957-1958 à 1978-1979, 22 parutions.
— Conseil des Arts de la région métropolitaine de Montréal, *Rapports du Secrétaire*, 1957-58 à 1978-79, 22 parutions.

B) Conseil fédéral des Arts

PASQUILL, Frank T., *Modes d'assistance financière aux arts du spectacle au Canada*, publication du Conseil des Arts du Canada, 1973.

Conférence canadienne des arts, publications multiples, Toronto, Ontario.

— *Les cordons de la bourse*, répertoire des programmes fédéraux et provinciaux d'aide aux artistes.
— *Who's Who*, répertoire des ministères et agences fédéraux et provinciaux et de leurs responsables.
— *Les arts et la municipalités*, par Joan Horsman et Paul Shafer.

Le Conseil des Arts du Canada, Inauguration, mai 1957, Ottawa, brochure gouvernementale: texte de la loi et discours d'occasion.

Vingt et cinq, document de travail sur le rôle du Conseil des Arts du Canada dans le domaine artistique. Après vingt ans (1957-1977), perspective pour les cinq prochaines années. D'après le rapport d'un comité du Conseil des Arts, Ottawa, novembre 1977.

À *propos de l'avenir du Conseil des Arts*, Rapport de la Commission consultative des arts du Conseil des Arts du Canada, Ottawa, octobre 1978.

BLACK, Malcolm, président, *Rapport du Comité d'enquête sur la formation théâtrale au Québec*, Conseil des Arts du Canada, Rapport achevé en juin 1977, mis en circulation en juin 1978.

C) Ministère des Affaires culturelles — Gouvernement du Québec

Allocution de Jean Lesage, premier ministre du Québec 2 mars 1961, à l'Assemblée nationale, présentation du projet de loi d'un ministère des Affaires culturelles.

Loi du Ministère des Affaires culturelles, l'éditeur officiel, 1964.

Lettre de démission de G.-E. Lapalme, ministre des Affaires culturelles, 3 septembre 1964.

Livre blanc du ministère des Affaires culturelles, sous la direction de Pierre Laporte, ministre des Affaires culturelles, 18 novembre 1965.

Rapport Rioux sur «L'Enseignement des Arts», 1966.

FREGAULT, Guy, «Bilan provisoire», septembre 1975.

L'ALLIER, J.-P., ministre des Affaires culturelles, *Pour l'évolution d'une politique culturelle*, Livre vert, mai 1976.

Le Rapport du Tribunal de la culture, revue Liberté, no. 101, 1975, septembre-octobre.

La politique québécoise du développement culturel, 2 volumes, Livre blanc, Camille Laurin, ministre d'État au développement culturel, Éditeur officiel, Québec, 1978.

Pour chaque palier gouvernemental (fédéral, provincial et municipal), consultation des règlements régissant l'octroi des subventions au théâtre, des formulaires de demandes d'assistance financière et autres documents susceptibles d'informer sur les politiques préconisées par chacun.

TABLE DES MATIÈRES

CET OUVRAGE
COMPOSÉ EN BASKERVILLE LÉGER CORPS 10 SUR 12
A ÉTÉ ACHEVÉ D'IMPRIMER
LE 15 AOÛT MIL NEUF CENT QUATRE-VINGT-UN
PAR LES TRAVAILLEURS DES PRESSES DE
L'IMPRIMERIE MARQUIS LIMITÉE
À MONTMAGNY
POUR LE COMPTE DE
VLB ÉDITEUR.